ANGOLA
História Constitucional

ADÉRITO CORREIA
Professor Titular da Faculdade de Direito – Luanda
Advogado

BORNITO DE SOUSA
Assistente da Faculdade de Direito – Luanda
Advogado

ANGOLA
História Constitucional

LIVRARIA ALMEDINA
COIMBRA – 1996

TÍTULO:	ANGOLA HISTÓRIA CONSTITUCIONAL
AUTORES:	ADÉRITO CORREIA BORNITO DE SOUSA
DISTRIBUIDORES:	LIVRARIA ALMEDINA ARCO DE ALMEDINA TELEF. (039) 26980 FAX (039) 22507 3 000 COIMBRA – PORTUGAL LIVRARIA ALMEDINA – PORTO R. DE CEUTA, 79 TELEF. (02) 319783 4050 PORTO – PORTUGAL EDIÇÕES GLOBO, LDA. R.S. FILIPE NERY, 37-A (AO RATO) TELEF. (01) 3857619 1250 LISBOA – PORTUGAL
EXECUÇÃO GRÁFICA:	G.C. – GRÁFICA DE COIMBRA
TIRAGEM:	3 000 EX.
DEPÓSITO LEGAL:	100303/96

SUMÁRIO

Prefácio. 7

O Constitucionalismo angolano. História constitucional. 9

Colectânea de textos constitucionais angolanos. 33

a) Lei Constitucional de 16 de Setembro de 1992 37
b) Lei Constitucional de 6 de Maio de 1991 99
c) Lei Constitucional de 23 de Setembro de 1980 131
    Lei de Revisão n.º 1/86, de 1 de Fevereiro 149
    Lei de Revisão n.º 2/87, de 31 de Janeiro 151
d) Lei Constitucional de 7 de Fevereiro de 1978 153
    Lei de Revisão n.º 1/79, de 16 de Janeiro 173
e) Lei Constitucional de 11 de Novembro de 1975 175
    Lei de Revisão n.º 71/76, de 11 de Novembro 191
    Lei de Revisão n.º 13/77, de 7 de Agosto 195

Leis da Nacionalidade. 197

a) Lei n.º 13/91, de 11 de Maio 199
b) Lei n.º 8/84, de 7 de Fevereiro 211
c) Lei s/n.º, de 11 de Novembro de 1975 215

Anexos 217

a) Constituição Política da República Portuguesa de 1933 e Acto Colonial 219
b) Constituição Política da República Portuguesa de 1911 265
c) Constituição Política da Monarquia Portuguesa de 1838 309
d) Carta Constitucional da Monarquia Portuguesa de 1826 345
e) Constituição Política da Monarquia Portuguesa de 1822 383

Prefácio

Três importantes factos estiveram na base da iniciativa de edição da presente Colectânea de textos constitucionais angolanos: a reorganização do curriculum da Cadeira de Ciência Política e Direito Constitucional da Faculdade de Direito da Universidade Dr. Agostinho Neto que passou a dar maior destaque à matéria sobre Angola, o contacto com docentes de algumas Universidades estrangeiras onde se constatou um desconhecimento acentuado ou um conhecimento desactualizado sobre o Constitucionalismo Angolano e sua evolução e, finalmente, a coincidência do corrente ano com o XX Aniversário da Primeira Constituição da Angola Independente.

O objectivo central da presente Colectânea é, assim, proporcionar aos estudantes, docentes e investigadores universitários, aos juristas, políticos, historiadores, cientistas políticos e outros interessados, em Angola e no Mundo uma base material para o seu estudo e investigação.

Para tal, reune-se num único volume, com alguns comentários pouco exaustivos, um conjunto dos principais textos constitucionais de Angola ou com ela relacionados, como é o caso dos textos constitucionais da Angola colonizada, inseridos como anexo.

Para facilitar o seu manuseamento, os textos constitucionais estão dispostos por ordem cronológica decrescente ou seja, os mais recentes precedem os mais antigos.

Não se pode, entretanto, deixar de aqui assinalar o mais vivo reconhecimento a todas as entidades e instituições que em Angola e em Portugal colaboraram e encorajaram, de um ou de outro modo, os autores nesta empresa, em especial pelas autorizações para a publicação dos textos legais e por todos os apoios que permitiram concluir as diligências necessárias, à preparação e edição do livro.

Se com a presente obra se conseguiu alcançar o obectivo almejado, sentir-se-ão recompensados os autores, certos embora de que lacunas não deixam de existir. Para essas, chamam a atenção dos estimados leitores e agradecem o envio de sugestões para a Caixa Postal n.º 2830 – Luanda – República de Angola.

E perdoem-nos os "navegadores" do ciberespaço a quem, às portas do Século XXI, soa a Pré-história qualquer referência à clássica "caixa postal", numa altura em que se iniciou já a popularização da utilização das crescentes vantagens da Internet e do Correio electrónico.

Luanda, aos 11 de Novembro de 1995

OS AUTORES

O CONSTITUCIONALISMO ANGOLANO
HISTÓRIA CONSTITUCIONAL

O CONSTITUCIONALISMO ANGOLANO
HISTÓRIA CONSTITUCIONAL

A LEI CONSTITUCIONAL DA REPÚBLICA POPULAR DE ANGOLA DE 11 DE NOVEMBRO DE 1975

1. Estatuto jurídico-político de Angola enquanto colónia.
2. Estatuto jurídico-político antes da proclamação da Independência.
3. Os princípios essenciais e traços característicos da Lei Constitucional de 11 de Novembro de 1975.
4. As alterações à Lei Constitucional de 11 de Novembro de 1975.

A LEI CONSTITUCIONAL N.º 12/91

A LEI CONSTITUCIONAL DA REPÚBLICA POPULAR DE ANGOLA DE 11 DE NOVEMBRO DE 1975

1. Estatuto jurídico-político de Angola enquanto colónia

a) Enquadramento legal

A constituição portuguesa de 1911, promulgada depois da proclamação de República, consagrava o artigo 67.º às "Províncias Ultramarinas", nos termos, do *Acto Adicional de 1852*. Com o pós-guerra, em 1920, foi promulgada em Portugal uma Lei Constitucional (Lei n.º 1005 de 7 de Agosto) que veio substituir o artigo 67º da Constituição de 1911 por vários preceitos que, em geral, consagrava o princípio de que as colónias se regiam por legislação especial e atribuiam amplos poderes aos governadores-gerais em matéria administrativa e financeira.

Em 1933 foi instaurado em Portugal um regime fascista. Os ideólogos fascistas portugueses viam no exemplo italiano, iniciado em 1922, a melhor forma de "criar um Estado capaz de, dentro das concepções tradicionais da Europa Ocidental, corresponder às novas necessidades e aspirações sociais e enfrentar eficazmente o bolchevismo".

Esse Estado Novo, anunciado em 1930 foi consagrado na Constituição de 1933. A primeira Lei Constitucional desse Estado foi o *Acto Colonial de 1930*. Promulgada a Constituição de 1933 esta continuou a considerar matéria constitucional as disposições do Acto Colonial. Portanto, Portugal tinha a sua Constituição. Nas colónias vigorava um Decreto ao qual se atribuia valor constitucional.

No artigo 2.º afirma o Acto Colonial que "é da essência orgânica da nação portuguesa desempenhar a função histórica de possuir e colonizar domínios ultramarinos e de civilizar as populações indígenas que nelas se compreendam, exercendo também a influência moral que lhe é adstrita pelo Padroado do Oriente". O artigo 3.º, por seu lado, estabelecia que "os domínios ultramarinos de

Portugal denominam-se colónias e constituem o Império Colonial Português".

O Título III do Acto Colonial referia-se aos indígenas, já que os naturais, não brancos, não eram considerados cidadãos.

O Acto Colonial foi integrado na Constituição portuguesa de 1951 que passou a consagrar um título ao chamado "Ultramar Português".

Em 1962 é promulgada a *Lei Orgânica do Ultramar*, que desenvolvia a Constituição, estabelecendo os princípios fundamentais e a estrutura do governo das colónias.

No mesmo ano, o Ministério do Ultramar aprova o Estatuto Político-Administrativo da Província de Angola.

A revisão constitucional operada em 1971 afirmava Portugal como um Estado unitário e regional, passando a designar as "províncias ultramarinas" como regiões autónomas e a conceder-lhe o titulo honorífico de Estado.

b) O Estatuto politico-administrativo

A "Lei Orgânica do Ultramar" estabelecia a estrutura política--administrativa das colónias. Como as demais colónias, Angola foi dotada de um estatuto politico-administrativo. Ambos os diplomas foram publicados, como já se disse, em 1962, sendo o último um Decreto do Ministério do Ultramar.

Legalmente Angola era considerada uma "Província ultramarina" e fazia parte integrante da Nação Portuguesa. A designação de Estado era apenas honorífica (base II da Lei Orgânica). Na base III da referida lei era afirmada a autonomia da colónia, mas logo na base IV essa autonomia era limitada. Assim, Angola não se podia fazer representar a nível internacional nem podia estabelecer o seu próprio estatuto.

Como se disse, era o Ministro do Ultramar que tinha essa competência. Por outro lado, o Governador-Geral era designado pelo governo colonial central. Angola não podia ter exército próprio nem contrair empréstimos sem autorização do governo central, etc. A Assembleia Nacional portuguesa, o Governo e o Ministro do Ultramar tinham competência legislativa relativamente a Angola. O próprio Ministro do Ultramar tinha competência para revogar ou anular diplomas legislativos das "províncias ultramarinas" (base V, n.º 2 da L.O.U.). Os governadores estavam na dependência directa do Ministro do Ultramar, que tinha uma ampla competência legislativa e executiva em relação às colónias (base XV da L.O.U.). Os Tribunais de Angola dependiam da Direcção Geral da Justiça, com sede em Lisboa e, para efeitos de recurso, dependiam do Tribunal Supremo de Justiça português. O Procurador da República e seus delegados recebiam instruções, verbais e por escrito, do Governador.

O Governador, em Angola designado Governador-Geral, representava o governo português e tinha amplos poderes civis, militares e financeiros.

Tinha competência legislativa e executiva, respondia perante o governo e, mesmo no caso de ter de ser instaurada uma acção cível ou criminal contra o governador, tal só poderia ser feito na comarca de Lisboa.

Em Angola, "província do governo geral», o Governador chefiava o Conselho da Província, constituído pelos Secretários Provinciais. A cada um destes secretários competia a gestão de um conjunto de serviços que constituiam uma Secretaria Provincial.

A administração das finanças dependia do governador-geral, e para a administração civil havia um Secretário-Geral, homem de confiança do governador e do governo central, que igualmente superintendia as forças de repressão, não militares.

Além do Conselho do Governo, existia uma Assembleia Legislativa, que era igualmente presidida pelo governador-geral. Além da sua iniciativa legislativa ser extremamente limitada, o governador-geral podia sempre discordar das suas decisões e mesmo não ordenar a publicação dos diplomas aprovados pela assembleia, podendo, em última instância enviar o diploma por ele recusado ao Ministro do Ultramar.

O governo central podia decretar a dissolução da Assembleia Legislativa.

Como órgão consultivo do govenador-geral existia uma Junta Consultiva Provincial presidida igualmente por aquele.

Administrativamente, Angola dividia-se em distritos, concelhos, freguesias, postos administrativos e regedorias. Em cada distrito havia um governador de distrito e uma junta distrital. A nível do concelho e postos administrativos, a autoridade máxima era o administrador do concelho ou de posto que, em regra, acumulava as funções administrativas, financeiras, militares, políticas e judiciais. Como órgãos colegiais existiam as câmaras municipais, comissões municipais, juntas de freguesia e juntas locais. Os presidentes das câmaras municipais, nos concelhos eram nomeados pelo Governador-Geral.

c) O "Estatuto dos indígenas" e os "Vizinhos de regedoria"

Aspecto relevante na legislação colonial era a existência de estatutos pessoais distintos. Em Angola, enquanto colónia, vigorava o estatuto do colono e o colonizado.

Apesar de teoricamente se afirmar que tal dualidade de estatutos assentava num critério não étnico, o facto é que o Estatuto dos Indígenas, na sua versão de 1929 considerava indígenas "os indivíduos de raça negra, ou dela descendentes que pela sua ilustração e costumes se não destinguem do comum daquela raça". Indígena era, portanto, o indivíduo de raça negra ou dela descendente, que não estava "integrado na civilização do grupo colonizador". Daí que se afirmasse que os chamados "destribalizados" ficassem excluídos do conceito de indígena.

Na versão de 1954, o Estatuto dos Indígenas mantém na essência o conceito de indígena, se bem que defendesse, nessa altura, como requisito decisivo da qualificação de indígena "a não integração civilizacional no grupo colonizador" (e já não no grupo colonizado). Portanto, para o Estatuto dos Indígenas de 1954 todos os indivíduos de raça negra ou dela descendentes são considerados indígenas porque não havia possibilidade de integração no grupo colonizador. Um homem só deixava de ser considerado indígena desde que lhe fosse concedida a cidadania, (art.º 61) por acto do Governador. Tal cidadania podia ser concedida "aos indivíduos que houvessem prestado serviços distintos ou relevantes à Pátria".

Esta dualidade de estatutos era total. Ao indígena não era aplicado nem o direito público nem o direito privado. No entanto, a prática evidenciava que os responsáveis pela administração local, sempre que os interesses da administração e dos colonos o exigiam, aplicavam a legislação colonial e exerciam plena jurisdição sobre os indígenas.

Do ponto de vista dos direitos e deveres fundamentais do cidadão angolano e da sua participação no processo político, a consequência mais relevante do estatuto dos indígenas para o homem angolano residia no facto de aos indígenas não serem reconhecidos direitos políticos em relação às instituições oficiais; isto é, não tradicionais. Tal norma traduzia a afirmação do princípio rácico segundo o qual só a população branca tinha direitos políticos.

O início da luta armada em 1961 e o consequente isolamento de Portugal na cena política internacional obrigou os governantes a reverem a sua legislação e, sobretudo, o Estatuto dos Indígenas e as regas relativas ao trabalho.

O grande objectivo, diziam, era revogar aquele Estatuto e pôr fim à dualidade de estatutos. Partindo do princípio de que Portugal era uma Nação única e indivisível, todos os residentes em Angola eram nacionais portugueses e, portanto, não se justificava a dualidade de estatutos no âmbito dos direitos políticos.

O objectivo preconizado pelo sistema era realizar "a assimilação cultural e civilizacional das populações colonizadas". Ora, como a população angolana não assimilara a "cultura e civilização portuguesa" o sistema colonial manteve o estatuto dos indígenas, passando, no entanto a utilizar uma nova terminologia, a dos chamados "vizinhos de regedoria". Como nos diplomas legais anteriores, o governo colonial, com a criação do estatuto de vizinhos de regedoria pretendia continuar a utilizar a organização administrativa local, baseada na autoridade tradicional, para os seus fins económicos, políticos e militares e assim exercer o controlo sobre a população, sem lhes conceder os atributos da cidadania.

Mas vejamos o paradoxo dessa legislação: entendia-se que "a cada regedoria pertencem todos os indivíduos que, tendo domicílio na respectiva área devem considerar-se vizinhos segundo o direito tradicional". Contudo acontecia que em áreas de determinadas regedorias viviam indivíduos brancos. Porém estes regiam-se pelo direito português e não eram considerados vizinhos, o que nos leva a concluir que era o critério rácico a base do estatuto dos vizinhos de regedoria, já que o indivíduo branco que vivesse na área da regedoria não era considerado vizinho.

Assim, mesmo após 1961, mau grado a legislação promulgada pelo governo colonial, continuaram a existir em Angola dois estatutos pessoais, o dos vizinhos de regedoria e o dos cidadãos. A diferença relativamente à legislação anterior residia no facto de que o vizinho podia optar pela submissão à lei escrita e ao direito privado português. Essa opção era no entanto, irrevogável.

Entendia-se que só o indivíduo que se regesse pelo direito português era um indivíduo civilizado. Portanto assimilação implicava para os angolanos a negação dos usos e costumes locais, a sua submissão ao direito e à "cultura ocidental", enfim, a negação da sua personalidade de homem angolano. Por outro lado, na situação de vizinho, o angolano não era registado, nem identificado, não tinha estatuto de cidadão, era estrangeiro no seu próprio país.

No tocante à propriedade, tanto no regime do indígenato como no dos vizinhos de regedoria, a propriedade destes regia-se pelo direito privado português. A legislação penal era-lhes igualmente aplicada.

A legislação de terras, negava frontalmente o direito dos angolanos sobre as terras que lhes pertenciam. O colono era subsidiado e tinha facilidades excepcionais.

O homem angolano era expoliado das suas terras em nome da «necessidade de os colonos verificarem a riqueza da colónia, cultivar e aproveitar economicamente as terras". Aliás, a história da colonização, para além do drama da escravatura, está ligada à usurpação e ocupação violenta das terras férteis dos povos colonizados.

Em Angola vigorava em 1961 o regulamento da Ocupação e Concessão de terras nas Províncias Ultramarinas.

A construção teórica do direito de propriedade nas colónias nunca conseguiu impôr-se, porque era fictícia. Para o colono e autoridades coloniais pouco interessava a classificação em domínio público, património público (terrenos vagos e reservas), e propriedade privada. Se bem que só os terrenos ditos de 3ª classe pudessem ser ocupados, através da tão conhecida demarcação, o facto é que os terrenos ditos de 1ª classe (povoações e de 2ª classe atribuídos às populações eram objecto de demarcação e ocupação).

d) O Trabalho forçado

Desde o início da colonização existiu o *trabalho forçado*, afirmado legalmente em Angola desde 1899. O trabalho era obrigatório, tanto para fins públicos como privados. *No Estatuto Político Civil e Criminal dos Indígenas de Angola e Moçambique, de 1926,* o trabalho obrigatório mantém-se, se bem que, teoricamente, com algumas limitações. Em 1928, o *Código do Trabalho dos Indígenas* continua a admitir o trabalho forçado para fins públicos.

Em 1961, a Organização Internacional do Trabalho, efectuou um inquérito, a propósito de uma queixa apresentada pelo Ghana, relativa à existência de trabalho forçado em Angola, o que veio a ser efectiva e amplamente provado, se bem que o governo colonial tivesse argumentado que não era da sua responsabilidade essa força de trabalho.

A legislação laboral colonial nunca esteve de acordo com as normas internacionais, limitando-se o governo colonial a manifestar a intenção de aplicar as convenções internacionais relativas ao trabalho. Nas diversas regiões de Angola, os administradores, "faziam" e aplicavam a lei. Até à altura da Independência Nacional vigoravam os contratos que impunham a tabalho forçado, as culturas obrigatórias, etc.

Outro direito sempre negado aos angolanos foi o *direito de associação*. Os trabalhadores não tinham direito de reunir-se nem associar-se para defender os seus legítimos interesses. Aliás, o inquérito atrás referido, efectuado em 1961, realçou o atraso cultural e educacional a que estavam votados os trabalhadores angolanos.

O *Código do Trabalho Rural,* publicado em 1962, com vista a ser apresentado internacionalmente conforme às normas aprovadas pela O.I.T., se bem que afirmasse o princípio da liberdade de trabalho e o princípio da não discriminação, consagrava o contrato de trabalho que, em Angola, se traduzia principalmente na deslocação obrigatória forçada dos trabalhadores agrícolas para zonas diferentes das da sua residência habitual. A contratação era levada a cabo através do recrutamento de mão de obra pelos *"angariadores"* tendo-se este angariamento tornado numa actividade profissional como sucessor histórico dos negreiros.

As normas contidas no Código de Trabalho Rural e no Estatuto do Trabalho de Angola, E.T.A., relativas ao trabalho das mulheres e menores, foram apenas aplicadas, como a demais legislação laboral na medida e dentro dos limites que a economia colonial capitalista o exigia.

2. Estatuto jurídico-político antes da proclamação da Independência Nacional

Após o 25 de Abril de 1974, em Portugal, a Lei n.º 1/74 de 25 de Abril, determinou a destituição do Presidente da República, a exoneração das funções do Presidente do Conselho de Ministros, dos Ministros, Secretários de Estado e Sub-Secretários de Estado. A Assembleia Nacional e o Governo foram dissolvidos. Os poderes atribuídos a esses órgãos passaram para uma Junta de Salvação Nacional.

Através do Decreto-Lei n.º 169/74, de 25 de Abril, são exonerados das funções os governadores das colónias. As funções destes passam a ser exercidas pelos Secretários-Gerais.

A Lei n.º 3/74 "define a estrutura nacional transitória que regerá a organização política do país até à entrada em vigor da nova Constituição da República Portuguesa". De acordo com a mesma Lei, o poder passava a ser exercido pela Assembleia Constituinte, o Presidente da República, a Junta de Salvação Nacional, o Conselho de Estado, o Governo e os Tribunais. Ao Conselho competia "a definição do regime geral do governo das províncias Ultramarinas". Os governadores gerais passam a ter categorias idênticas às de Ministro.

As relações entre as colónias e Portugal passam a ser estabelecidas através do Ministro da Coordenação Interterritorial.

Em Agosto de 1974 é estabelecido um regime transitório para Angola (Lei n.º 6/74). As funções de governador geral passam a ser exercidas por uma Junta Governativa. Em Setembro, o Decreto n.º 460/74, determina a constituição do governo de Angola. Em Novembro, a Lei n.º 11/74, altera o regime de governo. A representação da soberania portuguesa passou a competir a um Alto Comissário; os Secretários e Sub-Secretários de Estado, reunidos em conselho, formam o *Governo Provisório* que exerce igualmente a função legislativa.

Em Janeiro de 1975 são celebrados os *Acordos de Alvor*, sendo reafirmado pela parte portuguesa o reconhecimento do direito do Povo angolano à independência e Angola como entidade una e indivisível. Nesses Acordos foi estabelecido que a independência e soberania plena de Angola seriam proclamadas em 11 de Novembro de 1975. Entretanto, o poder soberano em Angola passou a ser exercido pelo Alto Comissário e por um *Governo de Transição*. Este era presidido e dirigido por um *Colégio Presidencial*, integrado pelas três partes angolanas que haviam assinado os Acordos de Alvor (Lei n.º 1/75 e Decreto Lei n.º 2-A/75).

A ausência de facto das suas funções, como membros do Colégio Presidencial e do Governo de Transição por parte da FNLA e da UNITA neles representados levou à suspensão dos Acordos de Alvor (Decreto Lei n.º 105/75).

A 11 de Novembro de 1975 o Presidente do MPLA proclama a Independência Nacional tendo na altura entrado em vigor a Lei Constitucional e a Lei da Nacionalidade.

A proclamação da Independência teve lugar num quadro de guerra. Angola havia sido invadida pelo Norte e pelo Sul. Mercenários, forças zairenses, homens armados das forças anti-MPLA e o exército sul-africano procuravam tomar Luanda antes de 11 de Novembro. Na mesma altura, o exército cubano marcava o início da sua presença em Angola, a pedido do MPLA.

Surgia a primeira Constituição de uma Angola independente e iniciava-se uma guerra entre angolanos, com uma componente estrangeira considerável. Eram as consequências da guerra fria, a luta entre o bloco socialista e o bloco ocidental.

3. Os princípios essenciais e os traços característicos da Lei Constitucional de 11 de Novembro de 1975

Os princípios essenciais que caracterizam a Lei Constitucional de 1975, encontram-se enunciados no discurso da proclamação da Independência do Presidente Agostinho Neto e estão consubstanciados nos artigos da Constituição.

Assim, como objectivo principal, afirmava a Lei Constitucional "a total libertação do colonialismo e da dominação e opressão do imperialismo" e, em segundo lugar, a construção de um país próspero e democrático, em que as massas populares pudessem materializar as suas aspirações (artigo 1.º).

O MPLA afirmava-se como força dirigente da Nação, na construção de um Estado Democrático Popular, tendo, como núcleo do poder, "uma larga frente em que se integravam todas as forças patrióticas empenhadas na luta anti-imperialista"(artigo 2.º).

Por outro lado, às massas populares era garantida a "efectiva participação no exercício do poder político, através da consolidação, alargamento e desenvolvimento das formas organizativas do poder popular" (artigo 3.º). A R.P.A. afirmava-se como um Estado unitário e indivisível e propunha-se a liquidação das sequelas do regiona-lismo e do trabalhismo (artigo 4.º e 5.º). No artigo 7.º a R.P.A. afirmava a separação completa entre o Estado e as instituições religiosas.

Do ponto de vista económico, "a agricultura é a base e a indústria o factor decisivo do desenvolvimento num Estado que orienta e planifica a economia nacional" (artigo 8.º). A instauração de relações sociais justas em todos os sectores da produção, tinha por base o desenvolvimento do sector público e das formas cooperativas. "Todos os recursos naturais existentes no solo e no subsolo, as águas territoriais, a plataforma continental e no espaço aéreo são propriedade do Estado, determinando este as condições do seu aproveitamento e utilização" (artigos 9.º e 11.º). Contudo, as actividades e propriedade privadas são reconhecidas e protegidas, desde que úteis à economia do país e aos interesses do Povo Angolano (artigo 9.º e 10.º).

"O combate enérgico contra o obscurantismo e o analfabetismo e o desenvolvimento da educação do Povo e de uma verdadeira cultura nacional" era outro princípio consagrado na Lei Constitucional, no seu artigo 13.º. A afirmação do respeito e aplicação dos princípios da Carta da Organização das Nações Unidas e da Carta da Organização da Unidade Africana, o estabelecimento de relações de amizade e cooperação com todos os Estados, o apoio e solidariedade com a luta dos Povos pela sua libertação nacional, bem como a não aderência a qualquer organização militar internacional, estavam igualmente consagradas na Lei Constitucional nos seus artigos 14.º 15.º e 16.º.

No quadro dos direitos fundamentais do cidadão a Lei Constitucional consubstanciava alguns princípios democráticos relativos ao respeito da pessoa e da dignidade humana (artigos 17.º a 30.º).

A nível dos *órgãos do Estado* não encontramos a afirmação expressa de princípios. O Estado era organizado da seguinte forma:

a) Presidente da República, como Chefe de Estado, presidia ao Conselho da Revolução.

b) Assembleia do Povo – órgão supremo do Estado, que só em 1980 veio a ser instituída.

c) Conselho da Revolução – órgão do poder do Estado, até à criação da Assembleia do Povo. Este órgão exercia a função legislativa e definia a política interna e externa de Angola, aprovava o Orçamento; nomeava e exonerava o Primeiro-Ministro, os membros do Governo e os Comissários Provinciais, sempre sob indicação do MPLA.

d) Governo – constituído pelo Primeiro-Ministro, pelos Ministros e Secretários de Estado. Era presidido pelo Primeiro-Ministro.

O Governo podia exercer a função legislativa, por delegação do Conselho da Revolução.

Sobre o Primeiro-Ministro, apenas se dizia que o mesmo presidia ao Governo.

O *MPLA* tinha o domínio de todos os órgãos do Estado. De realçar, no tocante à administração da Justiça, é a consagração do princípio da independência dos Juízes no exercício das suas funções (artigo 45.º). Princípio importante era o que vinha estabelecido no artigo 58.º que, relativamente à legislação colonial em vigor, estabelecia que a mesma seria aplicada enquanto não fosse revogada ou alterada e desde que não contrariasse o "espirito da Lei Constitucional e o processo revolucionário angolano".

Os princípios consagrados na Lei Constitucional evidenciavam o seu contraste com as constituições do tipo ocidental. Com efeito, a afirmação do papel dirigente do MPLA; a afirmação de Angola como República Democrática Popular, o âmbito e funções da propriedade do Estado e do sector público da economia, só por si, manifestam o carácter da Lei Constitucional de 1975, radicalmente oposto ao das constituiçõss dos países ocidentais na altura e dos demais Estados africanos, na generalidade.

A influência dos princípios políticos da III Internacional, e as concepções marxistas-leninistas, estavam, assim, reflectidas na Constituição de 11 de Novembro de 1975, traduzindo a concepção Partido-Estado Nação.

4. As alterações à Lei Constitucional de 11 de Novembro de 1975

As diversas alterações introduzidas à Lei Constitucional, reflectem a opção política e económica da "via socialista de desenvolvimento".
Essa alterações foram as seguintes:

4.1. Lei nº 71/76, de 11 de Novembro

Dá nova redacção a vários artigos da Lei Constitucional, em consequência das decisões tomadas na 3.ª Reunião Plenária do Comité Central do Movimento Popular de Libertação de Angola – M.P.L.A.

Essas alterações traduziram-se essencialmente, no seguinte:

a) Reforço dos poderes e do papel do Presidente da República. De facto, o artigo 32.º na sua redacção determina que o Presidente preside ao Conselho de Ministros e nomeia os Comissários Provinciais (antes nomeados pelo Conselho da Revolução – artigo 38°).

O alargamento dos poderes do Presidente da República constata-se ainda nas alterações introduzidas ao artigo 39.º que consagra que o Presidente da República passa a integrar e a presidir ao Governo (anteriormente o Presidente da República não integrava o Governo e este era presidido pelo Primeiro-Ministro).

b) Reforço do papel dirigente do MPLA. Com efeito, a partir dessa altura é ao seu Comité Central que cabe, no caso de morte, renúncia ou impedimento permanente do Presidente da República, a designação de quem deve provisoriamente exercer o cargo de Presidente da República.

Na sua anterior redacção, o artigo 33.º da Lei Constitucional atribuia esse poder ao Conselho da Revolução.

A nova redacção dada ao artigo 36.º manifesta igualmente o reforço do papel dirigente do MPLA. Assim, o Conselho da Revolução passa a ser integrado por todos os membros do Comité Central (anteriormente apenas os membros do Bureau Político).

4.2 Lei n.º 13/77, de 7 de Agosto.

Estamos perante alterações que se traduziram igualmente no reforço dos poderes do Presidente da República. Desta feita, com a alteração introduzida ao artigo 32.º, o Presidente da República passa a ter o poder de nomear, dar posse e exonerar o Primeiro Ministro e os restantes membros do Governo (o Primeiro-Ministro era nomeado pelo Conselho da Revolução, bem como o Governo).

Além disso, a nova redacção do artigo 32.º estabelecida ainda que em caso de ausência ou impedimento temporário do Presidente da República é este quem indica o seu substituto, escolhido de entre os membros do Bureau Político do MPLA. (artigo 32.º, al. *f*).

4.3. *Em 7 de Fevereiro de 1978 é publicada a Lei Constitucional, depois de revista e alterada pelo Comité Central do MPLA – Partido do Trabalho.*

É de ressaltar que as alterações consagradas nas Leis n.º 71//76 e 13/77 não foram introduzidas no texto da Lei Constitucional. Esta não foi publicada com a nova redacção.

Trata-se de alterações tácticas.

A opção pela "via socialista do desenvolvimento", decisão tomada na 3.ª Reunião Plenária do Comité Central do MPLA, em Outubro de 1976, conduziu à criação de um Partido que se afirmava marxista-leninista, "força dirigente e impulsionadora de todo o processo tendente à criação das bases materiais e sociais da futura sociedade socialista".

Assim, em 11 de Novembro de 1977 o MPLA, "constitui-se" em Partido, passando a designar-se M.P.L.A. – Partido do Trabalho. Tal verificou-se no decorrer do 1.º Congresso do MPLA, que traçou as orientações do desenvolvimento económico-social até 1982.

Em consequência deste processo tornava-se necessário introduzir alterações à Lei Constitucional É assim que em 7 de Fevereiro de 1978, depois de aprovada pelo Comité Central do Partido, foi publicada a Lei Constitucional com uma nova redacção, que traduz as alterações mais profundas introduzidas à Lei Constitucional desde 1975.

As normas consagradas na Lei Constitucional de 1978 irão servir de base às alterações que se vão operar na economia e na organização estatal angolana.

Fundamentalmente a revisão constitucional de 1978 consagrou:

a) O MPLA – Partido do Trabalho, como força dirigente do Estado e da sociedade (art.º 2.º);

b) A construção da sociedade socialista como objectivo estratégico da Nação angolana (art. 2.º);

c) A propriedade socialista (propriedade estatal e cooperativa) como base do desenvolvimento económico e social, devendo o Estado adoptar medidas que permitissem o constante alargamento e consolidação das relações de produção socialistas (art. 9.º).

Os diversos capítulos do título III (dos órgãos do Estado) sofreram igualmente alterações.

d) O art.º 31.º estipula que o Presidente da República é o Presidente do Partido. Como Chefe do Estado e do Governo, o Presidente da República representa a Nação angolana;

e) Os poderes do Presidente da República não sofreram, contudo, grandes alterações. É ele que preside ao Conselho de Ministros e que dirige superiormente a segurança e defesa nacional, designa os Comissários Provinciais, que integram o Conselho da Revolução, ratifica os tratados internacionais, nomeia e exonera os embaixadores,

Como nos textos anteriores o Presidente da República continua a presidir ao Conselho da Revolução e a nomear e exonerar o Primeiro-Ministro e os restantes membros do Governo.

f) De acordo com a art.º 36.º, alínea *f)* os representantes das direcções nacionais da Juventude do Partido, da Organização da Mulher e da Organização de Defesa Popular, passam a integrar o Conselho da Revolução;

g) O Conselho da Revolução passa a ter uma Comissão Permanente (art.º 37.º);

h) O art.º 39.º estabelece a cláusula do dominio reservado. Assim, define-se quais as matérias que são da competência exclusiva do Conselho da Revolução;

i) Se bem que o Governo seja afirmado como órgão executivo, a verdade é que o mesmo podia legislar sobre matérias que não fossem do domínio reservado do Conselho da Revolução. Aliás, a alínea *b)* do art.º 38.º estabelece que o Conselho da Revolução exerce a função legislativa, conjuntamente com o Governo.

Portanto, o Governo é órgão legislativo e executivo. Porém o

Governo quando legisla ou executa uma lei fâ-lo sempre através de Decreto ou Resolução. Não há assim a prática dos decretos-lei;

j) O Governo passa a ter uma Comissão Permanente e um Secretariado (art.ⁿˢ 44.º e 45.º);

k) A supervisão e o acompanhamento das actividades dos Comissários Provinciais são levados a cabo pelo Primeiro-Ministro, colaborador directo do Presidente da República (art.º 46.º);

O capítulo V, relativo aos Tribunais e Procuradoria é um capítulo inovador. Com efeito, a Lei Constitucional determina que a justiça é administrada por Tribunais colegiais, com a participação de Juízes profissionais e Juízes leigos (art.º 51.º), ao mesmo tempo que reafirma o princípio da independência dos Juízes.

No art.º 52.º a Lei Constitucional afirma a Procuradoria-Geral da República como o órgão que tem por função principal o controlo da legalidade.

Com base neste capítuto da Lei Constitucional foram posteriormente elaborados a Lei da participação dos trabalhadores na administração da Justiça (Lei dos Assessores Populares) e a Lei sobre a Procuradoria Geral.

No capítulo relativo aos órgãos locais, o território nacional é dividido em Províncias, Municípios e Comunas (urbanas e rurais) e é afirmado o princípio do centralismo democrático nas relações entre os organismos centrais e a administração local (art.ⁿˢ 13.º e 54.º).

4.4. Lei nº 1/79

Em Janeiro de 1979 é aprovada uma Lei que introduz novas alterações à Lei Constitucional. De notar que essa Lei contém igualmente matéria que não tem natureza constitucional.

As alterações decorreram das decisões tomadas pelo Comité Central do MPLA em Dezembro de 1978. Porém, ao contrário do que continuava a estipular a Lei Constitucional, no seu art.º 63.º, as alterações não foram feitas pelo Comité Central do Partido, mas sim pelo Conselho da Revolução.

Contudo, trata-se de alterações à Lei Constitucional, mais concretamente, ao Capítulo IV do Título III.

Assim, os cargos de Primeiro-Ministro e Vice-Primeiro Ministro são extintos. Ora, estes cargos constavam da Lei Constitucional. Trata-se, portanto, de alterações constitucionais.

Porém, os demais artigos desta Lei não têm natureza de normas constitucionais, trata-se de legislação ordinária.

Estas alterações, a extinção dos cargos referidos, não foram introduzidos na Lei Constitucional. É assim que esta continuou a vigorar sem que os artigos relativos ao Primeiro-Ministro e Vice--Primeiro Ministro tivessem sido suprimidos.

De novo estamos perante uma alteração tácita da Lei Constitucional.

4.5. *Lei Constitucional de 23 de Setembro de 1980*

Em Setembro de 1980 uma Resolução do Comité Central do MPLA – PT altera o Título III da Lei Constitucional.

Trata-se das alterações mais profundas intoduzidas à Lei Constitucional de 1975, no âmbito da organização do Estado angolano.

O objectivo fundamental foi a criação dos órgãos do "Poder Popular", e Assembleia do Povo e as Assembleias Populares locais. Estamos, assim, perante alterações a nível da estrutura político-jurídica, que têm em vista "lançar as bases da organização de um poder de Estado Democrático e Popular, com vista à construção da sociedade socialista".

Deste modo, é alterado todo o capítulo III, que passa a conter 47 artigos. Em consequência, são alterados também alguns artigos do Título V.

Em termos gerais as alterações de 1980 traduziram-se no seguinte:

a) Afirmação dos princípios da organização e funcionamento do Estado (capítulo I). São de realçar os princípios da unidade do poder e do centralismo democrático.

b) No âmbito desse princípio as Assembleias do Poder Popular são órgãos superiores do Poder do Estado no respectivo escalão territorial. Estas são integradas por deputados eleitos (por sufrágio restrito e indirecto), que respondem perante o povo pelo exercício do seu mandato.

c) A Assembleia do Povo é o órgão supremo do poder do Estado. Passa a competir à Assembleia alterar a Lei Constitucional, exercer a função legislativa e exercer o controlo da actividade dos órgãos centrais do aparelho do Estado: Governo, Tribunal Supremo, Procuradoria, bem como das Assembleias Provinciais.

A Assembleia do Povo tem um órgão permanente de direcção colectiva, que é a sua Comissão Permanente e no seu seio existem diversas comissões.

O Presidente da Assembleia do Povo é o Presidente da República e Chefe do Governo.

Em cada Província existe uma Assembleia Popular Provincial, constituída por deputados eleitos (por sufrágio restrito e indirecto) e estruturada igualmente em comissões.

4.6. Lei nº 1/86 de 1 de Fevereiro

Em Dezembro de 1986 é aprovada pela Assembleia do Povo a Lei nº 1/86, determinando alterações à Lei Constitucional. A Lei foi ditada pela necessidade de criação do cargo de Ministro de Estado para as principais áreas de actividade do Governo, no âmbito da reestruturação do aparelho central do Estado.

Assim, a Lei em epígrafe, dá nova redacção à alínea d) do artigo 53.º, capítulo IV, conferido ao Presidente da República poder para "nomear e exonerar os Ministros de Estado, os Ministros, Secretários de Estado, Vice-Ministros, Comissários Provinciais e respectivos adjuntos, os Juízes do Tribunal Popular Supremo, o Procurador da República, o Governador e os Vice-Governadores do Banco Nacional de Angola e os Reitores e Vice-Reitores das Universidades".

O art.º 53.º, alínea d) da Lei Constitucional anterior à alteração introduzida pela Lei n.º 1/86 de 1 de Fevereiro tinha a redacção seguinte:

Nomear e exonerar os Ministros, Secretários de Estado, Vice-Ministros, Comissários Provinciais e respectivos adjuntos, os Juízes do Tribunal Supremo, o Procurador da República e o Vice-Procurador Geral da República, o Governador do Banco Central e os Reitores e Vice-Reitores das Universidades.

4.7. Lei n.º 2/87 de 31 de Janeiro

Em Janeiro de 1987 a Assembleia do Povo aprova a Lei n.º 2/87, que altera o artigo n.º 50 da Lei Constitucional então vigente. A alteração consistiu em dar nova redacção à Composição da Comissão Permanente que, para além de estar integrada pelo Presidente da República, Deputados membros do Bureau Político do Comité Central do MPLA – Partido do Trabalho, passou a contar igualmente com um número de deputados da Assembleia do Povo eleitos por esta, sob proposta do Comité Central do MPLA – PT.

Presidiu a tal alteração a necessidade do alargamento da composição social da Comissão Permanente do órgão supremo do poder de Estado.

Artigo 50.º "A Comissão Permanente é composta pelo Presidente da República, pelos deputados membros do Bureau Político do Comité Central do MPLA – PT e por onze deputados da Assembleia do Povo eleitos por esta, sob proposta do Comité Central do MPLA – Partido do Trabalho".

A LEI N.º 12/91, DE 6 DE MARÇO

Em Março de 1991 foram introduzidas à Lei Constitucional alterações profundas, que se traduziram na alteração radical, de um ponto de vista constitucional, do sistema político e económico.

Para nós, trata-se de uma nova Constituição, já que, entre a Lei Constitucional que até à altura vigorava e a que passou a vigorar existe uma nítida descontinuidade, que veio a ser aprofundada com a Lei de Revisão constitucional n.º 23/92.

As referidas alterações "destinaram-se principalmente à criação das premissas constitucionais necessárias à implantação da democracia pluripartirária, à ampliação do reconhecimento e garantias dos direitos e liberdades fundamentais dos cidadãos, assim como à consagração constitucional dos princípios basilares da economia de mercado".

Embora se tivesse tratado de uma "revisão parcial", as normas sobre o pluralismo partidário e a modificação da constituição, com a consagração constitucional da economia de mercado, marcam o início de uma nova era constitucional. Deixou de estar em vigor a Lei Constitucional de 1975, com as suas diversas alterações.

A Lei n.º 12/91 antecedeu a assinatura a 31 de Maio de 1991 dos Acordos de Paz para Angola, nos quais ficou acordada a realização de eleições gerais multipartidárias assentes no sufrágio universal, directo e secreto para a escolha do Presidente da República e dos deputados à Assembleia Nacional.

COLECTÂNEA
DE
TEXTOS CONSTITUCIONAIS ANGOLANOS

LEI CONSTITUCIONAL
DA
REPÚBLICA DE ANGOLA

LEI CONSTITUCIONAL DA REPÚBLICA DE ANGOLA

ASSEMBLEIA DO POVO

Lei n.º 23/92

de 16 de Setembro (*)

As alterações à Lei Constitucional introduzidas em Março de 1991 através da Lei n.º 12/91 destinaram-se principalmente à criação das premissas constitucionais necessárias à implantação da democracia pluripartidária, à ampliação do reconhecimento e garantias dos direitos e liberdades fundamentais dos cidadãos, assim como à consagração constitucional dos princípios basilares da economia de mercado.

Tratando-se apenas de uma revisão parcial da Lei Constitucional tão necessária quanto urgente, algumas matérias constitucionalmente dignas e importantes referentes à organização de um estado democrático e de direito ficaram de ser, como é devido, tratadas convenientemente na Lei Constitucional através de uma segunda revisão constitucional.

Como consequência da consagração constitucional da implantação da democracia pluripartidária e da assinatura a 31 de Maio de 1991 dos Acordos de Paz para Angola, realizar-se-ão em Setembro de 1992 e pela primeira vez na história do país, eleições gerais multipartidárias assentes no sufrágio universal directo e secreto para a escolha do Presidente da República e dos Deputados do futuro Parlamento.

Sem descurar as competências da Assembleia Nacional em matéria de revisão da actual Lei Constitucional e a aprovação da Constituição da República de Angola, afigura-se imprescindível a imediata realização de uma revisão da Lei Constitucional, como previsto, virada

---

(*) Publicada no Diário da República, I Série, n.º 38, de 16 de Setembro de 1992 e vigente à data da publicação deste livro.

essencialmente para a clarificação do sistema político, separação de funções e interdependência dos órgãos de soberania, bem como para a explicitação do estatuto e garantias da Constituição, em conformidade com os princípios já consagrados de edificação em Angola dum Estado democrático de direito.

É indispensável à estabilidade do país, à consolidação da paz e da democracia que os órgãos de soberania da Nação, especificamente os surgidos das eleições gerais de Setembro de 1992, disponham de uma Lei Fundamental clara no que se refere aos contornos essenciais do sistema político, às competências dos órgãos de soberania da Nação, à organização e funcionamento do Estado, até que o futuro órgão legislativo decida e concretize o exercício das suas competências de revisão constitucional e aprovação da Constituição da República de Angola.

A presente Lei de Revisão Constitucional introduz, genericamente, as seguintes alterações principais:

— altera a designação do Estado para República de Angola, do órgão legislativo para Assembleia Nacional e retira a designação Popular da denominação dos Tribunais;

— no título II, sobre direitos e deveres fundamentais, introduz alguns novos artigos visando o reforço do reconhecimento e garantias dos direitos e liberdades fundamentais, com base nos principais tratados internacionais sobre os direitos humanos a que Angola já aderiu;

— no título III, sobre os órgãos do Estado, introduzem-se alterações de fundo que levaram à reformulação de toda a anterior redacção. O sentido da alteração é o da clara definição de Angola como um Estado democrático, de direito, assente num modelo de organização do Estado baseado na separação de funções e interdependência dos órgãos de soberania e num sistema político semi-presidencialista que reserva ao Presidente da República um papel activo e actuante. Introduzem-se de igual modo e no mesmo sentido, substanciais alterações na parte respeitante à administração da justiça, à organização judiciária e definem-se os contornos essenciais do estatuto constitucional dos magistrados judiciais e do Ministério Público;

— a matéria referente à fiscalização da Constituição por um Tribunal Constitucional, assim como o processo, competências e limites da revisão constitucional passam a ser especificamente tratados num título à parte da Lei Constitucional, depois do título dedicado à Defesa Nacional.

Nestes termos, ao abrigo do disposto na alínea *a)* do artigo 51.º da Lei Constitucional e no uso da faculdade que me é conferida pela alínea *q)* do artigo 47.º da mesma Lei, a Assembleia do Povo aprova e eu assino e faço publicar o seguinte:

ARTIGO 1.º

São aprovadas as alterações à Lei Constitucional constantes do diploma anexo que faz parte integrante da presente Lei.

ARTIGO 2.º

A presente Lei entra em vigor na data da sua publicação, sem prejuízo do disposto nos artigos seguintes.

ARTIGO 3.º

1. A Assembleia do Povo mantém-se em funcionamento até à investidura dos Deputados da Assembleia Nacional, eleitos no quadro da realização das eleições legislativas de 29 e 30 de Setembro de 1992.

2. As Assembleias Populares Provinciais cessam o seu mandato com a investidura dos Deputados da Assembleia Nacional mencionados no número anterior.

ARTIGO 4.º

1. No período de transição referido no artigo anterior, o Presidente da República é o Presidente da Assembleia do Povo e o Chefe do Governo.

2. Nas ausências ou impedimentos temporários do Presidente da Assembleia do Povo, as suas reuniões são dirigidas por um membro da Comissão Permanente designado pelo Presidente da Assembleia do Povo.

ARTIGO 5.º

1. O mandato do Presidente da República vigente à data da publicação da presente lei, considera-se válido e prorrogado até à tomada de posse do Presidente da República eleito nas eleições presidenciais de 29 e 30 de Setembro de 1992.

2. Em caso de morte ou impedimento permanente do ac-tual Presidente da República, a Comissão Permanente da Assembleia do Povo designa de entre os seus membros e por período não superior a 30 dias, quem exercerá provisoriamente o cargo, competindo à Assembleia do Povo sob proposta da Comissão Permanente eleger um Presidente da República interino até ao empossamento do Presidente da República eleito nas próximas eleições presidenciais por sufrágio universal directo e secreto.

ARTIGO 6.º

Enquanto o Tribunal Constitucional não for instituído, competirá ao Tribunal Supremo exercer os poderes previstos nos artigos 134.º e 135.º da Lei Constitucional.

ARTIGO 7.º

Enquanto o Conselho Superior da Magistratura Judicial não for instituído, competirá ao Plenário do Tribunal Supremo exercer as atribuições previstas no artigo 132.º

ARTIGO 8.º

Enquanto o Conselho Superior da Magistratura do Ministério Público não for instituído competirá à direcção da Procuradoria-Geral da República exercer as atribuições cometidas àquele órgão.

ARTIGO 9.º

Enquanto não for designado o Provedor de Justiça as funções gerais que lhe são cometidas pela Lei Constitucional serão exercidas pelo Procurador-Geral da República.

ARTIGO 10.º

1. Os oficiais das Forças Armadas Angolanas não podem ser destituídos ou afastados das suas funções por razões políticas.

2. Os oficiais membros do Comando Superior das Forças Armadas e dos seus Estados Maiores não podem ser destituídos e afastados das suas funções durante o período de cinco anos contados da publicação da presente Lei, salvo por razões disciplinares e incapacidade nos termos da lei referente a normas de prestação do serviço militar.

Artigo 11.º

Os membros do Conselho da República à data de publicação da presente Lei cessam o seu mandato após as eleições gerais multipartidárias de 29 e 30 de Setembro de 1992, com a tomada de posse dos novos membros do Conselho da República, nos termos previstos pelo artigo 77.º da Lei Constitucional.

Artigo 12.º

A primeira sessão legislativa da Assembleia Nacional eleita nas eleições gerais multipartidárias de 29 e 30 de Setembro de 1992, tem início até trinta dias após a publicação dos resultados finais do apuramento ou, em caso de realização de uma segunda volta das eleições presidenciais, até quinze dias após o empossamento do Presidente da República.

Artigo 13.º

Os órgãos de soberania saídos das eleições presidenciais e legislativas de 29 e 30 de Setembro de 1992 regularão a forma, organização e termos do respectivo empossamento, ouvido o Tribunal Supremo no caso, do empossamento do Presidente da República.

Artigo 14.º

A Lei Constitucional da República de Angola vigorará até à entrada em vigor da Constituição de Angola, aprovada pela Assembleia Nacional nos termos previstos pelo artigo 158.º e seguintes da Lei Constitucional.

Vista e aprovada pela Assembleia do Povo.
Publique-se.

Luanda, aos 25 de Agosto de 1992.

O Presidente da República, José Eduardo dos Santos

LEI CONSTITUCIONAL

TÍTULO I

Princípios Fundamentais

ARTIGO 1.º

A República de Angola é uma Nação soberana e independente que tem como objectivo fundamental a construção de uma sociedade livre, democrática, de paz, justiça e progresso social.

ARTIGO 2.º

A República de Angola, é um Estado democrático de direito que tem como fundamentos a unidade nacional, a dignidade da pessoa humana, o pluralismo de expressão e de organização política e o respeito e garantia dos direitos e liberdades fundamentais do homem, quer como indivíduo, quer como membro de grupos sociais organizados.

ARTIGO 3.º

1. A soberania reside no povo, que a exerce segundo as formas previstas na presente Lei.
2. O povo angolano exerce o poder político através do sufrágio universal periódico para a escolha dos seus representantes, através do referendo e por outras formas de participação democrática dos cidadãos na vida da Nação.
3. Leis específicas regulam o processo de eleições gerais.

ARTIGO 4.º

1. Os partidos políticos, no quadro da presente Lei e das leis ordinárias, concorrem, em torno de um projecto de sociedade e de um programa político, para a organização e para a expressão da vontade dos cidadãos, participando na vida política e na expressão do sufrágio universal, por meios democráticos e pacíficos.

2. Os partidos políticos devem, nos seus objectivos, programa e prática, contribuir para:

    a) a consolidação da Nação Angolana, da independência nacional e o reforço da unidade nacional;
    b) a salvaguarda da integridade territorial;
    c) a defesa da soberania nacional e da democracia;
    d) a protecção das liberdades fundamentais e dos direitos da pessoa humana;
    e) a defesa da forma republicana e do carácter unitário e laico do Estado.

3. Os partidos políticos têm o direito à igualdade de tratamento por parte das entidades que exercem o poder público, assim como a um tratamento de igualdade pela imprensa, nas condições fixadas pela lei.

4. A constituição e o funcionamento dos partidos devem, nos termos da lei, respeitar os seguintes princípios fundamentais:

    a) carácter e âmbito nacionais;
    b) livre constituição;
    c) prossecução pública dos fins;
    d) liberdade de filiação e filiação única;
    e) utilização exclusiva de meios pacíficos na prossecução dos seus fins e interdição da criação ou utilização de organização militar, para-militar ou militarizada;
    f) organização e funcionamento democrático;
    g) proibição de recebimento de contribuições de valor pecuniário e económico provenientes de governos e instituições governamentais estrangeiras.

Artigo 5.º

A República de Angola é um Estado unitário e indivisível, cujo território, inviolável e inalienável, é o definido pelos actuais limites geográficos de Angola, sendo combatida energicamente qualquer tentativa separatista de desmembramento do seu território.

ARTIGO 6.º

O Estado exerce a sua soberania sobre o território, as águas interiores e o mar territorial, bem como sobre o espaço aéreo, o solo e subsolo correspondentes.

ARTIGO 7.º

Será promovida e intensificada a solidariedade económica, social e cultural entre todas as regiões da República de Angola, no sentido do desenvolvimento comum de toda a Nação Angolana.

ARTIGO 8.º

1. A República de Angola é um Estado laico, havendo separação entre o Estado e as igrejas.
2. As religiões são respeitadas e o Estado dá protecção às igrejas, lugares e objectos de culto, desde que se conformem com as leis do Estado.

ARTIGO 9.º

O Estado orienta o desenvolvimento da economia nacional, com vista a garantir o crescimento harmonioso e equilibrado de todos os sectores e regiões do País, a utilização racional e eficiente de todas as capacidades produtivas e recursos nacionais, bem como a elevação do bem-estar e da qualidade de vida dos cidadãos.

ARTIGO 10.º

O sistema económico assenta na coexistência de diversos tipos de propriedade, pública, privada, mista, cooperativa e familiar, gozando todos de igual protecção. O Estado estimula a participação no processo económico, de todos os agentes e de todas as formas de propriedade, criando as condições para o seu funcionamento eficaz no interesse do desenvolvimento económico nacional e da satisfação das necessidades dos cidadãos.

ARTIGO 11.º

1. A lei determina os sectores e actividades que constituem reserva do Estado.
2. Na utilização e exploração da propriedade pública, o Estado deve garantir a sua eficiência e rentabilidade, de acordo com os fins e objectivos que se propõe.
3. O Estado incentiva o desenvolvimento da iniciativa e da actividade privada, mista, cooperativa e familiar, criando as condições que permitam o seu funcionamento, e apoia especialmente a pequena e média actividade económica, nos termos da lei.
4. O Estado protege o investimento estrangeiro e a propriedade de estrangeiros, nos termos da lei.

ARTIGO 12.º

1. Todos os recursos naturais existentes no solo e no subsolo, nas águas interiores, no mar territorial, na plataforma continental e na zona económica exclusiva, são propriedade do Estado que determina as condições do seu aproveitamento, utilização e exploração.
2. O Estado promove a defesa e conservação dos recursos naturais, orientando a sua exploração e aproveitamento em benefício de toda a comunidade.
3. A terra, que constitui propriedade originária do Estado, pode ser transmitida para pessoas singulares ou colectivas, tendo em vista o seu racional e integral aproveitamento, nos termos da lei.
4. O Estado respeita e protege a propriedade das pessoas, quer singulares quer colectivas e a propriedade e a posse das terras pelos camponeses, sem prejuízo da possibilidade de expropriação por utilidade pública, nos termos da lei.

ARTIGO 13.º

São considerados válidos e irreversíveis todos os efeitos jurídicos dos actos de nacionalização e confisco praticados ao abrigo da lei competente, sem prejuízo do disposto em legislação específica sobre reprivatizações.

ARTIGO 14.º

1. O sistema fiscal visa a satisfação das necessidades económicas, sociais e administrativas do Estado e uma repartição justa dos rendimentos e da riqueza.
2. Os impostos só podem ser criados e extintos por lei, que determina a sua incidência, taxas, benefícios fiscais e garantias dos contribuintes.

ARTIGO 15.º

A República de Angola respeita e aplica os princípios da Carta da Organização das Nações Unidas, da Carta da Organização de Unidade Africana, do Movimento dos Países Não-Alinhados, e estabelecerá relações de amizade e cooperação com todos os Estados, na base dos princípios do respeito mútuo pela soberania e integridade territorial, igualdade, não ingerência nos assuntos internos de cada país e reciprocidade de vantagens.

ARTIGO 16.º

A República de Angola apoia e é solidária com a luta dos povos pela sua libertação nacional e estabelecerá relações de amizade e cooperação com todas as forças democráticas do mundo.

ARTIGO 17.º

A República de Angola não adere a qualquer organização militar internacional, nem permite a instalação de bases militares estrangeiras em território nacional.

TÍTULO II

Direitos e Deveres Fundamentais

Artigo 18.º

1. Todos os cidadãos são iguais perante a lei e gozam dos mesmos direitos e estão sujeitos aos mesmos deveres, sem distinção da sua cor, raça, etnia, sexo, lugar de nascimento, religião, ideologia, grau de instrução, condição económica ou social.

2. A lei pune severamente todos os actos que visem prejudicar a harmonia social ou criar discriminações e privilégios com base nesses factores.

Artigo 19.º

1. A nacionalidade angolana pode ser originária ou adquirida.

2. Os requisitos de atribuição, aquisição, perda e reaquisição da nacionalidade angolana são determinados por lei.

Artigo 20.º

O Estado respeita e protege a pessoa e dignidade humanas. Todo o cidadão tem direito ao livre desenvolvimento da sua personalidade, dentro do respeito devido aos direitos dos outros cidadãos e aos superiores interesses da Nação angolana. A lei protege a vida, a liberdade, a integridade pessoal, o bom nome e a reputação de cada cidadão.

Artigo 21.º

1. Os direitos fundamentais expressos na presente Lei não excluem outros decorrentes das leis e das regras aplicáveis de direito internacional.

2. As normas constitucionais e legais relativas aos direitos fundamentais devem ser interpretadas e integradas de harmonia com a Declaração Universal dos Direitos do Homem, da Carta Africana dos Direitos dos Homens e dos Povos e dos demais instrumentos internacionais de que Angola seja parte.

3. Na apreciação dos litígios pelos tribunais angolanos aplicam-se esses instrumentos internacionais ainda que não sejam invocados pelas partes.

Artigo 22.º

1. O Estado respeita e protege a vida da pessoa humana.
2. É proibida a pena de morte.

Artigo 23.º

Nenhum cidadão pode ser submetido a tortura nem a outros tratamentos ou punições cruéis, desumanos ou degradantes.

Artigo 24.º

1. Todos os cidadãos têm o direito de viver num meio ambiente sadio e não poluído.
2. O Estado adopta as medidas necessárias à protecção do meio ambiente e das espécies da flora e fauna nacionais em todo o território nacional e à manutenção do equilíbrio ecológico.
3. A lei pune os actos que lesem directa ou indirectamente ou ponham em perigo a preservação do meio ambiente.

Artigo 25.º

1. Qualquer cidadão pode livremente movimentar-se e permanecer em qualquer parte do território nacional, não podendo ser impedido de o fazer por razões políticas ou de outra natureza, excepto nos casos previstos no artigo 50.º da presente Lei, e quando para a protecção dos interesses económicos da Nação a lei determine restrições ao acesso e permanência de cidadãos em zonas de reserva e produção mineira.
2. Todos os cidadãos são livres de sair e entrar no território nacional, sem prejuízo das limitações decorrentes do cumprimento de deveres legais.

ARTIGO 26.º

É garantido a todo o cidadão estrangeiro ou apátrida o direito de pedir asilo em caso de perseguição por motivos políticos, de acordo com as leis em vigor e os instrumentos internacionais.

ARTIGO 27.º

1. Não são permitidas a extradição e a expulsão de cidadãos angolanos do território nacional.
2. Não é permitida a extradição de cidadãos estrangeiros por motivos políticos ou por factos passíveis de condenação em pena de morte, segundo o direito do Estado requisitante.
3. Os tribunais angolanos conhecerão, nos termos da lei, os factos de que sejam acusados os cidadãos cuja extradição não seja permitida de acordo com o disposto nos números anteriores do presente artigo.

ARTIGO 28.º

1. Todos os cidadãos, maiores de dezoito anos, com excepção dos legalmente privados dos direitos políticos e civis, têm o direito e o dever de participar activamente na vida pública, votando e sendo eleitos para qualquer órgão do Estado, e desempenhando os seus mandatos com inteira devoção à causa da Nação angolana.
2. Nenhum cidadão pode ser prejudicado no seu emprego, na sua educação, na sua colocação, na sua carreira profissional ou nos benefícios sociais a que tenha direito, devido ao desempenho de cargos políticos ou do exercício de direitos políticos.
3. A lei estabelece as limitações respeitantes à isenção partidária dos militares no serviço activo, dos magistrados e das forças policiais, bem como o regime da capacidade eleitoral passiva dos militares no serviço activo e das forças policiais.

ARTIGO 29.º

1. A família, núcleo fundamental da organização da sociedade, é objecto de protecção do Estado, quer se fundamente em casamento, quer em união de facto.

2. O homem e a mulher são iguais no seio da família, gozando dos mesmos direitos e cabendo-lhes os mesmos deveres.

3. À família, com especial colaboração do Estado, compete promover e assegurar a protecção e educação integral das crianças e dos jovens.

Artigo 30.º

1. As crianças constituem absoluta prioridade, pelo que gozam de especial protecção da família, do Estado e da sociedade com vista ao seu desenvolvimento integral.

2. O Estado deve promover, o desenvolvimento harmonioso da personalidade das crianças e dos jovens e a criação de condições para a sua integração e participação na vida activa da sociedade.

Artigo 31.º

O Estado, com a colaboração da família e da sociedade, deve promover o desenvolvimento harmonioso da personalidade dos jovens e a criação de condições para a efectivação dos direitos económicos, sociais e culturais da juventude, nomeadamente, no ensino, na formação profissional, na cultura, no acesso ao primeiro emprego, no trabalho, na segurança social, na educação física, no desporto e no aproveitamento dos tempos livres.

Artigo 32.º

1. São garantidas as liberdades de expressão, de reunião, de manifestação, de associação e de todas as demais formas de expressão.

2. A lei regulamenta o exercício dos direitos mencionados no parágrafo anterior.

3. São interditos os agrupamentos cujos fins ou actividades sejam contrários aos princípios fundamentais previstos no artigo 158.º da Lei Constitucional, às leis penais, e os que prossigam, mesmo que indirectamente, objectivos políticos mediante organizações de carácter militar, para-militar ou militarizado, as organizações secretas e as que perfilhem ideologias racistas, fascistas e tribalistas.

Artigo 33.º

1. O direito à organização profissional e sindical e livre, garantindo a lei as formas do seu exercício.
2. Todos os cidadãos têm o direito à organização e ao exercício da actividade sindical, que inclui o direito à constituição e à liberdade de inscrição em associações sindicais.
3. A lei estabelece protecção adequada aos representantes eleitos dos trabalhadores contra quaisquer formas de condicionamento, constrangimento ou limitação do exercício das suas funções.

Artigo 34.º

1. Os trabalhadores têm direito à greve.
2. Lei específica regula o exercício do direito à greve e as suas limitações nos serviços e actividades essenciais, no interesse das necessidades inadiáveis da sociedade.
3. É proibido o lock-out.

Artigo 35.º

1. É garantida a liberdade de imprensa, não podendo esta ser sujeita a qualquer censura, nomeadamente de natureza política, ideológica e artística.
2. A lei regulamenta as formas de exercício da liberdade de imprensa e as providências adequadas para prevenir e reprimir os seus abusos.

Artigo 36.º

1. Nenhum cidadão pode ser preso ou submetido a julgamento, senão nos termos da lei, sendo garantido a todos os arguidos o direito de defesa e o direito à assistência e patrocínio judiciário.

2. O Estado providência para que a justiça não seja denegada por insuficiência de meios económicos.

3. Ninguém pode ser condenado por acto não qualificado como crime no momento da sua prática.

4. A lei penal só se aplica retroactivamente quando disso resultar benefício para o arguido.

5. Os arguidos gozam da presunção de inocência até decisão judicial transitada em julgado.

Artigo 37.º

A prisão preventiva só é admitida nos casos previstos na lei, que fixa os respectivos limites e prazos.

Artigo 38.º

Todo o cidadão sujeito à prisão preventiva deve ser conduzido perante o magistrado competente para a legalização da prisão e ser julgado nos prazos previstos na lei ou libertado.

Artigo 39.º

Nenhum cidadão será preso sem ser informado, no momento da sua detenção, das respectivas razões.

Artigo 40.º

Todo o cidadão preso tem o direito de receber visitas de membros da sua família e amigos e de com eles se corresponder, sem prejuízo das condições e restrições previstas na lei.

Artigo 41.º

Qualquer cidadão condenado, tem o direito de interpor recurso ordinário ou extraordinário no tribunal competente da decisão contra si proferida em matéria penal nos termos da lei.

Artigo 42.º

1. Contra o abuso de poder, por virtude de prisão ou detenção ilegal, há *habeas corpus* a interpor perante o tribunal judicial competente, pelo próprio ou por qualquer cidadão.
2. A lei regula o exercício do direito de *habeas corpus*.

Artigo 43.º

Os cidadãos têm o direito de impugnar e de recorrer aos tribunais, contra todos os actos que violem os seus direitos estabelecidos na presente Lei Constitucional e demais legislação.

Artigo 44.º

O Estado garante a inviolabilidade do domicílio e o sigilo da correspondência, com os limites especialmente previstos na lei.

Artigo 45.º

A liberdade de consciência e de crença é inviolável. O Estado Angolano reconhece a liberdade dos cultos e garante o seu exercício, desde que não sejam incompatíveis com a ordem pública e o interesse nacional.

Artigo 46.º

1. O trabalho é um direito e um dever para todos os cidadãos.
2. Todo o trabalhador tem direito a justa remuneração, a descanso, a férias, a protecção, higiene e segurança no trabalho, nos termos da lei.
3. Os cidadãos tem direito à livre escolha e exercício de profissão, salvo os requisitos estabelecidos por lei.

Artigo 47.º

1. O Estado promove as medidas necessárias para assegurar aos cidadãos o direito à assistência médica e sanitária, bem como o direito à assistência na infância, na maternidade, na invalidez, na velhice e em qualquer situação de incapacidade para o trabalho.

2. A iniciativa particular e cooperativa nos domínios da saúde, previdência e segurança social, exerce-se nas condições previstas na lei.

ARTIGO 48.º

Os combatentes da luta de libertação nacional que ficaram diminuídos na sua capacidade, assim como os filhos menores dos cidadãos que morreram na guerra, deficientes físicos e psíquicos em consequência da guerra, gozam de protecção especial, a definir por lei.

ARTIGO 49.º

1. O Estado promove o acesso de todos os cidadãos à instrução, à cultura e ao desporto, garantindo a participação dos diversos agentes particulares na sua efectivação, nos termos da lei.

2. A iniciativa particular e cooperativa nos domínios do ensino, exerce-se nas condições previstas na lei.

ARTIGO 50.º

O Estado deve criar as condições políticas, económicas e culturais necessárias para que os cidadãos possam gozar efectivamente dos seus direitos e cumprir integralmente os seus deveres.

ARTIGO 51.º

O Estado protege os cidadãos angolanos que se encontrem ou residam no estrangeiro, os quais gozam dos direitos e estão sujeitos aos deveres que não sejam incompatíveis com a sua ausência do país, sem prejuízo dos efeitos da ausência injustificada previstos na lei.

ARTIGO 52.º

1. O exercício dos direitos, liberdades e garantias dos cidadãos apenas podem ser limitados ou suspensos nos termos da lei quando ponham em causa a ordem pública, o interesse da colectividade, os direitos, liberdades e garantias individuais, ou em caso de declaração do estado de sítio ou de emergência, devendo sempre tais restrições limitar-se às medidas necessárias e adequadas à manutenção da ordem pública, ao interesse da colectividade e ao restabelecimento da normalidade constitucional.

2. Em caso algum a declaração do estado de sítio ou do estado de emergência pode afectar o direito à vida, o direito à integridade pessoal e à identidade pessoal, a capacidade civil, a cidadania, a não retroactividade da lei penal, o direito de defesa dos arguidos e a liberdade de consciência e de religião.

3. Lei específica regula o estado de sítio e o estado de emergência.

TÍTULO III

Dos órgãos do Estado

CAPÍTULO I

Princípios

Artigo 53.º

1. São órgãos de soberania o Presidente da República, a Assembleia Nacional, o Governo e os Tribunais.

2. A formação, a composição, a competência e o funcionamento dos órgãos de soberania são os definidos na presente Lei.

Artigo 54.º

Os órgãos do Estado organizam-se e funcionam respeitando os seguintes princípios:

    a) os membros dos órgãos representativos são eleitos nos termos da respectiva Lei Eleitoral;

b) os órgãos do Estado submetem-se à lei, à qual devem obediência:
c) separação e interdependência de funções dos órgãos de soberania;
d) autonomia local:
e) descentralização e desconcentração administrativa, sem prejuízo da unidade de acção governativa e administrativa;
f) os titulares de cargos políticos respondem civil e criminalmente pelas acções e omissões que pratiquem no exercício das suas funções, nos termos da lei:
g) as deliberações dos órgãos colegiais são tomadas de harmonia com os princípios da livre discussão e crítica e da aceitação da vontade da maioria.

ARTIGO 55.º

O território da República de Angola, para fins político-administrativos divide-se em Províncias, Municípios, Comunas e Bairros ou Povoações.

CAPÍTULO II

Do Presidente da República

SECÇÃO I

Presidente da República

ARTIGO 56.º

1. O Presidente da República é o Chefe do Estado, simboliza a unidade nacional, representa a Nação no plano interno e internacional, assegura o cumprimento da Lei Constitucional e é o Comandante-em-Chefe das Forças Armadas Angolanas.

2. O Presidente da República define a orientação política do país, assegura o funcionamento regular dos órgãos do Estado e garante a independência nacional e a integridade territorial do país.

ARTIGO 57.º

1. O Presidente da República é eleito por sufrágio universal, directo, igual, secreto e periódico, pelos cidadãos residentes no território nacional, nos termos da lei.
2. O Presidente da República é eleito por maioria absoluta dos votos validamente expressos. Se nenhum candidato a obtiver, procede-se a uma segunda votação, à qual só podem concorrer os dois candidatos que tenham obtido o maior número de votos na primeira e não tenham desistido.

ARTIGO 58.º

São elegíveis ao cargo de Presidente da República os cidadãos angolanos de origem, maiores de 35 anos, no pleno gozo dos seus direitos civis e políticos.

ARTIGO 59.º

O mandato do Presidente da República tem a duração de cinco anos e termina com a tomada de posse do novo Presidente eleito. O Presidente da República pode ser reeleito para mais dois mandatos consecutivos ou interpolados.

ARTIGO 60.º

1. As candidaturas para Presidente da República são apresentadas pelos partidos políticos ou coligações de partidos políticos legalmente constituídos ou por um mínimo de cinco mil e um máximo de dez mil cidadãos eleitores.
2. As candidaturas são apresentadas ao Presidente do Tribunal Supremo, até 60 dias antes da data prevista para a eleição.
3. Em caso de incapacidade definitiva de qualquer candidato a Presidente da República, pode haver lugar à indicação de um novo candidato em substituição do candidato incapacitado, nos termos previstos na Lei Eleitoral.

ARTIGO 61.º

1. A eleição do Presidente da República realiza-se até 30 dias antes do termo do mandato do Presidente em exercício.

2. Em caso de vagatura do cargo de Presidente da República a eleição do novo Presidente da República realiza-se nos 90 dias posteriores a data da vagatura.

ARTIGO 62.º

1. O Presidente da República toma posse perante o Tribunal Supremo, no último dia do mandato do Presidente cessante.

2. Em caso de eleição por vagatura, a posse efectiva-se nos 15 dias subsequentes ao da publicação dos resultados eleitorais.

3. No acto de posse o Presidente da República eleito presta o seguinte juramento:

"Juro por minha honra, desempenhar com toda a dedicação as funções de que fico investido, cumprir e fazer cumprir a Lei Constitucional da República de Angola, defender a unidade da Nação, a integridade do solo pátrio, promover e consolidar, a paz, a democracia e o progresso social".

ARTIGO 63.º

1. O Presidente da República pode renunciar ao mandato em mensagem dirigida à Assembleia Nacional, com conhecimento ao Tribunal Supremo.

2. A renúncia torna-se efectiva quando a Assembleia Nacional toma conhecimento da mensagem, sem prejuízo da sua ulterior publicação no *Diário da República*.

ARTIGO 64.º

1. Em caso de impedimento temporário ou de vagatura, o cargo de Presidente da República é exercido interinamente pelo Presidente da Assembleia Nacional ou, encontrando-se este impedido, pelo seu substituto.

2. O mandato de deputado do Presidente da Assembleia Nacional ou do seu substituto fica automaticamente suspenso enquanto durar as funções interinas de Presidente da República.

Artigo 65.º

1. O Presidente da República não é responsável pelos actos praticados no exercício das suas funções, salvo em caso de suborno ou de traição à Pátria.

2. A iniciativa do processo de acusação cabe à Assembleia Nacional, mediante proposta de um quinto e deliberação aprovada por maioria de dois terços dos Deputados em efectividade de funções, competindo ao Tribunal Supremo o respectivo julgamento.

3. A condenação implica a destituição do cargo e a impossibilidade de candidatura para um outro mandato.

4. O Presidente da República responde perante os tribunais comuns depois de terminado o seu mandato pelos crimes estranhos ao exercício das suas funções.

Artigo 66.º

O Presidente da República tem as seguintes competências:

a) nomear o Primeiro-Ministro, ouvidos os Partidos Políticos representados na Assembleia Nacional;

b) nomear e exonerar os demais membros do Governo e o Governador do Banco Nacional de Angola, sob proposta do Primeiro-Ministro;

c) pôr termo às funções do Primeiro-Ministro e demitir o Governos após consulta ao Conselho da República;

d) presidir ao Conselho de Ministros;

e) decretar a dissolução da Assembleia Nacional após consulta ao Primeiro-Ministro, ao Presidente da Assembleia Nacional e ao Conselho da República;

f) presidir ao Conselho da República;

g) nomear e exonerar os embaixadores e aceitar as cartas credenciais dos representantes diplomáticos estrangeiros;

h) nomear os Juízes do Tribunal Supremo, ouvido o Conselho Superior da Magistratura Judicial;
i) nomear e exonerar o Procurador-Geral da República, o Vice-Procurador-Geral da República e os Adjuntos do Procurador-Geral da República, mediante proposta do Conselho Superior da Magistratura do Ministério Público;
j) nomear membros do Conselho Superior da Magistratura Judicial nos termos previstos pelo artigo 132.º da Lei Constitucional;
k) convocar as eleições do Presidente da República e dos Deputados à Assembleia Nacional, nos termos da presente Lei e da Lei Eleitoral;
l) presidir ao Conselho da Defesa Nacional;
m) nomear e exonerar o Chefe do Estado-Maior-General das Forças Armadas Angolanas e seus adjuntos, quando existam, bem como os Chefes do Estado-Maior dos diferentes ramos das Forças Armadas;
n) nomear os oficiais generais das Forças Armadas Angolanas, ouvido o Conselho de Defesa Nacional;
o) convocar os referendos, nos termos previstos no artigo 73.º da presente lei;
p) declarar a guerra e fazer a paz, ouvido o Governo e após autorização da Assembleia Nacional;
q) indultar e comutar penas;
r) declarar o estado de sítio ou o estado de emergência, nos termos da lei;
s) assinar e promulgar as leis aprovadas pela Assembleia Nacional e os decretos-lei aprovados pelo Governo;
t) dirigir mensagens à Assembleia Nacional e convocá-la extraordinariamente;
u) pronunciar-se sobre todas as emergências graves para a vida da Nação e, sendo caso disso, adoptar as medidas previstas no artigo seguinte da presente lei;
v) conferir condecorações, nos termos da lei;
y) ratificar os tratados internacionais, depois de devidamente aprovados e assinar os instrumentos de aprovação dos demais tratados em forma simplificada:
x) requerer ao Tribunal Constitucional a apreciação preventi-

va ou a declaração da inconstitucionalidade de normas jurídicas, bem como a verificação da existência de in-constitucionalidade por omissão.

Artigo 67.º

1. O Presidente da República, após consulta ao Primeiro-Ministro e ao Presidente da Assembleia Nacional, adoptará as medidas pertinentes sempre que as instituições da República, a independência da Nação, a integridade territorial ou a execução dos seus compromissos internacionais forem ameaçados por forma grave e imediata e o funcionamento regular dos poderes públicos constitucionais forem interrompidos.
2. O Presidente da República informará a Nação desses factores todos, através de mensagem.
3. Enquanto durar o exercício dos poderes especiais, a Lei Constitucional não pode ser alterada e a Assembleia Nacional não pode ser dissolvida.

Artigo 68.º

1. No exercício da Presidência do Conselho de Ministros, incumbe ao Presidente da República:
 a) convocar o Conselho de Ministros e fixar a sua agenda de trabalhos, ouvido o Primeiro-Ministro;
 b) dirigir e orientar as reuniões e sessões do Conselho de Ministros.
2. O Presidente da República pode delegar expressamente ao Primeiro-Ministro a presidência do Conselho de Ministros.

Artigo 69.º

1. O Presidente da República deve promulgar as leis nos 30 dias posteriores à recepção das mesmas da Assembleia Nacional.
2. Antes do decurso deste prazo o Presidente da República pode solicitar à Assembleia Nacional uma nova apreciação do diploma ou de algumas das suas disposições.

3. Se depois desta reapreciação, a maioria de dois terços dos Deputados da Assembleia Nacional se pronunciar no sentido de aprovação do diploma, o Presidente da República deve promulgar o diploma no prazo de 15 dias a contar da sua recepção.

Artigo 70.º

O Presidente da República, após a assinatura do Primeiro-Ministro, assina os decretos do Governo, nos 30 dias posteriores à recepção dos mesmos, devendo comunicar ao Governo as causas de recusa da assinatura.

Artigo 71.º

Os diplomas referidos na alínea *s*) do artigo 66.º não promulgados pelo Presidente da República, bem como os decretos do Governo não assinados pelo Presidente da República, são juridicamente inexistentes.

Artigo 72.º

O Presidente da República interino não pode dissolver a Assembleia Nacional, nem convocar referendos.

Artigo 73.º

1. O Presidente da República pode, sob proposta do Governo ou da Assembleia Nacional, submeter a referendo projectos de lei ou de ratificação de tratados internacionais que, sem serem contrários à Lei Constitucional, tenham incidências sobre a organização dos poderes públicos e o funcionamento das instituições.
2. É proibida a realização de referendos constitucionais.
3. O Presidente da República promulga os projectos de lei ou ratifica os tratados internacionais adoptados no referendo no prazo de 15 dias.

ARTIGO 74.º

No exercício das suas competências, o Presidente da República emite decretos presidenciais e despachos que são publicados no *Diário da República*.

SECÇÃO II

Conselho da República

ARTIGO 75.º

1. O Conselho da República é o órgão político de consulta do Presidente da República a quem incumbe:
   a) pronunciar-se acerca da dissolução da Assembleia Nacional;
   b) pronunciar-se acerca da demissão do Governo;
   c) pronunciar-se acerca da declaração da guerra e da feitura da paz;
   d) pronunciar-se sobre os actos do Presidente da República interino, referentes à nomeação do Primeiro-Ministro, à demissão do Governo, a nomeação e exoneração do Procurador-Geral da República, do Comando do Estado-Maior-General das Forças Armadas Angolanas e seus Adjuntos, bem como dos Chefes dos Estados-Maiores dos diferentes ramos das Forças Armadas;
   e) aconselhar o Presidente da República no exercício das suas funções, quando este o solicitar;
   f) aprovar o Regimento do Conselho da República.

2. No exercício das suas atribuições o Conselho da República emite pareceres que são tornados públicos aquando da prática do acto a que se referem.

ARTIGO 76.º

O Conselho da República é presidido pelo Presidente da República e é composto pelos seguintes membros:
   a) o Presidente da Assembleia Nacional;

b) o Primeiro-Ministro;
c) o Presidente do Tribunal Constitucional;
d) o Procurador-Geral da República;
e) os antigos Presidentes da República;
f) os Presidentes dos Partidos Políticos representados na Assembleia Nacional;
g) dez cidadãos designados pelo Presidente da República.

ARTIGO 77.º

1. Os membros do Conselho da República são empossados pelo Presidente da República.
2. Os membros do Conselho da República gozam das regalias e imunidades dos Deputados da Assembleia Nacional.

CAPÍTULO III
Da Assembleia Nacional

ARTIGO 78º

1. A Assembleia Nacional é a assembleia representativa de todos os angolanos e exprime a vontade soberana do povo angolano.
2. A Assembleia Nacional rege-se pelo disposto na presente Lei e por um Regimento Interno por si aprovado.

ARTIGO 79.º

1. A Assembleia Nacional é composta por 223 Deputados eleitos por sufrágio universal, igual, directo, secreto e periódico, para um mandato de 4 anos.
2. Os Deputados à Assembleia Nacional são eleitos segundo o sistema de representação proporcional, adoptando-se o seguinte critério:
a) por direito próprio cada Província é representada na Assembleia Nacional por um número de cinco Deputados,

constituindo para esse efeito cada Província um círculo eleitoral;
b) os restantes 130 Deputados são eleitos a nível nacional, considerando-se o país para este efeito um círculo eleitoral único;
c) para as comunidades angolanas no exterior é constituído um círculo eleitoral representado por um número de três Deputados, correspondendo dois à zona África e um ao resto do mundo.

ARTIGO 80.º

As candidaturas são apresentadas pelos Partidos Políticos, isoladamente ou em coligação, podendo as listas integrar, cidadãos não filiados nos respectivos partidos nos termos da Lei Eleitoral.

ARTIGO 81.º

O mandato dos Deputados inicia-se com a primeira sessão da Assembleia Nacional após as eleições e cessa com a primeira sessão após as eleições subsequentes, sem prejuízo de suspensão ou de cessação individual do mandato.

ARTIGO 82.º

1. O mandato de Deputado é incompatível:
   a) com a função de membro do Governo;
   b) com empregos remunerados por empresas estrangeiras ou por organizações internacionais;
   c) com o exercício do cargo de Presidente e membro do Conselho de Administração de sociedades anónimas, sócio Gerente de sociedades por quotas, Director-Geral e Director-Geral-Adjunto de empresas públicas.
2. São inelegíveis para o mandato de Deputado:
   a) os Magistrados Judiciais e do Ministério Público;
   b) os militares e os membros das forças militarizadas em serviço activo.

3. Os cidadãos que tenham adquirido a nacionalidade angolana podem candidatar-se sete anos após a aquisição da nacionalidade.

Artigo 83.º

Os Deputados da Assembleia Nacional têm o direito, nos termos da Lei Constitucional, do Regimento Interno da Assembleia Nacional, de interpelar o Governo ou qualquer dos seus membros, bem como de obter de todos os organismos e empresas públicas a colaboração necessária para o cumprimento das suas tarefas.

Artigo 84.º

1. Nenhum Deputado da Assembleia Nacional pode ser detido ou preso sem autorização da Assembleia Nacional ou da Comissão Permanente, excepto em flagrante delito por crime doloso punível com pena de prisão maior.
2. Os Deputados não podem ser responsabilizados pelas opiniões que emitam no exercício das suas funções.

Artigo 85.º

Os Deputados perdem o mandato sempre que se verifiquem algumas das seguintes causas:
   a) fiquem abrangidos por algumas das incapacidades ou incompatibilidades previstas na lei;
   b) não tomem assento na Assembleia Nacional ou excedem o número de faltas expressas no Regimento Interno;
   c) filiem-se em partido diferente daquele por cuja lista foram eleitos.

Artigo 86.º

Os Deputados podem renunciar ao seu mandato mediante declaração escrita com assinatura reconhecida e entregue pessoalmente ao Presidente da Assembleia Nacional.

Artigo 87.º

1. A substituição temporária de um Deputado é admitida nas seguintes circunstâncias:

  a) por exercício de cargo público incompatível com o exercício do mandato de Deputado nos termos da presente Lei;

  b) por doença de duração superior a quarenta e cinco dias.

2. Em caso de substituição temporária de um Deputado, a vaga ocorrida é preenchida segundo a respectiva ordem de precedência pelo candidato seguinte da lista a que pertencia o titular do mandato vago e que não esteja impossibilitado de assumir o mandato.

3. Tratando-se de vaga ocorrida por Deputado eleito por coligação, o mandato é conferido ao candidato imediatamente seguinte não eleito proposto pelo partido político a que pertencia o Deputado substituído.

4. Se na lista a que pertencia o titular do mandato vago, já não existirem candidatos não eleitos não se procede ao preenchimento da vaga.

Artigo 88.º

Compete à Assembleia Nacional:

  a) alterar a actual Lei Constitucional e aprovar a Constituição da República de Angola;

  b) aprovar as leis sobre todas as matérias, salvo as reservadas pela Lei Constitucional ao Governo;

  c) conferir ao Governo autorizações legislativas;

  d) aprovar sob proposta do Governo, o Plano Nacional e o Orçamento Geral do Estado;

  e) aprovar sob proposta do Governo, os relatórios de execução do plano Nacional e do Orçamento Geral do Estado;

  f) autorizar o Governo a contrair e a conceder empréstimos e a realizar outras operações de crédito que não sejam de dívida flutuante, definindo as respectivas condições gerais e estabelecer o limite máximo dos avales a conceder em cada ano pelo Governo;

g) estabelecer e alterar a divisão político-administrativa do país;
h) conceder amnistias e perdões genéricos;
i) autorizar o Presidente da República a declarar o estado de sítio e o estado de emergência, definindo a extensão, a suspensão das garantias constitucionais e vigiar a sua aplicação;
j) autorizar o Presidente da República a declarar a guerra e a fazer a paz;
k) aprovar os tratados internacionais que versem matéria da sua competência legislativa absoluta, bem como tratados de paz, de participação de Angola em organizações internacionais, de rectificação de fronteiras, de amizade, de defesa, respeitantes a assuntos militares e quaisquer outros que o Governo lhe submeta;
l) ratificar decretos-lei;
m) promover o processo de acusação contra o Presidente da República por crime de suborno e de traição à Pátria;
n) votar moções de confiança e de censura ao Governo;
o) elaborar e aprovar o Regimento Interno da Assembleia Nacional;
p) eleger o Presidente e os Vice-Presidentes da Assembleia Nacional e os demais membros da Comissão Permanente, por maioria absoluta dos Deputados em efectividade de funções;
q) constituir as Comissões de Trabalho da Assembleia Nacional, de acordo com a representatividade dos Partidos na Assembleia;
r) desempenhar as demais funções que lhe sejam cometidas pela Lei Constitucional e pela lei.

ARTIGO 89.º

À Assembleia Nacional compete legislar com reserva absoluta de competência legistativa, sobre as seguintes matérias:
a) aquisição, perda e reaquisição da nacionalidade;
b) direitos, liberdades e garantias fundamentais dos cidadãos;

- *c)* eleições e estatuto dos titulares dos órgãos de soberania, do poder local e dos restantes órgãos constitucionais;
- *d)* formas de organização e funcionamento dos órgãos do poder local;
- *e)* regime do referendo;
- *f)* organização, funcionamento e processo do Tribunal Constitucional;
- *g)* organização da defesa nacional e bases gerais da organização, do funcionamento e da disciplina das Forças Armadas Angolanas;
- *h)* regimes do estado de sítio e do estado de emergência;
- *i)* associações e partidos políticos;
- *j)* organização judiciária e estatuto dos Magistrados Judiciais e do Ministério Público;
- *k)* sistema monetário e padrão de pesos e medidas;
- *l)* definição dos limites das águas territoriais, da zona económica exclusiva, e dos direitos de Angola aos fundos marinhos contíguos;
- *m)* definição dos sectores da reserva do Estado no domínio da economia, bem como das bases de concessão de exploração dos recursos naturais e da alienação do património do Estado;
- *n)* definição e regime dos símbolos nacionais.

ARTIGO 90.º

À Assembleia Nacional compete legislar, com reserva relativa de competência legislativa sobre as seguintes matérias, salvo autorização concedida ao Governo:

- *a)* estado e capacidade das pessoas;
- *b)* organização geral da administração pública;
- *c)* estatuto dos funcionários e responsabilidade civil da administração pública;
- *d)* regime geral da requisição e da expropriação por utilidade pública;
- *e)* meios e formas de intervenção e de nacionalização dos meios de produção e do estabelecimento dos critérios de

fixação de indemnizações, bem como de reprivatização da titularidade ou do direito de exploração do património do Estado, nos termos da legislação base referida na alínea *m*) do artigo anterior;
f) definição do sistema fiscal e criação de impostos;
g) bases do sistema de ensino, do serviço nacional de saúde e de segurança social;
h) bases do sistema de protecção da natureza, do equilíbrio ecológico e do património cultural;
i) regime geral do arrendamento rural e urbano;
j) regime de propriedade da terra e estabelecimento de critérios de fixação dos limites máximos das unidades de exploração agrícola privadas;
k) participação das autoridades tradicionais e dos cidadãos no exercício do poder local;
l) estatuto das empresas públicas;
m) definição e regime dos bens do domínio público;
n) definição dos crimes, penas e medidas de segurança, bem como do processo criminal.

ARTIGO 91.º

1. A Assembleia Nacional deve, nas leis de autorização legislativa, definir o âmbito, o sentido, a extensão e a duração da autorização.
2. As autorizações referidas no número anterior, caducam com a demissão do Governo a que tiverem sido concedidas, com o termo da legislatura ou com a dissolução da Assembleia Nacional.

ARTIGO 92.º

1. A Assembleia Nacional emite, no exercício das suas competências, leis de revisão constitucional, a constituição da República de Angola, leis orgânicas, leis, moções e resoluções.
2. Revestem a forma de lei de revisão constitucional e de Constituição da República de Angola os actos previstos na alínea *a*) do artigo 88.º;

3. Revestem a forma de leis orgânicas os actos previstos nas alíneas *c)*, *d)*, *e)*, *f)*, *g)*, *h)* e *j)* do artigo 89.º.
4. Revestem a forma de lei os demais actos previstos nos artigos 89.º e 90.º, bem como os previstos nas alíneas *d)*, *f)*, *g)* e *h)* do artigo 88.º.
5. Revestem a forma de moção os actos previstos na alínea *n)* do artigo 88.º.
6. Revestem a forma de resolução os demais actos da Assembleia Nacional, nomeadamente, os previstos nas alíneas *c)*, *e)*, *i)*, *j)*, *k)*, *l)*, *m)*, *o)*, *p)* e *q)* do artigo 88.º e os actos da Comissão Permanente.

ARTIGO 93.º

1. A iniciativa legislativa pertence aos Deputados, aos grupos parlamentares e ao Governo.
2. Os Deputados e os grupos parlamentares não podem apresentar projectos de lei, que envolvam no ano económico em curso, aumento das despesas ou diminuição das receitas do Estado fixadas no Orçamento.
3. Os projectos de lei definitivamente rejeitados não podem ser apreciados na mesma sessão legislativa, salvo se houver nova eleição da Assembleia Nacional.
4. Os projectos de lei apresentados pelo Governo caducam com a sua demissão.

ARTIGO 94.º

1. A Assembleia Nacional aprecia os decretos-lei aprovados pelo Conselho de Ministros para efeitos de alteração ou recusa de ratificação, salvo os de competência exclusiva do Governo, a requerimento de dez Deputados nas dez primeiras reuniões plenárias da Assembleia Nacional subsequentes à publicação.
2. Requerida a apreciação e no caso de serem apresentadas propostas de alteração a Assembleia pode suspender, no todo ou em parte, a vigência do decreto-lei até à publicação da lei que o vier alterar ou até à rejeição de todas aquelas propostas.

3. Se a ratificação for recusada o decreto-lei deixará de vigorar desde o dia em que a resolução for publicada no *Diário da República* e não pode voltar a ser publicado no decurso da mesma sessão legislativa.

4. Consideram-se ratificados os decretos-lei que não forem chamados para apreciação na Assembleia Nacional nos prazos e nos termos estabelecidos pelo presente artigo.

ARTIGO 95.º

1. A Assembleia Nacional não pode ser dissolvida nos seis meses posteriores à sua eleição, no último semestre do mandato do Presidente da República, no mandato do Presidente da República interino ou durante a vigência do estado de sítio ou do estado de emergência.

2. A não observância do disposto no parágrafo anterior determina a inexistência jurídica do decreto de dissolução.

3. Dissolvida a Assembleia Nacional subsiste o mandato dos Deputados e o funcionamento da Comissão Permanente, até à primeira reunião da Assembleia após as subsequentes eleições.

ARTIGO 96.º

1. A legislatura compreende quatro sessões legislativas.

2. Cada sessão legislativa tem a duração de um ano e inicia-se a 15 de Outubro.

3. O período normal de funcionamento da Assembleia Nacional é de oito meses e inicia a 15 de Outubro, sem prejuízo dos intervalos previstos no Regimento da Assembleia Nacional e das suspensões que forem deliberadas por maioria de dois terços dos Deputados presentes.

4. A Assembleia Nacional reúne ordinariamente sob convocação do seu Presidente.

5. A Assembleia Nacional pode reunir extraordinariamente sempre que necessário por deliberação da plenária, por iniciativa da Comissão Permanente ou de mais de metade dos Deputados.

6. A Assembleia Nacional pode reunir extraordinariamente fora do seu período de funcionamento normal, por deliberação do plenário, por iniciativa da Comissão Permanente ou de mais de metade dos Deputados ou por convocação do Presidente da República.

ARTIGO 97.º

1. A Assembleia Nacional funciona com a maioria simples dos Deputados em efectividade de funçõeŝ.
2. As deliberações da Assembleia Nacional são tomadas por maioria simples dos Deputados presentes, salvo quando a presente lei estabeleça outras regras de deliberação.

ARTIGO 98.º

1. A ordem do dia das reuniões plenárias da Assembleia Nacional é fixada pelo seu Presidente, sem prejuízo do direito de recurso para o plenário da Assembleia.
2. O Regimento Interno da Assembleia Nacional definirá a prioridade das matérias a inscrever na agenda do dia.
3. As mensagens do Presidente da República à Assembleia Nacional têm prioridade absoluta sobre todas as demais questões.
4. O Governo pode solicitar prioridade para assuntos de interesse nacional de resolução urgente.

ARTIGO 99.º

1. Os Ministros e Secretários de Estado têm direito de assistir às reuniões plenárias da Assembleia Nacional, podendo ser coadjuvados ou substituídos pelos Vice-Ministros e usar da palavra nos termos do Regimento da Assembleia Nacional.
2. O Primeiro-Ministro e os membros do Governo devem comparecer perante a plenária da Assembleia, em reuniões marcadas segundo a regularidade definida no Regimento da Assembleia Nacional para responder a perguntas e pedidos de esclarecimento dos Deputados, formulados oralmente ou por escrito.
3. O Primeiro Ministro e os membros do Governo devem comparecer na plenária da Assembleia Nacional, sempre que estejam em apreciação moções de censura ou de confiança ao Governo

e a aprovação do Plano Nacional, do Orçamento Geral do Estado e respectivos relatórios de execução.

4. As Comissões de Trabalho da Assembleia Nacional podem solicitar a participação de membros do Governo nos seus trabalhos.

Artigo 100.º

1. A Assembleia Nacional constitui Comissões de Trabalho, nos termos do Regimento podendo criar comissões eventuais para um fim determinado.

2. A composição das comissões corresponde à representatividade dos partidos na Assembleia Nacional, sendo a sua presidência repartida pelos grupos parlamentares em proporção com o nuúmero dos seus Deputados.

3. As comissões apreciam as petições dirigidas à Assembleia Nacional e podem solicitar o depoimento de quaisquer cidadãos.

Artigo 101.º

1. Os deputados à Assembleia Nacional podem constituir comissões de inquérito parlamentar para a apreciação dos actos do Governo e da admistração.

2. As comissões de inquérito são requeridas por qualquer Deputado e constituídas obrigatoriamente por um quinto dos Deputados em efectividade de funções, até ao limite de uma por Deputado e por sessão legislativa.

3. As comissões parlamentares de inquérito gozam de poderes de investigação próprios das autoridades judiciais.

Artigo 102.º

1. A Assembleia Nacional é substituída fora do período de funcionamento efectivo, durante o período em que estiver dissolvida e nos restantes casos previstos na Lei Constitucional por uma Comissão Permanente.

2. A Comissão Permanente tem a seguinte composição:

a) o Presidente da Assembleia Nacional, que a preside, indicado pelo partido político ou coligação de partidos que obtiver a maioria nas eleições;

b) dois Vice-Presidentes, indicados pelos partidos políticos ou coligação de partidos, proporcionalmente ao número de assentos por si obtidos na Assembleia Nacional;

c) doze Deputados indicados pelos partidos políticos e coligação de partidos proporcionalmente ao número de assentos por si obtidos na Assembleia Nacional.

3. Compete à Comissão Permanente:

a) acompanhar a actividade do Governo e da Administração;

b) convocar extraordinariamente a Assembleia Nacional;

c) exercer os poderes da Assembleia relativamente ao mandato dos Deputados;

d) autorizar o Presidente da República a declarar o estado de sítio ou o estado de emergência;

e) autorizar excepcionalmente o Presidente da República a declarar a guerra e a fazer a paz, quando a Assembleia Nacional não se encontre em período normal de funcionamento e seja em face da urgência, inviável a sua convocação extraordinária;

f) preparar a abertura da sessão legislativa.

Artigo 103.º

1. Os Deputados eleitos por cada partido ou coligação de partidos podem constituir-se em grupos parlamentares.

2. Sem prejuízo dos direitos dos Deputados previstos na presente lei, os grupos parlamentares podem ter direito a:

a) participar nas comissões de trabalho da Assembleia em função do número dos seus membros, indicando os seus representantes nelas;

b) ser ouvidos na fixação da ordem do dia;

c) provocar, por meio de interpelação ao Governo, a abertura de dois debates em cada sessão legislativa sobre assuntos de política geral ou sectorial;

d) solicitar à Comissão Permanente que promova a convocação da Assembleia;
e) exercer iniciativa legislativa;
f) apresentar moções de censura ao Governo;
g) ser informado pelo Governo, regular e directamente, sobre o andamento dos principais assuntos de interesse público;
h) requerer a constituição de Comissões Parlamentares de inquérito.

3. As faculdades previstas nas alíneas *b)*, *f)*, *g)*, e *h)* são exercidas através do Presidente do Grupo Parlamentar.

4. Cada grupo parlamentar tem direito a dispor de locais de trabalho na sede da Assembleia Nacional, bem como de pessoal técnico e administrativo da sua confiança, nos termos da lei.

ARTIGO 104.º

A Assembleia Nacional e as suas comissões serão coadjuvadas por um corpo permanente de técnicos, pessoal administrativo e por especialistas requisitados ou temporariamente contratados, nos termos estabelecidos por lei.

CAPÍTULO IV

Do Governo

ARTIGO 105.º

1. O Governo conduz a política geral do país e é o órgão superior da administração pública.

2. O Governo é responsável politicamente perante o Presidente da República e a Assembleia Nacional nos termos estabelecidos pela presente lei.

ARTIGO 106.º

1. A composição do Governo é fixada por decreto-lei.

2. O número e a designação dos Ministros, Secretários de Estado e Vice-Ministros serão determinados pelos decretos de nomeação dos respectivos titulares.
3. As atribuições dos Ministérios e Secretarias de Estado são determinadas por decreto-lei.

Artigo 107.º

1. Os cargos de Primeiro-Ministro, Ministro, Secretário de Estado e Vice-Ministro são incompatíveis com o exercício do mandato de Deputado.
2. São aplicáveis aos cargos previstos no parágrafo anterior as incompatibilidades previstas nas alíneas *b)* e *c)* do artigo 82.º.

Artigo 108.º

1. O Conselho de Ministros é presidido pelo Presidente da República e constituído pelo Primeiro-Ministro, Ministros e Secretários de Estado.
2. O Conselho de Ministros reúne com a periodicidade definida na lei.
3. Os Vice-Ministros podem ser convocados a participar nas reuniões do Conselho de Ministros.
4. O Conselho de Ministros pode criar comissões especializadas para a preparação de assuntos específicos a serem apreciados em Conselho de Ministros.

Artigo 109.º

1. As funções do Primeiro-Ministro iniciam-se com a sua tomada de posse e cessam com a tomada de posse do Primeiro-Ministro que o substituir.
2. As funções dos restantes membros do Governo iniciam-se com a sua tomada de posse e cessam com a sua exoneração ou com a exoneração do Primeiro-Ministro.
3. Em caso de demissão do Governo, o Primeiro-Ministro do Governo cessante é exonerado na data da nomeação e da tomada de posse do novo Primeiro-Ministro.

ARTIGO 110.º

No exercício de funções políticas compete ao Governo:

a) referendar os actos do Presidente da República nos termos previstos pelo artigo 70.º;
b) definir as linhas gerais da política governamental, bem como as da sua execução;
c) negociar e concluir tratados internacionais e aprovar os tratados que não sejam da competência absoluta da Assembleia Nacional ou que a esta não tenham sido submetidos;
d) apresentar projectos de lei à Assembleia Nacional;
e) deliberar sobre o pedido de confiança ao Parlamento;
f) pronunciar-se sobre a declaração do estado de sítio ou do estado de emergência;
g) propor ao Presidente da República a declaração de guerra ou a feitura de paz;
h) praticar outros actos que lhe sejam cometidos pela Lei Constitucional ou pela lei.

ARTIGO 111.º

1. No exercício de funções legislativas compete, ao Governo:

a) fixar por decreto-lei a composição, organização e funcionamento do Governo;
b) elaborar e aprovar decretos-lei em matéria de reserva legislativa relativa da Assembleia Nacional, nos termos da respectiva autorização legislativa.

2. Em matéria referente à sua própria composição, organização e funcionamento o Governo tem competência legislativa absoluta.

3. Os decretos-lei previstos na alínea b) devem invocar expressamente o diploma legal de autorização legislativa.

ARTIGO 112.º

No exercício de funções administrativas compete ao Governo:

a) elaborar e promover a execução do plano de desenvolvimento económico e social do país;

- b) elaborar, aprovar e dirigir a execução do Orçamento, do Estado;
- c) aprovar os actos do Governo que envolvam aumento ou diminuição das receitas ou despesas públicas;
- d) elaborar regulamentos necessários à boa execução das leis;
- e) dirigir os serviços e a actividade da administração do Estado, superintender na administração indirecta, exercer a tutela sobre a administração local autárquica e sobre as demais instituições públicas autárquicas;
- f) praticar actos e tomar todas as providências necessárias à promoção do desenvolvimento económico e social e a satisfação das necessidades colectivas.

ARTIGO 113º

O Governo, reunido em Conselho de Ministros, exerce a sua competência por meio de decretos-lei, decretos e resoluções sobre políticas gerais, sectoriais e medidas do âmbito da actividade governamental.

ARTIGO 114.º

1. Incumbe em geral ao Primeiro-Ministro dirigir, conduzir e coordenar a acção geral do Governo.

2. Compete ao Primeiro-Ministro, nomeadamente:

- a) coordenar e orientar a actividade de todos os Ministros e Secretários de Estado;
- b) representar o Governo perante a Assembleia Nacional e a nível interno e externo;
- c) dirigir o funcionamento do Governo e as suas relações de carácter geral com os demais órgãos do Estado;
- d) substituir o Presidente da República na Presidência do Conselho de Ministros, nos termos previstos no n.º 2 do artigo 68.º;
- e) assinar os decretos-lei do Conselho de Ministros e enviá-los a promulgação do Presidente da República.

f) assinar os decretos-lei do Conselho de Ministros e enviá--los à posterior assinatura do Presidente da República;
g) assinar as resoluções do Conselho de Ministros;
h) exercer as demais funções que lhe sejam cometidas pela Lei Constitucional e pela lei.

3. No exercício das suas competências o Primeiro-Ministro, os Ministros e os Secretários de Estado emitem decretos-executivos e despachos que serão publicados no *Diário da República*.

ARTIGO 115.º

1. O Governo elabora o seu programa no qual constarão as principais orientações políticas, económicas, sociais e medidas a tomar ou a propor nos diversos domínios da actividade governamental.

2. Os membros do Governo estão vinculados ao programa do Governo e às deliberações tomadas em Conselho de Ministros.

ARTIGO 116.º

1. O Governo inicia as suas funções logo após a tomada de posse.

2. O Governo pode estar sujeito a moções de censura votadas pela Assembleia Nacional, sobre a execução do seu programa ou assuntos fundamentais da política governamental, mediante iniciativa apresentada por qualquer grupo parlamentar ou um quarto dos Deputados em efectividade de funções.

3. A aprovação de uma moção de censura ao Governo exige maioria absoluta dos votos dos Deputados em efectividade de funções.

4. Se a moção de censura não for aprovada, os seus signatários não podem apresentar outra durante a mesma sessão legislativa.

5. O Governo pode solicitar à Assembleia Nacional uma moção de confiança que deve ser aprovada pela maioria absoluta dos votos dos Deputados em efectividade de funções.

ARTIGO 117.º

1. O Primeiro-Ministro e responsável politicamente perante o Presidente da República, a quem informa directa e regularmente acerca dos assuntos respeitantes à condução da política do país.
2. O Primeiro-Ministro representa o Governo perante a Assembleia Nacional e engaja a responsabilidade política do Governo perante a Assembleia Nacional.

ARTIGO 118.º

Dá lugar à demissão do Governo:

a) o termo da legislatura;
b) a eleição de um novo Presidente da República;
c) a demissão do Primeiro-Ministro;
d) a aceitação pelo Presidente da República do pedido de demissão apresentado pelo Primeiro-Ministro;
e) a morte ou impossibilidade física duradoura do Primeiro-Ministro;
f) a aprovação de uma moção de censura ao Governo;
g) a não aprovação de um voto de confiança ao Governo.

ARTIGO 119.º

O Primeiro-Ministro, os Ministros, os Secretários de Estado e os Vice-Ministros só podem ser presos depois de culpa formada, quando a infracção for punível com pena de prisão maior e após suspensão do exercício do cargo pelo Presidente da República.

Capítulo V
Da Justiça

Secção I
Dos Tribunais

ARTIGO 120.º

1. Os tribunais são órgãos de soberania com competência de administrar a justiça em nome do Povo.
2. Incumbe ao Tribunal Supremo e demais tribunais instituídos por lei, exercer a função jurisdicional.
3. No exercício da função jurisdicional os tribunais são independentes, apenas estão sujeitos à Lei e têm direito à coadjuvação das outras autoridades.

ARTIGO 121.º

1. Os tribunais garantem e asseguram a observância da Lei Constitucional, das leis e demais disposições normativas vigentes, a protecção dos direitos e interesses legítimos dos cidadãos e das instituições e decidem sobre a legalidade dos actos administrativos.
2. As decisões dos tribunais são de cumprimento obrigatório para todos os cidadãos e demais pessoas jurídicas e prevalecem sobre as de outras autoridades.

ARTIGO 122.º

Os tribunais são em regra colegiais e integrados por juízes profissionais e assessores populares, com os mesmos direitos e deveres quanto ao julgamento da causa.

ARTIGO 123.º

Todas as entidades públicas e privadas têm o dever de cooperar com os Tribunais na execução das suas funções.

Artigo 124.º

As audiências de julgamento são públicas, excepto quando o próprio tribunal o não entenda, em despacho fundamentado, para a defesa da dignidade das pessoas ou da moral pública ou ainda para assegurar o seu funcionamento.

Artigo 125.º

1. Além do Tribunal Constitucional, os tribunais estruturam-se nos termos da lei, de acordo com as categorias seguintes:

a) Tribunais Municipais;
b) Tribunais Provinciais;
c) Tribunal Supremo.

2. Lei própria estabelece a organização e funcionamento de justiça militar.

3. Nos termos da lei podem ser criados tribunais militares, administrativos, de contas, fiscais, tribunais marítimos e arbitrais

Artigo 126.º

Sem prejuízo do disposto no artigo anterior, é proibida a criação de tribunais com competência exclusiva para o julgamento de determinadas infracções.

Artigo 127.º

No exercício das suas funções, os juízes são independentes e apenas devem obediência à Lei.

Artigo 128.º

Os juízes são inamovíveis, não podendo ser transferidos, promovidos, suspensos, reformados ou demitidos senão nos termos da lei.

ARTIGO 129.º

Os juízes não são responsáveis pelas decisões que proferem no exercício das suas funções, salvo as restrições impostas por lei.

ARTIGO 130.º

1. O Juiz Presidente do Tribunal Supremo, o Vice-Presidente do Tribunal Supremo e os demais juízes do Tribunal Supremo e do Tribunal Constitucional só podem ser presos depois de culpa formada, quando a infracção for punível com pena de prisão maior.
2. Os juízes dos Tribunais de 1.ª instância não podem ser presos sem culpa formada, excepto em flagrante delito por crime doloso punível com pena de prisão maior.

ARTIGO 131.º

Os juízes não podem desempenhar qualquer outra função pública ou privada, excepto a de docência ou de investigação científica.

Secção II

**Do Conselho Superior
da Magistratura Judicial**

ARTIGO 132.º

1. O Conselho Superior da Magistratura Judicial é o órgão superior de gestão e disciplina da magistratura judicial, competindo-lhe em geral:
  a) apreciar o mérito profissional e exercer a acção disciplinar sobre os juízes;
  b) propor a nomeação dos juízes do Tribunal Supremo nos termos da presente Lei;
  c) ordenar sindicâncias, inspecções e inquéritos aos serviços judiciais e propor as medidas necessárias à sua eficiência e aperfeiçoamento;
  d) nomear, colocar, transferir e promover os magistrados judiciais, sem prejuízo do disposto na presente Lei.

2. O Conselho Superior da Magistratura Judicial é presidido pelo Presidente do Tribunal Supremo e é composto pelos seguintes vogais:

- *a)* três juristas designados pelo Presidente da República, sendo pelo menos um deles magistrado judicial;
- *b)* cinco juristas designados pela Assembleia Nacional;
- c) dez juízes eleitos de entre si pelos magistrados judiciais.

3. Os vogais membros do Conselho Superior da Magistratura Judicial gozam das imunidades atribuídas aos juízes do Tribunal Supremo.

Artigo 133.º

O ingresso dos juízes na magistratura far-se-á nos termos a definir por lei.

Secção III

Tribunal Constitucional

Artigo 134.º

Ao Tribunal Constitucional compete em geral administrar a justiça em matérias de natureza jurídico-constitucional nomeadamente.

- *a)* apreciar preventivamente a inconstitucionalidade nos termos previstos no artigo 154.º;
- *b)* apreciar a inconstitucionalidade das leis, dos decretos-lei, dos tratados internacionais ratificados e de quaisquer normas, nos termos previstos no artigo 155.º.
- c) verificar e apreciar o não cumprimento da Lei Constitucional por omissão das medidas necessárias para tornar exequíveis as normas constitucionais;
- *d)* apreciar em recurso, a constitucionalidade das decisões de todas as decisões dos demais tribunais que recusem a aplicação de qualquer norma com fundamento na sua inconstitucionalidade;

e) apreciar em recurso, a constitucionalidade de todas as decisões dos demais tribunais que apliquem norma cuja constitucionalidade haja sido suscitada durante o processo.

Artigo 135.º

1. O Tribunal Constitucional é composto por sete juízes, indicados de entre juristas e magistrados, do seguinte modo:

a) três juízes indicados pelo Presidente da República, incluindo o Presidente do Tribunal;
b) três juízes eleitos pela Assembleia Nacional, por maioria de dois terços dos Deputados em efectividade de funções;
c) um juiz eleito pelo Plenário do Tribunal Supremo.

2. Os juízes do Tribunal Constitucional são designados para um mandato de sete anos não renováveis e gozam das garantias de independência, inamovilidade, imparcialidade e irresponsabilidade dos juízes dos restantes tribunais.

3. Lei própria estabelecerá as demais regras relativas às competências, organização e funcionamento do Tribunal Constitucional.

Secção IV

Da Procuradoria-Geral da República

Artigo 136.º

1. A Procuradoria-Geral da República é representada junto dos tribunais pela magistratura do Ministério Público, nos termos estabelecidos no respectivo Estatuto.

2. À Procuradoria-Geral da República compete a defesa da legalidade democrática e, em especial, representar o Estado, exercer a acção penal e defender os interesses que lhe forem determinados por lei.

Artigo 137.º

1. A Procuradoria-Geral da República é presidida pelo Procurador-Geral da República e compreende o Conselho Superior da

Magistratura do Ministério Público, que é composto por membros eleitos pela Assembleia Nacional e membros de entre si eleitos pelos magistrados do Ministério Público, em termos a definir por lei.

2. A Procuradoria-Geral da República tem estatuto próprio, goza de autonomia nos termos da lei e rege-se pelo estatuto dos Magistrados Judiciais e do Ministério Público.

3. A organização, estrutura e funcionamento da Procuradoria--Geral da República, bem como a forma de ingresso na magistratura do Ministéro Público, consta de lei própria.

ARTIGO 138.º

Os magistrados do Ministério Público são responsáveis nos termos da lei e hierarquicamente subordinados.

ARTIGO 139.º

1. O Procurador-Geral da República, o Vice-Procurador-Geral da República e os adjuntos do Procurador-Geral da República, só podem ser presos depois de culpa formada, quando a infracção for punível com pena de prisão maior.

2. Os magistrados do Ministério Público junto dos tribunais de 1.ª instância e equiparados não podem ser presos sem culpa formada, excepto em flagrante delito por crime doloso punível com pena de prisão maior.

ARTIGO 140.º

Os magistrados do Ministério Público não podem ser transferidos, suspensos, promovidos, demitidos ou por qualquer forma mudados de situação, senão nos termos previstos no respectivo estatuto.

ARTIGO 141.º

É incompatível à magistratura do Ministério Público o exercício de funções públicas ou privadas, excepto as de docência ou de investigação científica e ainda as sindicais da respectiva magistratura.

Capítulo VI

Do Provedor de Justiça

Artigo 142.º

1. O Provedor de Justiça é um órgão público independente, que tem por objecto a defesa dos direitos, liberdades e garantias dos cidadãos assegurando, através de meios informais, a justiça e a legalidade da Administração Pública.
2. Os cidadãos podem apresentar ao Provedor de Justiça queixas por acções ou omissões dos poderes públicos que as apreciará sem poder decisório, dirigindo aos órgãos competentes as recomendações necessárias para prevenir e reparar injustiças.
3. A actividade do Provedor de Justiça é independente dos meios graciosos e contenciosos previstos na Lei Constitucional e nas leis.
4. As demais funções e o estatuto do Provedor de Justiça serão estabelecidas por lei.

Artigo 143.º

1. O Provedor de Justiça é designado pela Assembleia Nacional, por deliberação de 2/3 dos Deputados em efectividade de funções e toma posse perante o Presidente da Assembleia Nacional.
2. O Provedor de Justiça é designado para um mandato de quatro anos, podendo ser reconduzido a mais um mandato de igual período.

Artigo 144.º

Os órgãos e agentes de Administração Publica têm o dever de cooperar com o Provedor de Justiça na realização da sua missão.

Capítulo VII

Do poder local

Artigo 145.º

A organização do Estado a nível local compreende a existência de autarquias locais e de órgãos administrativos locais.

Artigo 146.º

1. As autarquias locais são pessoas colectivas territoriais que visam a prossecução de interesses próprios das populações dispondo para o efeito de órgãos representativos eleitos e da liberdade de administração das respectivas colectividades.
2. Lei própria especificará o modo de constituição, a organização, competências, funcionamento e o poder regulamentar das autarquias locais.

Artigo 147.º

1. Os órgãos administrativos locais são unidades administrativas locais desconcentradas do poder central que visam assegurar a nível local a realização das atribuições específicas da administração estatal, orientar o desenvolvimento económico e social e assegurar a prestação dos serviços comunitários da respectiva área geográfica.
2. Lei própria estabelecerá o tipo de órgãos administrativos locais, sua organização, atribuições e funcionamento.

Artigo 148.º

1. O Governador da Província é o representante do Governo na respectiva Província, a quem incumbe em geral dirigir a governação da província, assegurar o normal funcionamento dos órgãos administrativos locais, respondendo pela sua actividade perante o Governo e o Presidente da República.
2. O Governador da Província é nomeado pelo Presidente da República, ouvido o Primeiro-Ministro.

TÍTULO IV
Da Defesa Nacional

Artigo 149.º

1. Ao Estado compete assegurar a defesa nacional.

2. A defesa nacional tem por objectivos garantir a independência nacional, a integridade territorial e a liberdade e a segurança das populações contra qualquer agressão ou ameaça externa, no quadro da ordem constitucional instituída e de direito internacional.

Artigo 150.º

1. O Conselho de Defesa Nacional é presidido pelo Presidente da República e é composto por:

   a) Primeiro-Ministro;
   b) Ministro da Defesa;
   c) Ministro do Interior;
   d) Ministro das Relações Exteriores;
   e) Ministro das Finanças;
   f) Chefe de Estado-Maior-Geral das Forças Armadas Angolanas.

2. O Presidente da República pode convocar outras entidades, em razão da sua competência para assistir a reuniões do Conselho de Defesa Nacional.

3. O Conselho de Defesa Nacional é o órgão de consulta para os assuntos relativos à defesa nacional e à organização, funcionamento e disciplina das Forças Armadas, dispondo da competência administrativa que lhe for atribuída pela lei.

Artigo 151.º

1. As Forças Armadas Angolanas, sob autoridade suprema do seu Comandante-em-Chefe, obedecem aos órgãos de soberania competentes, nos termos da presente Lei e demais legislação ordinária, incumbindo-lhes a defesa militar da Nação.

2. As Forças Armadas Angolanas, como instituição do Estado são permanentes, regulares e apartidárias.
3. As Forças Armadas Angolanas são compostas exclusivamente por cidadãos nacionais, estabelecendo a lei as normas gerais da sua organização e preparação.
4. Lei específica determina as regras de utilização das Forças Armadas Angolanas quando se verifique o estado de sítio e o estado de emergência.

ARTIGO 152.º

1. A defesa da pátria é o direito e o dever mais alto e indeclinável de cada cidadão.
2. O serviço militar é obrigatório. A lei define as formas do seu cumprimento.
3. Em virtude de cumprimento do serviço militar os cidadãos não podem ser prejudicados no seu emprego permanente nem nos demais benefícios sociais.

TÍTULO V
Garantia e Revisão da Lei Constitucional

CAPÍTULO I
Da Fiscalização da inconstitucionalidade

ARTIGO 153.º

1. As normas que infrinjam o disposto na Lei Constitucional ou os princípios nela designados são inconstitucionais.
2. Incumbe ao Tribunal Constitucional declarar a inconstitucionalidade das normas por acção e por omissão.

ARTIGO 154.º

1. O Presidente da República e um quinto dos Deputados da Assembleia Nacional podem requerer ao Tribunal Constitucional a apreciação preventiva da constitucionalidade de qualquer norma sujeita à promulgação, assinatura e ratificação do Presidente da República, nomeadamente de normas constantes de Lei, de Decreto-Lei, de Decreto ou de Tratado Internacional.

2. Não podem ser promulgados, assinados ou ratificados diplomas cuja apreciação preventiva da constitucionalidade tenha sido requerida ao Tribunal Constitucional, sem que este se tenha pronunciado.

3. Declarada a inconstitucionalidade das normas mencionadas no parágrafo anterior, o diploma deve ser vetado pelo Presidente da República e devolvido ao órgão que o tiver aprovado para que expurgue a norma julgada inconstitucional.

ARTIGO 155.º

1. Podem requerer ao Tribunal Constitucional a apreciação da constitucionalidade de quaisquer normas, o Presidente da República, um quinto dos Deputados da Assembleia Nacional em efectividade de funções, o Primeiro-Ministro e o Procurador-Geral da República.

2. A declaração de inconstitucionalidade das normas referidas no parágrafo anterior produz efeitos desde a entrada em vigor da norma declarada inconstitucional e determina a repristinação das normas que ela eventualmente haja revogado.

3. Tratando-se de inconstitucionalidade por infracção de norma constitucional posterior, a declaração só produz efeitos desde a entrada em vigor desta última.

4. Ficam ressalvados os casos julgados, salvo decisão em contrário do Tribunal Constitucional, quando a norma respeitar a matéria penal, disciplinar ou de ilícito de mera ordenação social e for de conteúdo menos favorável ao arguido.

ARTIGO 156.º

1. Podem requerer ao Tribunal Constitucional a declaração de inconstitucionalidade por omissão, o Presidente da República, um quinto dos Deputados em efectividade de funções e o Procurador-Geral da República.

2. Verificada a existência de inconstitucionalidade por omissão, o Tribunal Constitucional dá conhecimento desse facto ao órgão legislativo competente para supressão da lacuna.

ARTIGO 157.º

O Tribunal Constitucional deve pronunciar-se no prazo máximo de 45 dias sobre a constitucionalidade das normas cuja apreciação lhe tenha sido recusada.

Capítulo II

Da Revisão Constitucional

ARTIGO 158.º

1. A Assembleia Nacional pode rever a Lei Constitucional e aprovar a Constituição da República de Angola por decisão aprovada por dois terços dos Deputados em efectividade de funções.
2. A iniciativa da revisão da Lei Constitucional compete a um número mínimo de dez Deputados e ao Presidente da República.
3. A Lei Constitucional pode ser revista a todo o tempo.
4. A Assembleia Nacional define a forma de iniciativa para a elaboração da Constituição da República de Angola.
5. O Presidente da República não pode recusar a promulgação da Lei de Revisão Constitucional e da Constituição da República de Angola, aprovada nos termos definidos no parágrafo primeiro do presente artigo.

ARTIGO 159.º

As alterações à Lei Constitucional e à aprovação da Constituição de Angola têm de respeitar o seguinte:
  a) a independência, integridade territorial e unidade nacional;
  b) os direitos e liberdades fundamentais e as garantias dos cidadãos;

c) o Estado de direito e a democracia pluripartidaria;
d) o sufrágio universal, directo, secreto e periódico na designação dos titulares electivos dos órgãos de soberania e do poder local;
e) a laicidade do estado e o princípio da separação entre o Estado e as igrejas;
f) a separação e interdependência dos órgãos de soberania e a independência dos Tribunais.

ARTIGO 160.º

Durante a vigência do estado de sítio ou do estado de emergência, não pode ser realizada qualquer alteração à Lei Constitucional.

TÍTULO VI

Símbolo da República de Angola

ARTIGO 161.º

Os símbolos da República de Angola são a Bandeira, a Insígnia e o Hino.

ARTIGO 162.º

A Bandeira Nacional tem duas cores dispostas em duas faixas horizontais. A faixa superior é de cor vermelho-rubro e a inferior de cor preta e representam:
Vermelho-rubro — O sangue derramado pelos angolanos durante a opressão colonial, a luta de libertação nacional e a defesa da pátria.
Preta — O Continente Africano.

No centro, figura uma composição constituída por uma secção de uma roda dentada, símbolo dos trabalhadores e da produção industrial, por uma catana, símbolo dos camponeses, da produção agrícola e da luta armada e por uma estrela, símbolo da solidariedade internacional e do progresso.

A roda dentada, a catana e a estrela são de cor amarela, que representam as riquezas do país.

Artigo 163.º

A insígnia da República de Angola é formada por uma secção de uma roda dentada e por uma ramagem de milho, café e algodão, representando respectivamente os trabalhadores e a produção industrial, os camponeses e a produção agrícola.

Na base do conjunto, existe um livro aberto, símbolo da educação e cultura e o sol nascente, significando o novo País. Ao centro, está colocada uma catana e uma enxada, simbolizando o trabalho e o início da luta armada. Ao cimo figura a estrela, símbolo da solidariedade internacional e do progresso.

Na parte inferior do emblema, está colocada uma faixa dourada com a inscrição «República de Angola».

Artigo 164.º

O Hino Nacional é «ANGOLA AVANTE»

Título VII

Disposições Finais e Transitórias

Artigo 165.º

As leis e os regulamentos em vigor na República de Angola são aplicáveis enquanto não forem alterados ou revogados, e desde que não contrariem a letra e o espírito da presente Lei.

Artigo 166.º

Serão revistos todos os tratados, acordos e alianças em que Portugal tenha comprometido Angola e que sejam atentórios dos interesses do povo angolano.

O Presidente da República, José Eduardo dos Santos

SÍMBOLOS NACIONAIS

BANDEIRA INSÍGNIA

HINO

OH PÁTRIA NUNCA MAIS ESQUECEREMOS
OS HERÓIS DO 4 DE FEVEREIRO
OH PÁTRIA, NÓS SAUDAMOS OS TEUS FILHOS
TOMBADOS PELA NOSSA INDEPENDÊNCIA
HONRAMOS O PASSADO, A NOSSA HISTÓRIA
CONSTRUINDO NO TRABALHO O HOMEM NOVO
HONRAMOS O PASSADO, A NOSSA HISTÓRIA
CONSTRUINDO NO TRABALHO O HOMEM NOVO

ANGOLA, AVANTE
REVOLUÇÃO PELO PODER POPULAR
PÁTRIA UNIDA, LIBERDADE
UM SÓ POVO, UMA SÓ NAÇÃO

ANGOLA, AVANTE
REVOLUÇÃO PELO PODER POPULAR
PÁTRIA UNIDA, LIBERDADE
UM SÓ POVO, UMA SÓ NAÇÃO

LEVANTEMOS AS NOSSAS VOZES LIBERTADAS
PARA GLÓRIA DOS POVOS AFRICANOS
MARCHEMOS COMBATENTES ANGOLANOS
SOLIDÁRIOS COM OS POVOS OPRIMIDOS
ORGULHOSOS LUTAREMOS PELA PAZ
COM AS FORÇAS PROGRESSISTAS DO MUNDO
ORGULHOSOS LUTAREMOS PELA PAZ
COM AS FORÇAS PROGRESSISTAS DO MUNDO

ANGOLA, AVANTE
REVOLUÇÃO PELO PODER POPULAR
PÁTRIA UNIDA, LIBERDADE
UM SÓ POVO, UMA SÓ NAÇÃO

ANGOLA, AVANTE
REVOLUÇÃO PELO PODER POPULAR
PÁTRIA UNIDA, LIBERDADE
UM SÓ POVO, UMA SÓ NAÇÃO

LEI CONSTITUCIONAL DA REPÚBLICA POPULAR DE ANGOLA

(Lei n.º 12/91, de 6 de Maio)

LEI CONSTITUCIONAL
DA
REPÚBLICA POPULAR DE ANGOLA

ASSEMBLEIA DO POVO

Lei n.º 12/91
de 6 de Maio (*)

A Lei Constitucional sendo a lei fundamental do Estado, estabelece as principais regras que presidem à sua organização, bem como os objectivos que se propõe alcançar e os direitos e deveres fundamentais dos cidadãos, devendo abarcar, em cada momento, as alterações fundamentais relativas à vida política, económica e social do Estado.

Daí decorre que, sempre que se verifiquem alterações significativas, quer nos princípios, organização ou objectivos fundamentais do Estado, quer ainda nos direitos e deveres fundamentais dos cidadãos, torna-se indispensável a introdução de alterações, mais ou menos profundas, na Lei Constitucional.

Nesse contexto, aprovada em 10 de Novembro de 1975, a Lei Constitucional da República Popular de Angola foi sucessivamente revista em 1976 e em 1977 em que se reforçou o papel do MPLA e o poder do Presidente da República, para em 1978 se consagrar as transformações sócio-políticas decididas pelo I Congresso do MPLA-Partido do Trabalho e em 1979 se extinguir os cargos de Primeiro Ministro e dos Vice-Primeiros Ministros.

Em 1980 procede-se à mais profunda alteração à nossa Lei Fundamental desde a independência, tendo-se alterado todo o título referente à organização do Estado angolano para se responder à necessidade de instituição dos órgãos eleitos do poder de Estado e, finalmente, em 1986 e 1987, altura em que foram criados os cargos de Ministros de Estado.

Neste momento, as importantes transformações políticas, económicas e sociais que desde há alguns anos, ocorrem no País,

---

(*) Publicada no Diário da República, I Série, n.º 19, de 6 de Maio de 1991.

exigem que, uma vez mais, se proceda a algumas alterações de fundo na nossa Lei Constitucional, com vista a que este diploma fundamental corresponda à realidade prevalecente e a que, por outro lado, ele constitua também um instrumento impulsionador e regulador dessas transformações.

Os principais objectivos da presente revisão visam fundamentalmente, por um lado, consagrar o pluripartidarismo e a despartidarização das Forças Armadas e, por outro lado, dar dignidade constitucional às importantes transformações que têm vindo a ser introduzidas na área económica através da legislação aprovada nos últimos anos.

Com a presente revisão da lei Constitucional pretende-se assim criar a abertura democrática que permita ampliar a participação organizada de todos os cidadãos na vida política nacional e na direcção do Estado, ampliar o reconhecimento e protecção dos direitos, liberdades e deveres fundamentais dos cidadãos no âmbito de uma sociedade democrática, assim como consagrar constitucionalmente os princípios da reforma económica em curso, nomeadamente, aqueles que visam estimular a iniciativa e a protecção da actividade de todos os agentes económicos.

Neste quadro, embora se trate de uma revisão parcial, as alterações em causa, pela sua natureza e envergadura, abarcam praticamente todos os títulos da Lei Constitucional, aconselhando por consequência a publicação integral do novo texto constitucional com as emendas introduzidas.

Nestes termos, ao abrigo do disposto na alínea *a*) do artigo 38.º da Lei Constitucional e no uso da faculdade que me é conferida pela alínea *i*) do artigo 53.º da mesma Lei, a Assembleia do Povo aprova e eu assino e faço publicar a seguinte:

LEI DE REVISÃO CONSTITUCIONAL

Artigo 1.º — São aprovadas as alterações à Lei Constitucional constantes do diploma anexo, que faz parte integrante desta Lei.

Art. 2.º — A presente Lei entra em vigor na data da sua publicação.

Vista e aprovada pela Assembleia do Povo.

Publique-se.

Luanda, aos 6 de Maio de 1991.

O Presidente da República, José Eduardo dos Santos

LEI CONSTITUCIONAL

TÍTULO I
Princípios Fundamentais

ARTIGO 1.º

A República Popular de Angola é uma Nação soberana e independente que tem como objectivo fundamental a construção de uma sociedade livre, democrática, de paz, justiça e progresso social.

ARTIGO 2.º

A República Popular de Angola, é um Estado democrático de direito que tem como fundamentos a unidade nacional, a dignidade da pessoa humana, o pluralismo de expressão e de organização política e o respeito e garantia dos direitos e liberdades fundamentais do homem, quer como indivíduo, quer como membro de grupos sociais organizados.

ARTIGO 3.º

A soberania reside no povo, que a exerce segundo as formas previstas na presente Lei.
O povo angolano exerce o poder político através do sufrágio universal periódico para a escolha dos seus representantes, através do referendo e por outras formas de participação democrática dos cidadãos na vida da Nação.
Leis específicas regulam o processo de eleições gerais.

ARTIGO 4.º

Os partidos políticos, no quadro da presente Lei e das leis ordinárias, concorrem, em torno de um projecto de sociedade e de um programa político, para a organização e para a expressão da vontade dos cidadãos, participando na vida política e na expressão do sufrágio universal, por meios democráticos e pacíficos.

Os partidos políticos devem, nos seus objectivos, programa e prática, contribuir para:

    a) a consolidação da Nação angolana, da independência nacional e o reforço da unidade nacional;
    b) a salvaguarda da integridade territorial;
    c) a defesa da soberania nacional e da democracia;
    d) a protecção das liberdades fundamentais e dos direitos da pessoa humana;
    e) a defesa da forma republicana e do carácter unitário e laico do Estado.

Os partidos políticos têm direito a igualdade de tratamento por parte das entidades que exercem o poder público, assim como a um tratamento de igualdade pela imprensa, nas condições fixadas pela lei.

A constituição e o funcionamento dos partidos devem, nos termos da Lei, respeitar os seguintes princípios fundamentais:

    a) carácter e âmbito nacionais;
    b) livre constituição;
    c) prossecução pública dos fins;
    d) liberdade de filiação e filiação única;
    e) utilização exclusiva de meios pacíficos na prossecução dos seus fins e interdição da criação ou utilização de organização militar, para-militar ou militarizada;
    f) organização e funcionamento democrático;
    g) proibição do recebimento de contribuições de valor pecuniário e económico por parte de Governos estrangeiros e instituições governamentais e organizações estrangeiras ou de subordinação a elas.

Artigo 5.º

A República Popular de Angola é um Estado unitário e indivisível, cujo território, inviolável e inalienável, é o definido pelos actuais limites geográficos de Angola, sendo combatida energicamente qualquer tentativa separatista de desmembramento do seu território.

Artigo 6.º

O Estado exerce a sua soberania sobre o território, as águas interiores e o mar territorial, bem como sobre o espaço aéreo, o solo e subsolo correspondentes.

Artigo 7.º

Será promovida e intensificada a solidariedade económica, social e cultural entre todas as regiões da República Popular de Angola, no sentido do desenvolvimento comum de toda a Nação angolana.

Artigo 8.º

A República Popular de Angola é um Estado laico, havendo uma completa separação entre o Estado e as instituições religiosas.

As religiões são respeitadas e o Estado dá protecção às igrejas, lugares e objectos de culto, desde que se conformem com as leis do Estado.

Artigo 9.º

O Estado orienta o desenvolvimento da economia nacional, com vista a garantir o crescimento harmonioso e equilibrado de todos os sectores e regiões do País, a utilização racional e eficiente de todas as capacidades produtivas e recursos nacionais, bem como a elevação do bem estar e da qualidade de vida dos cidadãos.

Artigo 10.º

O sistema económico assenta na coexistência de diversos tipos de propriedade, pública, privada, mista, cooperativa e familiar, gozando todos de igual protecção. O Estado estimula a participação, no processo económico, de todos os agentes e de todas as formas de propriedade, criando as condições para o seu funcionamento eficaz no interesse do desenvolvimento económico nacional e da satisfação das necessidades dos cidadãos.

Artigo 11.º

A lei determina os sectores e actividades que constituem reserva do Estado.

Na utilização e exploração da propriedade pública, o Estado deve garantir a sua eficiência e rentabilidade, de acordo com os fins e objectivos que se propõe.

O Estado incentiva o desenvolvimento da iniciativa e da actividade privada, mista, cooperativa e familiar criando as condições que permitam o seu funcionamento e apoia especialmente a pequena e média actividade económica, nos termos da lei.

O Estado protege o investimento estrangeiro e a propriedade de estrangeiros, nos termos da lei.

Artigo 12.º

Todos os recursos naturais existentes no solo e no subsolo, nas àguas interiores, no mar territorial, na plataforma continental e na zona económica exclusiva, são propriedade do Estado que determina as condições do seu aproveitamento, utilização e exploração.

O Estado promove a defesa e conservação dos recursos naturais, orientando a sua exploração e aproveitamento em benefício de toda a comunidade.

A terra, que constitui propriedade originária do Estado, pode ser transmitida para pessoas singulares ou colectivas, tendo em vista o seu racional e integral aproveitamento, nos termos da lei.

O Estado respeita e protege a propriedade das pessoas, quer singulares quer colectivas e a propriedade e a posse das terras pelos camponeses, sem prejuízo da possibilidade de expropriação por utilidade pública, nos termos da lei.

ARTIGO 13.º

São considerados válidos e irreversíveis todos os efeitos jurídicos dos actos de nacionalização e confisco praticados ao abrigo da lei competente.

ARTIGO 14.º

O sistema fiscal visa a satisfação das necessidades económicas, sociais e administrativas do Estado e uma repartição justa dos rendimentos e da riqueza.

Os impostos só podem ser criados e extintos por lei, que determina a sua incidência, taxas, benefícios fiscais e garantias dos contribuintes.

ARTIGO 15.º

A República Popular de Angola combate energicamente o tribalismo, o racismo, o regionalismo, o analfabetismo, o obscurantismo e promove o desenvolvimento de uma educação ao serviço do povo e de uma verdadeira cultura nacional.

ARTIGO 16.º

A República Popular de Angola respeita e aplica os princípios da Carta da Organização das Nações Unidas, da Carta da Organização de Unidade Africana, os princípios do Movimento dos Países Não-Alinhados e estabelecerá relações de amizade e cooperação com todos os Estados, na base dos princípios do respeito mútuo pela soberania e integridade territorial, igualdade, não ingerência nos assuntos internos de cada país e reciprocidade de vantagens.

ARTIGO 17.º

A República Popular de Angola apoia e é solidária com a luta dos povos pela sua libertação nacional e estabelecerá relações de amizade e cooperação com todas as forças democráticas do mundo.

ARTIGO 18.º

A República Popular de Angola não adere a qualquer organização militar internacional, nem permite a instalação de bases militares estrangeiras em território nacional.

TÍTULO II
Direitos e deveres fundamentais

ARTIGO 19.º

A nacionalidade angolana pode ser originária ou adquirida.
Os requisitos de atribuição, aquisição, perda e reaquisição da nacionalidade angolana são determinados por lei.

ARTIGO 20.º

O Estado respeita e protege a pessoa e dignidade humanas. Todo o cidadão tem direito ao livre desenvolvimento da sua personalidade, dentro do respeito devido aos direitos dos outros cidadãos e aos superiores interesses da Nação angolana. A Lei protege a vida, a liberdade, a integridade pessoal, o bom nome e a reputação de cada cidadão.

ARTIGO 21.º

Todos os cidadãos são iguais perante a lei e gozam dos mesmos direitos e estão sujeitos aos mesmos deveres, sem distinção da sua cor, raça, etnia, sexo, lugar de nascimento, religião, grau de instrução, condição económica ou social.
A lei pune severamente todos os actos que visem prejudicar a harmonia social ou criar discriminações e privilégios com base nesses factores.

ARTIGO 22.º

Todos os cidadãos, maiores de 18 anos, com excepção dos legalmente privados dos direitos políticos e civis, têm o direito e o dever de participar activamente na vida pública, votando e sendo eleitos para qualquer órgão do Estado, e desempenhando os seus mandatos com inteira devoção à causa da Nação angolana.

A lei estabelece as limitações respeitantes à isenção partidária dos militares no serviço activo, dos magistrados e das forças policiais, bem como o regime da incapacidade eleitoral dos militares no serviço activo e das forças policiais.

ARTIGO 23.º

A família, núcleo fundamental da organização da sociedade, é objecto de protecção do Estado, quer se fundamente em casamento, quer em união de facto.

O homem e a mulher são iguais no seio da família, gozando dos mesmos direitos e cabendo-lhes os mesmos deveres.

À família, com especial colaboração do Estado, compete promover e assegurar a protecção e educação integral das crianças e dos jovens com vista à sua realização e integração na sociedade.

ARTIGO 24.º

São garantidas as liberdades de expressão, de reunião, de manifestação, de associação e de todas as demais formas de expressão.

A lei regulamenta o exercício dos direitos mencionados no parágrafo anterior.

São interditos os agrupamentos cujos fins ou actividades sejam contrários à ordem constitucional, às leis penais, e os que prossigam mesmo indirectamente, objectivos políticos mediante organizações de carácter militar, para-militar ou militarizado.

ARTIGO 25.º

O direito à organização profissional e sindical é livre, garantindo a lei as formas do seu exercício.

Todos os cidadãos têm o direito à organização e ao exercício da actividade sindical, que inclui o direito à constituição e à liberdade de inscrição em associações sindicais.

A lei estabelece protecção adequada aos representantes eleitos dos trabalhadores contra quaisquer formas de condicionamento, constrangimento ou limitação do exercício das suas funções.

Artigo 26.º

Os trabalhadores têm direito à greve.

Lei específica regula o exercício do direito à greve e as suas limitações nos serviços e actividades essenciais, no interesse das necessidades inadiáveis da sociedade.

É proibido o lock-out.

Artigo 27.º

É garantida a liberdade de imprensa, não podendo esta ser sujeita a qualquer censura, nomeadamente de natureza política, ideológica e artística.

A lei regulamenta as formas de exercício da liberdade de imprensa e as providências adequadas para prevenir e reprimir os seus abusos.

Artigo 28.º

Nenhum cidadão pode ser preso ou submetido a julgamento, senão nos termos da lei, sendo garantido a todos os arguidos o direito de defesa e o direito à assistência e patrocínio judiciário.

O Estado providência para que a justiça não seja denegada por insuficiência de meios económicos.

A prisão preventiva só é admitida nos casos previstos na lei, que fixa os respectivos limites e prazos.

Ninguém pode ser condenado por acto não qualificado como crime no momento da sua prática.

A lei penal só se aplica retroactivamente quando disso resultar benefício para o arguido.

Os arguidos gozam da presunção de inocência até decisão judicial transitada em julgado.

Artigo 29.º

Contra o abuso de poder, por virtude de prisão ou detenção ilegal, há habeas corpus a interpôr perante o tribunal judicial competente, pelo próprio ou por qualquer cidadão.
A lei regula o exercício do direito de habeas corpus.

Artigo 30.º

Os cidadãos têm o direito de impugnar e de recorrer aos tribunais, contra todos os actos que violem os seus direitos estabelecidos na presente Lei Constitucional e demais legislação.

Artigo 31.º

O Estado garante a inviolabilidade do domicílio e o sigilo da correspondência, com os limites especialmente previstos na lei.

Artigo 32.º

A liberdade de consciência e de crença é inviolável. O Estado angolano reconhece a liberdade dos cultos e garante o seu exercício, desde que não sejam incompatíveis com a ordem pública e o interesse nacional.

Artigo 33.º

O trabalho é um direito e um dever para todos os cidadãos.
Todo o trabalhador tem direito a justa remuneração, a descanso, a férias, a protecção, higiene e segurança no trabalho, nos termos da lei.
Os cidadãos têm direito à livre escolha e exercício de profissão.

ARTIGO 34.º

O Estado promove as medidas necessárias para assegurar aos cidadãos o direito à assistência médica e sanitária, bem como o direito à assistência na infância, na maternidade, na invalidez, na velhice e em qualquer situação de incapacidade para o trabalho.

A iniciativa particular e cooperativa nos domínios da saúde, previdência e segurança social, exerce-se nas condições previstas na lei.

ARTIGO 35.º

Os combatentes da luta de libertação nacional que ficaram diminuídos na sua capacidade, assim como os filhos menores dos cidadãos que morreram na guerra, deficientes físicos e psíquicos em consequência da guerra, gozam de protecção especial, a definir por lei.

ARTIGO 36.º

O Estado promove o acesso de todos os cidadãos à instrução, à cultura e ao desporto, garantindo a participação dos diversos agentes particulares na sua efectivação, nos termos, da lei.

A iniciativa particular e cooperativa nos domínios do ensino, exerce-se nas condições previstas na lei.

ARTIGO 37.º

A República Popular de Angola deve criar as condições políticas, económicas e culturais necessárias para que os cidadãos possam gozar efectivamente dos seus direitos e cumprir integralmente os seus deveres.

ARTIGO 38.º

O Estado protege os cidadãos angolanos que se encontrem ou residam no estrangeiro, os quais gozam dos direitos e estão sujeitos aos deveres que não sejam incompatíveis com a sua ausência do País, sem prejuízo dos efeitos da ausência injustificada prevista na lei.

ARTIGO 39.º

O exercício dos direitos, liberdades e garantias dos cidadãos apenas podem ser limitados ou suspensos nos termos da lei quando ponham em causa a ordem pública, o interesse da colectividade, os direitos, liberdades e garantias individuais ou em caso de declaração do estado de sítio ou de emergência, devendo sempre tais restrições limitar-se às medidas necessárias e adequadas à manutenção da ordem pública, ao interesse da colectividade e ao restabelecimento da normalidade constitucional.

Em caso algum a declaração do estado de sítio ou do estado de emergência pode afectar o direito à vida, o direito à integridade pessoal e à identidade pessoal, a capacidade civil, a cidadania, a não retroactividade da lei penal, o direito de defesa dos arguidos e a liberdade de consciência e de religião.

Lei específica regula o estado de sítio e o estado de emergência.

TÍTULO III
Dos Órgãos do Estado

CAPÍTULO I
Princípios

ARTIGO 40.º

São órgãos de soberania o Presidente da República, a Assembleia do Povo, o Governo e os Tribunais.

A formação, a composição, a competência e o funcionamento dos órgãos de soberania são os definidos na presente lei.

ARTIGO 41.º

Os órgãos do Estado organizam-se e funcionam respeitando os seguintes princípios:
    a) os membros dos órgãos representativos são eleitos nos termos da respectiva lei eleitoral;

b) os órgãos do Estado submetem-se à lei, à qual devem obediência;
c) separação e interdependência de funções dos órgãos de soberania;
d) autonomia local;
e) descentralização e desconcentração administrativa, sem prejuízo da unidade de acção governativa e administrativa;
f) os titulares de cargos políticos respondem civil e criminalmente pelas acções e omissões que pratiquem no exercício das suas funções, nos termos da lei;
g) as deliberações dos órgãos colegiais são tomadas de harmonia com os princípios da livre discussão e crítica e da aceitação da vontade da maioria.

ARTIGO 42.º

As Assembleias Populares são os órgãos representativos do poder de Estado em cada escalão da divisão político-administrativa do País.

As Assembleias Populares são constituídas por deputados eleitos que respondem nos termos da lei pelo exercício do seu mandato.

ARTIGO 43.º

Os deputados são representantes de todo o povo, sem distinção de raças, de classes sociais, de condição religiosa, ideológica ou política. Lutam pela consolidação da unidade nacional, pelos interesses da Nação e contra todas as manifestações de racismo, tribalismo e regionalismo.

Os deputados servem todo o povo e participam activamente nas actividades das respectivas Assembleias, mobilizando toda a população para as tarefas de reconstrução nacional.

ARTIGO 44.º

Aos deputados é garantida a dispensa da sua actividade profissional, sempre que necessário, para o cumprimento das suas tarefas nas respectivas Assembleias.

Se as necessidades do trabalho e do exercício do seu mandato o justificarem, os deputados podem ser profissionalizados.

Aos deputados são garantidas condições adequadas ao exercício eficaz das suas funções.

Artigo 45.º

O território da República Popular de Angola, para fins político-administrativos, divide-se em Províncias, Municípios, Comunas e Bairros ou Povoações.

Capítulo II
Presidente da República

Artigo 46.º

O Presidente da República é o Chefe de Estado, o Chefe do Governo e o Comandante-em-Chefe das Forças Armadas Angolanas.

O Presidente da República, como Chefe do Estado, simboliza a unidade nacional, representa a Nação no plano interno e internacional e assegura o funcionamento normal dos órgãos do Estado.

Sem prejuízo do disposto no artigo 99.º da presente Lei, o Presidente da República é eleito por sufrágio universal directo e secreto, nos termos da respectiva lei eleitoral.

Só pode ser Presidente da República um cidadão angolano de origem, maior de 35 anos, no pleno gozo dos seus direitos civis e políticos.

Artigo 47.º

O Presidente da República tem as seguintes competências:
 a) representar o Estado e o Governo, dirigir a sua política geral e velar pelo cumprimento da Lei Constitucional;
 b) dirigir e coordenar a actividade do Governo;
 c) nomear e exonerar o Prirneiro-Ministro, os Ministros, os Secretários de Estado, os Vice-Ministros, os Governadores e Vice-Governadores de Província, o Procurador--Geral da República, os Vice-Procuradores Gerais e os

Adjuntos do Procurador-Geral da República, o Governador e Vice-Governadores do Banco Nacional, o Reitor e Vice-Reitor da Universidade, bem como outras entidades quando assim o determine a lei;
- *d)* nomear os Juízes do Tribunal Popular Supremo para o período a definir por lei;
- *e)* nomear e exonerar os Embaixadores e aceitar as cartas credenciais dos representantes diplomáticos estrangeiros;
- *f)* dirigir na qualidade de Comandante-em-Chefe as Forças Armadas Angolanas, a defesa e segurança nacionais;
- *g)* nomear e exonerar o Chefe de Estado-Maior-General das Forças Armadas Angolanas e os Comandantes dos três ramos das Forças Armadas;
- *h)* promover e despromover, graduar e desgraduar os oficiais generais das Forças Armadas Angolanas;
- *i)* conferir, por iniciativa própria, condecerações militares;
- *j)* presidir ao Conselho de Defesa Nacional;
- *k)* convocar a realização das eleições gerais;
- *l)* designar, de entre os deputados membros da Comissão Permanente, quem o substitua na sua ausência ou impedimento temporário;
- *m)* submeter a referendo, ouvida a Assembleia do Povo, questões de grande relevância e interesse nacional;
- *n)* declarar a guerra e fazer a paz, após a autorização da Assembleia do Povo;
- *o)* indultar e comutar penas;
- *p)* declarar o estado de sítio ou o estado de emergência, nos termos da lei;
- *q)* assinar e fazer publicar no *Diário da República* as leis e resoluções da Assembleia do Povo e da sua Comissão Permanente e os decretos e resoluções do Conselho de Ministros;
- *r)* revogar os actos dos membros do Governo e dos Governadores das Províncias que violem a Lei Constitucional, as leis e demais disposições legais ou que sejam contrários aos interesses gerais do País;
- *s)* exercer todas as demais atribuições previstas na Lei Constitucional.

ARTIGO 48.º

No exercício das suas competências, o Presidente da República emite decretos presidenciais e despachos que serão publicados no *Diário da República.*

ARTIGO 49.º

O Conselho da República é um órgão estatal de consulta do Presidente da República para os assuntos ligados à evolução política da sociedade angolana, à vida da sociedade civil, à unidade nacional, paz, harmonia e estabilidade social.
Lei ordinária determina a composição, atribuições e o funcionamento do Conselho da República.

CAPÍTULO III

Assembleia do Povo

ARTIGO 50.º

A Assembleia do Povo exprime a vontade soberana do povo angolano e promove a realização dos objectivos gerais da República Popular de Angola.

ARTIGO 51.º

A Assembleia do Povo tem as seguintes competências:
a) alterar e aprovar a Lei Constitucional;
b) aprovar, modificar ou revogar as leis e submetê-las à prévia consulta popular quando o entenda conveniente em atenção à índole da legislação de que se trate;
c) velar pela constitucionalidade das leis e demais disposições legais e exercer o controlo geral sobre o cumprimento da Lei Constitucional;
d) aprovar o Plano Nacional e o Orçamento Geral do Estado, bem como os respectivos relatórios de execução;

e) estabelecer e alterar a divisão político-administrativa do País;
f) conceder amnistias;
g) exercer o mais alto controlo sobre os actos do Governo e dos demais órgãos do Estado;
h) ratificar e alterar os actos legislativos da Comissão Permanente;
i) revogar ou modificar as deliberações das Assembleias Populares dos escalões inferiores que violem a Lei Constitucional, as leis e demais disposições legais ou sejam contrárias aos interesses gerais do País ou de outras áreas da divisão político-administrativa;
j) revogar ou modificar os decretos e resoluções do Conselho de Ministros que contrariem as leis e resoluções da Assembleia do Povo e da sua Comissão Permanente;
k) apreciar os relatórios de prestação de contas de actividades apresentadas periodicamente pela Comissão Permanente, pelo Conselho de Ministros, pela Procuradoria--Geral da República e pelas Assembleias Populares Provinciais;
l) autorizar o Presidente da República a declarar o estado de sítio e o estado de emergência, definindo a extensão da suspensão das garantias constitucionais;
m) autorizar o Presidente da República a declarar a guerra e a fazer a paz;
n) decretar a mobilização geral em caso de guerra ou agressão iminente;
o) ratificar, aderir e denunciar tratados internacionais nos termos definidos por lei;
p) outorgar condecorações e títulos honoríficos;
q) deliberar sobre outras questões fundamentais da política interna e externa do Estado.

ARTIGO 52.º

A Assembleia do Povo e sua Comissão Permanente emitem, no exercício das suas competências, leis e resoluções.

ARTIGO 53.º

A composição da Assembleia do Povo, a duração do mandato dos deputados e o sistema eleitoral são estabelecidos por lei.

ARTIGO 54.º

A Assembleia do Povo é convocada pelo seu Presidente.

A Assembleia do Povo reúne em sessão ordinária duas vezes por ano é extraordinariamente por iniciativa do Presidente da Assembleia do Povo, da Comissão Permanente da Assembleia do Povo ou de, pelo menos, um terço dos seus deputados.

ARTIGO 55.º

A Assembleia do Povo só pode deliberar, estando presentes mais de metade do número total dos seus membros efectivos.

As deliberações da Assembleia do Povo são tomadas por maioria simples dos votos, excepto no caso de alteração da Lei Constitucional em que é necessária a maioria qualificada de dois terços dos votos do número total dos membros efectivos da Assembleia.

ARTIGO 56.º

As sessões da Assembleia do Povo são públicas, excepto quando, por razões ponderosas a Assembleia delibere dever realizar-se à porta fechada, alguma das suas reuniões.

ARTIGO 57.º

A iniciativa das leis pertence à Comissão Permanente da Assembleia do Povo, aos deputados, às Comissões de Trabalho da Assembleia do Povo, ao Conselho de Ministros e aos Sindicatos.

A iniciativa para alteração da Lei Constitucional cabe ao Presidente da República, à Comissão Permanente da Assembleia do Povo e à maioria de deputados da Assembleia do Povo.

Artigo 58.º

A Assembleia do Povo elege Comissões integradas por deputados para a realização de actividades permanentes ou de tarefas específicas.

Artigo 59.º

Os deputados da Assembleia do Povo têm o direito, nos termos do Regimento da Assembleia, de interpelar o Conselho de Ministros ou qualquer dos seus membros, bem como de obter de todos os organismos e empresas estatais a colaboração necessária para o cumprimento das suas tarefas.

Artigo 60.º

Nenhum deputado da Assembleia do Povo pode ser preso ou submetido a julgamento sem autorização da Assembleia ou da Comissão Permanente, excepto em flagrante delito por crime doloso a que caiba pena maior.

Os deputados não podem ser responsabilizados pelas opiniões que emitam nas sessões dos órgãos representativos que integram.

Capítulo IV
Comissão Permanente da Assembleia do Povo

Artigo 61.º

A Comissão Permanente é o órgão da Assembleia do Povo que representa e assume as atribuições desta no intervalo das suas sessões, não podendo no entanto:

    a) proceder à alteração da Lei Constitucional;
    b) autorizar o Presidente da República a declarar a guerra;
    c) alterar a divisão político-administrativa do país;
    d) ratificar, aderir e denunciar tratados internacionais.

ARTIGO 62.º

A Comissão Permanente é composta pelo Presidente da Assembleia do Povo e por mais vinte e nove deputados eleitos, sob proposta da Assembleia do Povo e da sua Mesa.
A Comissão Permanente é presidida e convocada pelo Presidente da Assembleia do Povo.

ARTIGO 63.º

A Comissão Permanente responde perante a Assembleia do Povo, devendo apresentar anualmente relatórios de prestação de contas da sua actividade.

CAPÍTULO V

Governo

ARTIGO 64.º

O Conselho de Ministros é o órgão superior da administração do Estado e constitui o Governo da República Popular de Angola.
A composição do Conselho de Ministros é determinada por lei.

ARTIGO 65.º

A lei pode estabelecer um órgão permanente, constituído por membros do Conselho de Ministros, que exerça as funções deste no intervalo das suas sessões.

ARTIGO 66.º

Compete ao Conselho de Ministros:
a) organizar e dirigir a execução da política interna e externa do Estado, de acordo com as deliberações da Assembleia do Povo e da sua Comissão Permanente;

b) dirigir, coordenar e controlar a actividade dos Ministérios e de outros órgãos centrais da administração do Estado;
c) prover a defesa nacional, a manutenção da ordem e segurança internas, bem como à protecção dos direitos dos cidadãos;
d) orientar o desenvolvimento da economia nacional;
e) elaborar os projectos do Plano Nacional e do Orçamento Geral do Estado para aprovação da Assembleia do Povo e organizar, dirigir e controlar a sua execução;
f) elaborar projectos de lei e de resolução para deliberação da Assembleia do Povo;
g) negociar e aprovar tratados internacionais e submetê-los à ratificação ou adesão da Assembleia do Povo, nos termos da lei;
h) regulamentar e executar as leis e resoluções da Assembleia do Povo e da sua Comissão Permanente;
i) exercer a direcção e controlo da actividade administrativa dos órgãos locais do Estado;
j) revogar os actos dos membros do Governo e dos Governadores de Província que violem a Lei Constitucional ou de que contrariem as leis e demais disposições legais, resoluções da Assembleia do Povo e do Conselho de Ministros;
k) propor à Assembieia do Povo a revogação de deliberações das Assembleias Populares que violem a Lei Constitucional, as leis e demais disposições legais que sejam contrárias aos interesses gerais do País ou de outras áreas da divisão político-administrativa.

ARTIGO 67.º

No exercício das suas competências, o Conselho de Ministros emite decretos e resoluções.

ARTIGO 68.º

O Conselho de Ministros responde perante a Assembleia do Povo, devendo apresentar anualmente o relatório de prestação de contas de toda a sua actividade e os relatórios de execução do Plano Nacional e do Orçamento Geral do Estado.

ARTIGO 69.º

Incumbe ao Primeiro-Ministro:

a) apoiar a Chefe do Governo na condução da política geral do Governo;
b) manter permanentemente informado o Chefe do Governo sobre o funcionamento dos órgãos do Governo;
c) exercer as demais funções que lhe sejam delegadas pelo Chefe do Governo ou por lei.

Compete aos Ministros e Secretários de Estado:

a) assegurar sob responsabilidade própria a política definida para o respectivo órgão e a boa execução das leis;
b) assegurar relações de carácter geral entre o Governo e os demais órgãos do Estado.

O Primeiro-Ministro, Ministros e Secretários de Estado emitem decretos executivos e despachos que serão publicados no *Diário da República*.

ARTIGO 70.º

O número, denominação e atribuições dos Ministérios e demais órgãos centrais são determinados por lei.

CAPÍTULO VI

Órgãos Locais do Estado

ARTIGO 71.º

Os órgãos do Poder do Estado a nível provincial são as Assembleias Populares Provinciais e os respectivos órgãos executivos.

ARTIGO 72.º

As Assembleias Populares promovem, na sua área político-administrativa, a realização dos objectivos do Estado, desenvolvendo as suas actividades com vista ao reforço da unidade nacional e melhoria constante das condições materiais, espirituais é culturais de vida dos cidadãos.

ARTIGO 73.º

As Assembleias Populares deliberam, nos termos da lei sobre matéria que respeitem à sua área político-administrativa.

ARTIGO 74.º

As Assembleias Populares actuam em estreita colaboração com as organizações sociais e apoiam-se na iniciativa e ampla participação dos cidadãos.

ARTIGO 75.º

As Assembleias Populares elegem comissões integradas por deputados para a realização de actividades permanentes ou de tarefas específicas.

ARTIGO 76.º

A Assembleia Popular Provincial elege o seu Presidente de entre os membros que a integram, à execução do Governador da Província.

A Assembleia Popular Provincial é convocada e dirigida pelo seu Presidente.

ARTIGO 77.º

Os órgãos executivos das Assembleias Populares Provinciais são os Governos Provinciais.

Os Governos Provinciais são dirigidos pelos Governadores das Províncias.

ARTIGO 78.º

O Governador da Província é o representante do Presidente da República e do Chefe do Governo na respectiva Província.

O Governador da Província responde perante o Presidente da República, o Conselho de Ministros e a Assembleia Popular Provincial, aos quais deve apresentar periodicamente relatórios de prestação de contas da sua actividade.

ARTIGO 79.º

A composição, atribuições e organização das Assembleias Populares, bem como dos seus órgãos executivos e demais órgãos da administração local do Estado, são fixados por lei.

CAPÍTULO VII

Da Justiça

ARTIGO 80.º

Incumbe ao Tribunal Popular Supremo e demais tribunais instituídos por lei, exercer justiça em nome do povo.

ARTIGO 81.º

Os tribunais garantem e asseguram a observância da Lei Constitucional, das leis e demais disposições normativas vigentes, a protecção dos direitos fundamentais e interesses legítimos dos cidadãos e das instituições e decidem sobre a legalidade dos actos administrativos.

As decisões dos tribunais são de cumprimento obrigatório para todos os cidadãos e demais pessoas jurídicas e prevalecem sobre as de outras autoridades.

ARTIGO 82.º

Os tribunais sancionam as condutas anti-sociais violadoras da lei e contribuem para a reeducação dos delinquentes e para a educação dos cidadãos com vista ao cumprimento voluntário e consciente da lei.

ARTIGO 83.º

Os tribunais são em regra colegiais e integrados por juízes profissionais e assessores populares, com os mesmos direitos e deveres quanto ao julgamento da causa.

ARTIGO 84.º

No exercício das suas funções, os juízes são independentes e apenas devem obediência à lei.

ARTIGO 85.º

A Procuradoria-Geral da República tem como função principal o controlo da legalidade, velando pelo estrito cumprimento das leis e demais disposições legais por parte dos organismos do Estado, entidades económicas e sociais e pelos cidadãos.

A Procuradoria-Geral da República constitui uma entidade orgânica subordinada ao Presidente da República e encontra-se organizada verticalmente, com independência dos órgãos centrais e locais do Estado.

A organização e competência da Procuradoria-Geral da República são fixadas por lei.

ARTIGO 86.º

A Procuradoria-Geral da República responde perante a Assembleia do Povo, devendo apresentar anualmente relatório de prestação de contas da sua actividade.

TÍTULO IV
Defesa Nacional

ARTIGO 87.º

Ao Estado compete assegurar a defesa nacional.

A defesa nacional tem por objectivos garantir a independência nacional, a integridade territorial e a liberdade e a segurança das populações contra qualquer agressão ou ameaça externa, no quadro da ordem constitucional instituída e do direito internacional.

ARTIGO 88.º

O Conselho de Defesa Nacional é presidido pelo Presidente da República e tem a composição que a lei determinar.

O Conselho de Defesa Nacional é o orgão de consulta para os assuntos relativos à defesa nacional e à organização, funcionamento e disciplina das Forças Armadas, dispondo da competência administrativa que lhe for atribuída pela lei.

ARTIGO 89.º

As Forças Armadas Angolanas, sob a autoridade suprema do Presidente da República, obedecem aos órgãos de soberania competentes, nos termos da presente lei e demais legislação ordinária, incumbindo-lhes a defesa militar da Nação e a garantia da ordem constitucional.

As Forças Armadas Angolanas, como instituição do Estado, são permanentes, regulares e apartidárias.

As Forças Armadas são compostas exclusivamente por cidadãos nacionais, estabelecendo a lei as normas gerais da sua organização e preparação.

ARTIGO 90.º

A defesa da pátria é o direito e o dever mais alto e indeclinável de cada cidadão.

O serviço militar é obrigatório. A lei define as formas do seu cumprimento.

TÍTULO V

Símbolos da República Popular de Angola

ARTIGO 91.º

Os símbolos da República Popular de Angola são a Bandeira, a Insígnia e o Hino.

ARTIGO 92.º

A Bandeira Nacional tem duas cores dispostas em duas faixas horizontais. A faixa superior é de cor vermelho-rubro e a inferior de cor preta e representam:
Vermelho-rubro – O sangue derramado pelos angolanos durante a opressão colonial, a luta de libertação nacional e a defesa da pátria.
Preta – O Continente Africano.
No centro, figura uma composição constituída por uma secção de uma roda dentada, símbolo dos trabalhadores e da produção industrial, por uma catana, símbolo dos camponeses, da produção agrícola e da luta armada e por uma estrela, símbolo da solidariedade internacional.
A roda dentada, a catana e a estrela são de cor amarela, que representam as riquezas do país.

ARTIGO 93.º

A Insígnia da República Popular de Angola é formada por uma secção de uma roda dentada e por uma ramagem de milho, café e algodão, representando respectivamente os trabalhadores e a produção industrial, os camponeses e a produção agrícola.

Na base do conjunto, existe um livro aberto, símbolo da educação e cultura e o sol nascente, significando o novo País. Ao centro, está colocada uma catana e uma enxada, simbolizando o trabalho e o início da luta armada. Ao cimo figura a estrela, símbolo da solidariedade internacional e do progresso.

Na parte inferior do emblema, está colocada uma faixa dourada com a inscrição «República Popular de Angola».

ARTIGO 94.º

O Hino Nacional é «ANGOLA AVANTE».

TÍTULO VI

Disposições Finais e Transitórias

ARTIGO 95.º

As leis e os regulamentos em vigor na República Popular de Angola são aplicáveis enquanto não forem alterados ou revogados, e desde que não contrariem a letra e o espírito da presente Lei.

ARTIGO 96.º

Serão revistos todos os tratados, acordos e alianças em que Portugal tenha comprometido Angola e que sejam atentórios dos interesses do povo angolano.

ARTIGO 97.º

A Assembleia do Povo e as Assembleias Populares a nível local, mantêm-se em funcionamento até à investidura dos novos deputados que as integrarem, no quadro da realização das próximas eleições gerais.

ARTIGO 98.º

No período de transição referido no artigo anterior, o Presidente da Assembleia do Povo é o Presidente da República.

Na ausência ou impedimento temporário do Presidente da Assembleia do Povo, as suas reuniões são dirigidas por um membro da Comissão Permanente designado pelo Presidente da Assembleia do Povo.

ARTIGO 99.º

O mandato do Presidente da República vigente à data da publicação da presente Lei, considera-se válido e prorrogado até à tomada de posse do Presidente da República eleito nas próximas eleições presidenciais.

O disposto no artigo 46.º da presente Lei, quanto à eleição do Presidente da República entra em vigor aquando da realização das eleições presidenciais mencionadas no parágrafo anterior.

Em caso de morte ou impedimento permanente do Presidente da República a Comissão Permanente da Assembleia do Povo designa de entre os seus membros quem exercerá provisoriamente o cargo, por período não superior a 30 dias, competindo à Assembleia do Povo, sob proposta da Comissão Permanente, eleger um Presidente da República.

ARTIGO 100.º

O presente diploma entra em vigor às zero horas do dia 11 de Novembro de 1975.

Aprovada por aclamação pelo Comité Central do Movimento Popular de Libertação de Angola, em 10 de Novembro de 1975.

Revista e alterada pelo Comité Central do MPLA-Partido do Trabalho, em 11 de Agosto de 1980.

Revista e alterada pela Assembleia do Povo em 25 de Março de 1991.

LEI CONSTITUCIONAL
(de 23 de Setembro de 1980)

CONSELHO DA REVOLUÇÃO

Resolução do Comité Central do MPLA-Partido do Trabalho sobre a alteração da Lei Constitucional(*)

O Bureau Político do Comité Central do MPLA-Partido do Trabalho, interpretando os anseios da massa militante e do Povo inteiro de Angola, proclamou pela voz do Camarada Presidente José Eduardo dos Santos, o ano de 1980 como o «ANO DO I CONGRESSO EXTRAORDINÁRIO DO PARTIDO E DA CRIAÇÃO DA ASSEMBLEIA DO POVO», dando assim o primeiro passo para a concretização de uma das preocupações fundamentais do Saudoso Presidente Dr. António Agostinho Neto de que «(...) gostaria (...) de ver o Congresso Extraordinário do Partido (...) coincidir com a primeira Assembleia do Povo, que substituiria o actual Conselho da Revolução e que estabeleceria as bases de um Estado Democrático e Popular, capaz de atender a todas as camadas sociais e também de ligar o Povo através do interesse comum».

A instituição dos Órgãos do Poder Popular, nomeadamente da Assembleia do Povo e das Assembleias Populares Provinciais, constitui uma tarefa grandiosa em que o Partido e todo o Povo se têm empenhado com maior entusiasmo e dedicação.

Correspondendo às profundas alterações sociais e económicas que já constituem conquistas irreversíveis da Revolução Angolana, trata-se agora de estabelecer, ao nível da superestrutura político-jurídica, as bases de organização do Poder do Estado Democrático e Popular que, sob a direcção do MPLA-Partido do Trabalho, empreenderá a construção da Sociedade Socialista.

(*) Publicada no Diário da República, I Série, n.º 225, de 23 de Setembro de 1980.

Este novo e decisivo avanço da Revolução Angolana implica que se proceda a alterações no quadro constitucional que até agora tem regido o País.

Assim, considerando que o artigo 63.º da Lei Constitucional atribui ao Comité Central do MPLA-Partido do Trabalho a competência exclusiva para alterar a mesma lei;

O Comité Central do MPLA-Partido do Trabalho, na sua 6.ª Reunião Ordinária, de 8 a 12 de Agosto de 1980, decide:

1.º É alterado o título III da Lei Constitucional que passa a ter a seguinte redacção:

TÍTULO III

Dos órgãos do Estado

CAPÍTULO I

Princípios

ARTIGO 31.º

Os Órgãos do Estado organizam-se e funcionam de acordo com os princípios da unidade do poder e do centralismo democrático.

ARTIGO 32.º

O princípio do centralismo democrático concretiza-se pelas seguintes formas:
  a) Cada órgão desenvolve, nos limites da sua competência, a iniciativa no sentido da participação das organizações de massas na sua actividade e do aproveitamento dos recursos locais;
  b) As determinações dos órgãos superiores são de cumprimento obrigatório para os inferiores;
  c) Os órgãos inferiores respondem pela sua actividade perante os superiores;

d) Em todos os órgãos colegiais vigora a liberdade de discussão, o exercício da crítica e da auto-crítica e a subordinação da minoria à maioria;

e) A actividade dos órgãos executivos e administrativos locais obedece ao sistema da dupla subordinação ao órgão executivo e administrativo do escalão imediatamente superior e ao órgão do Poder Popular do respectivo escalão.

Artigo 33.º

As Assembleias do Poder Popular são os órgãos superiores do poder de Estado em cada escalão da divisão político-administrativa do País.

As Assembleias do Poder Popular são constituídas por deputados eleitos que respondem perante o Povo pelo exercício do seu mandato.

Artigo 34.º

Os deputados são representantes de todo o Povo Angolano, sem separação de raças, de classes sociais, de condição religiosa, ideológica ou política. Lutam pela consolidação da Unidade Nacional, pelos interesses da aliança dos operários e camponeses, contra a exploração do homem pelo homem e contra todas as manifestações de racismo, tribalismo e regionalismo.

Os deputados servem todo o Povo e participam activamente nas actividades das respectivas Assembleias do Poder Popular, mobilizando as massas trabalhadoras para as tarefas da Reconstrução Nacional rumo à edificação do Socialismo.

Artigo 35.º

A qualidade de deputado não implica privilégios específicos nem benefícios económicos.

Os deputados mantêm a sua ocupação profissional, com todos os direitos e deveres inerentes.

Aos deputados é garantida a dispensa da sua actividade profissional, sempre que necessária para o cumprimento das suas tarefas como membros das Assembleias do Poder Popular.

ARTIGO 36.º

O território da República Popular de Angola para fins político-administrativos, divide-se em Províncias, Municípios, Comunas, Bairros e Povoações.

Capítulo II
Assembleia do Povo

ARTIGO 37.º

A Assembleia do Povo é o órgão supremo de poder de Estado na República Popular de Angola e exprime a vontade soberana do Povo Angolano.

A Assembleia do Povo promove a realização dos objectivos da República Popular de Angola definidos pelo MPLA-Partido do Trabalho.

ARTIGO 38.º

A Assembleia do Povo tem as seguintes atribuições:

a) Alterar a Lei Constitucional;
b) Aprovar, modificar ou revogar as leis e submetê-las a prévia consulta popular quando o entenda conveniente em atenção à índole da legislação de que se trate;
c) Velar pela constitucionalidade das leis e demais disposições legais e exercer o controlo geral sobre o cumprimento da Lei Constitucional;
d) Aprovar o Plano Nacional e o Orçamento Geral do Estado, bem como os respectivos relatórios de execução;
e) Estabelecer e alterar a divisão político-administrativa do País;
f) Conceder amnistias;
g) Exercer o mais alto controlo sobre os actos do Governo e dos demais órgãos do Estado;

h) Ratificar os actos legislativos da Comissão Permanente;
i) Revogar ou modificar as deliberações das Assembleias do Poder Popular dos escalões inferiores que violem a Lei Constitucional, as leis e demais disposições legais ou que sejam contrárias aos interesses gerais do País ou de outras áreas da divisão político-administrativa;
j) Revogar ou modificar os decretos e resoluções do Conselho de Ministros que contrariem as leis e resoluções da Assembleia do Povo e da sua Comissão Permanente;
k) Apreciar os relatórios de prestação de contas de actividades apresentados periodicamente pela Comissão Permanente, pelo Conselho de Ministros, pelo Tribunal Supremo Popular, pela Procuradoria-Geral da República e pelas Assembleias Populares Provinciais;
l) Declarar o estado de sítio e o estado de emergência definindo a extensão da suspensão das garantias constitucionais;
m) Autorizar o Presidente da República a declarar a guerra e a fazer a paz;
n) Decretar a mobilização geral em caso de guerra ou agressão eminente;
o) Ratificar e denunciar tratados internacionais;
p) Outorgar condecorações e títulos honoríficos;
q) Deliberar sobre outras questões fundamentais de política interna e externa do Estado.

ARTIGO 39.º

A Assembleia do Povo e a sua Comissão Permanente emitem no exercício das suas atribuições, leis e resoluções.

ARTIGO 40.º

A Composição da Assembleia do Povo duração do mandato dos deputados e sistema eleitoral são estabelecidos por lei.

ARTIGO 41.º

O Presidente da Assembleia do Povo é o Presidente da República.

À ausência ou impedimento temporário do Presidente da República, as reuniões da Assembleia do Povo são dirigidas pelo membro da Comissão Permanente, pertencente ao Bureau Político do Comité Central do MPLA-Partido do Trabalho, designado pelo Presidente da República para o substituir.

ARTIGO 42.º

A Assembleia do Povo é convocada pelo seu Presidente.

A Assembleia do Povo reúne em sessão ordinária duas vezes por ano e extraordinariamente por iniciativa do Presidente da República e do Comité Central do MPLA-Partido do Trabalho, da Comissão Permanente da Assembleia do Povo ou de pelo menos um terço dos seus deputados.

ARTIGO 43.º

A Assembleia do Povo só pode deliberar estando presente mais de metade do número total dos seus membros.

As deliberações da Assembleia do Povo são tomadas por maioria simples dos votos dos deputados presentes excepto no caso de alteração da Lei Constitucional em que é necessária a maioria qualificada de dois terços dos votos do número total dos membros da Assembleia.

ARTIGO 44.º

As sessões da Assembleia do Povo são públicas excepto quando por razões ponderosas a Assembleia delibere deverem realizar-se à porta fechada.

ARTIGO 45.º

A iniciativa das leis pertence ao Comité Central do MPLA--Partido do Trabalho, à Comissão Permanente da Assembleia do Povo, aos deputados e às Comissões da Assembleia do Povo, ao Conselho de Ministros e ao Conselho Central da União Nacional dos Trabalhadores Angolanos.

A iniciativa para alteração da Lei Constitucional cabe exclusivamente ao Comité Central do MPLA-Partido do Trabalho e à Comissão Permanente da Assembleia do Povo.

Artigo 46.º

A Assembleia do Povo elege Comissões integradas por deputados para a realização de actividades permanentes ou de tarefas específicas.

Artigo 47.º

Os deputados da Assembleia do Povo têm o direito nos termos do Regimento da Assembleia, de dirigir perguntas ao Conselho de Ministros ou a qualquer dos seus membros, bem como de obter de todos os organismos e empresas estatais a colaboração necessária para o cumprimento das suas tarefas.

Artigo 48.º

Nenhum deputado da Assembleia do Povo pode ser preso sem culpa formada ou submetido a julgamento sem autorização da Assembleia ou da sua Comissão Permanente, excepto em flagrante delito por crime doloso a que caiba pena maior.

Capítulo III

Comissão Permanente da Assembleia do Povo

Artigo 49.º

A Comissão Permanente é o órgão da Assembleia do Povo que representa e assume as atribuições desta no intervalo das suas sessões, não podendo, no entanto, proceder à alteração da Lei Constitucional.

ARTIGO 50.º

A Comissão Permanente é composta pelo Presidente da República, pelos deputados membros do Bureau Político do Comité Central do MPLA-Partido do Trabalho e por onze deputados da Assembleia do Povo eleitos por esta, sob proposta do Comité Central do MPLA-Partido do Trabalho.

A Comissão Permanente é presidida e convocada pelo Presidente da República.

ARTIGO 51.º

A Comissão Permanente responde perante a Assembleia do Povo, devendo apresentar periodicamente relatórios de prestação de contas da sua actividade.

Capítulo IV
Presidente da República

ARTIGO 52.º

O Presidente da Pepública é o Presidente do MPLA-Partido do Trabalho. O Presidente da República, como Chefe do Estado e do Governo, simboliza a Unidade Nacional e representa a Nação no plano interno e internacional.

ARTIGO 53.º

O Presidente da República tem as seguintes atribuições:

a) Representar o Estado e o Governo, dirigir a sua política geral e velar pelo cumprimento da Lei Constitucional;
b) Dirigir e coordenar a actividade do Governo;
c) Dirigir, na qualidade de Comandante-em-Chefe das Forças Armadas Populares de Libertação de Angola, a defesa e segurança nacionais;

d) Nomear e exonerar os Ministros, Secretários de Estado, Vice-Ministros, Comissários Provinciais e respectivos Adjuntos, os Juízes do Tribunal Popular Supremo, o Procurador-Geral da República e o Vice-Procurador-Geral da República, o Governador do Banco Central e os Reitores e Vice-Reitores das Universidades;

e) Nomear e exonerar os Embaixadores e acreditar os representantes diplomáticos estrangeiros;

f) Designar, de entre os deputados membros do Bureau Político do Comité Central do MPLA-Partido do Trabalho, quem o substitua na sua ausência ou impedimento temporário;

g) Declarar a guerra e fazer a paz, após a autorização da Assembleia do Povo;

h) Indultar e comutar penas;

i) Assinar e fazer publicar no *Diario da República* as leis e resoluções da Assembleia do Povo e da sua Comissão Permanente e os decretos e resoluções do Conselho de Ministros;

j) Revogar os actos dos membros do Governo e dos Comissários Provinciais que violem a Lei Constitucional, as leis e demais disposições legais ou que sejam contrários aos interesses gerais do País;

k) Exercer todas as demais atribuições previstas na Lei Constitucional.

ARTIGO 54.º

No exercício das suas atribuições, o Presidente da República emite decretos presidenciais e despachos que serão publicados no *Diário da República.*

ARTIGO 55.º

1. No caso de morte ou impedimento permanente do Presidente da República, o Bureau Político do Comité Central do MPLA-Partido do Trabalho designará de entre os seus membros quem exerça provisoriamente o cargo de Presidente da República.

2. O período provisório não poderá ser superior a trinta dias.

Capítulo V

Governo

Artigo 56.º

O Conselho de Ministros é o órgão superior da administração do Estado e constitui o Governo da República Popular de Angola.
A composição do Conselho de Ministros é determinada por lei.

Artigo 57.º

A Lei poderá estabelecer um órgão permanente, constituído por membros do Conselho de Ministros, que exerça as funções deste no intervalo das suas sessões.

Artigo 58.º

São atribuições do Conselho de Ministros:

a) Organizar e dirigir a execução da política interna e externa do Estado, de acordo com as deliberações da Assembleia do Povo e da sua Comissão Permanente;
b) Dirigir, coordenar e controlar a actividade dos Ministérios e de outros órgãos centrais da administração do Estado;
c) Prover à defesa nacional, à manutenção da ordem e segurança internas, bem como à protecção dos direitos dos cidadãos;
d) Garantir, através da direcção e planificação centralizadas, o desenvolvimento económico-social;
e) Elaborar os projectos do Plano Nacional e do Orçamento Geral do Estado para aprovação da Assembleia do Povo e organizar, dirigir e controlar a sua execução;
f) Elaborar projectos de lei e de resolução para deliberação da Assembleia do Povo;
g) Celebrar tratados internacionais e submetê-los à ratificação da Assembleia do Povo;
h) Regulamentar e executar as leis e resoluções da Assembleia do Povo e da sua Comissão Permanente;

- *i)* Exercer a direcção e controlo da actividade administrativa dos órgãos locais do Estado;
- *j)* Revogar os actos dos membros do Governo e dos Comissários Provinciais que violem a Lei Constitucional ou que contrariem as leis e demais disposições legais, resoluções da Assembleia do Povo e do Conselho de Ministros;
- *k)* Propor à Assembleia do Povo a revogação de deliberações das Assembleias Populares que violem a Lei Constitucional, as leis e demais disposições legais ou que sejam contrárias aos interesses gerais do País ou de outras áreas da divisão político-administrativa.

ARTIGO 59.º

No cumprimento das suas atribuições, o Conselho de Ministros emite decretos e resoluções.

ARTIGO 60.º

O Conselho de Ministros responde perante a Assembleia do Povo, devendo apresentar anualmente o relatório de prestação de contas de toda a sua actividade e os relatórios de execução do Plano Nacional e do Orçamento Geral do Estado.

ARTIGO 61.º

Os Ministérios e outros órgãos centrais são dirigidos por membros do Conselho de Ministros, de acordo com os princípios da direcção individual e da responsabilidade pessoal perante o Presidente da República e o Conselho de Ministros.

ARTIGO 62.º

Os Ministros são obrigados a assegurar, sob responsabilidade própria a execução das leis e outros diplomas legais e tomar as decisões necessárias para tal fim.

No exercício das suas atribuições, os membros do Conselho de Ministros emitem decretos executivos e despachos que serão publicados no *Diário da República*.

ARTIGO 63.º

O número, denominação e atribuições dos Ministérios e demais órgãos centrais da administração do Estado são determinados por lei.

Capítulo VI
Órgãos Locais do Estado

ARTIGO 64.º

Os órgãos locais do poder de Estado são as Assembleias Populares a nível de Província, Município, Comuna, Bairro e Povoação e os respectivos órgãos executivos.

ARTIGO 65.º

As Assembleias Populares promovem, na sua área político-administrativa, a realização dos objectivos do Estado, desenvolvendo as suas actividades com vista ao reforço da Unidade Nacional, defesa das conquistas da Revolução e melhoria constante das condições materiais e culturais de vida do Povo.

ARTIGO 66.º

As Assembleias Populares deliberam, no quadro das normas e orientações dos órgãos dos escalões superiores, sobre matérias que respeitem à sua área político-administrativa.

ARTIGO 67.º

As Assembleias Populares actuam em estreita colaboração com as organizações de massas e outras organizações sociais e apoiam-se na iniciativa e ampla participação do Povo.

ARTIGO 68.º

As Assembleias Populares elegem Comissões integradas por deputados para a realização de actividades permanentes ou de tarefas específicas.

ARTIGO 69.º

Os órgãos executivos das Assembleias Populares são os Comissariados Provinciais, Municipais, Comunais e as Comissões Populares de Bairro e de Povoação.
Os Comissariados são dirigidos pelos respectivos Comissários.

ARTIGO 70.º

O Comissário Provincial é o representante do Presidente da República e do Governo na respectiva Província.
A Assembleia Popular Provincial é presidida e convocada pelo Comissário Provincial.
O Comissário Provincial responde perante o Presidente da República, o Conselho de Ministros e a Assembleia Popular Provincial, aos quais deve apresentar periodicamente relatórios de prestação de contas da sua actividade.

ARTIGO 71.º

A composição, atribuições e organização das Assembleias Populares bem como dos seus órgãos executivos e demais órgãos da Administração local do Estado, serão fixadas por lei.

CAPÍTULO VII

Tribunais e Procuradoria-Geral da República

ARTIGO 72.º

A justiça é exercida em nome do Povo pelo Tribunal Popular Supremo e demais tribunais instituídos por lei.

ARTIGO 73.º

Os tribunais garantem os princípios estabelecidos na Lei Constitucional, asseguram a legalidade socialista e a protecção dos direitos e interesses legítimos dos cidadãos e dos diferentes organismos e entidades.

ARTIGO 74.º

Os tribunais reprimem e combatem as violações da legalidade, contribuem para o desenvolvimento da recuperação dos delinquentes e educam os cidadãos no cumprimento voluntário e consciente das leis e da moral socialista.

ARTIGO 75.º

Os tribunais são colegiais e são integrados por juízes profissionais e assessores populares com direitos iguais na audiência de discussão e julgamento.

ARTIGO 76.º

No exercício das suas funções os juízes são independentes e apenas devem obediência à lei.

ARTIGO 77.º

A Procuradoria-Geral da República tem como função principal o controlo da legalidade socialista, velando pelo estrito cumprimento das leis e demais disposições legais por parte dos organismos do Estado, entidades económicas e sociais e pelos cidadãos.

A Procuradoria-Geral da República constitui uma unidade orgânica subordinada ao Presidente da República e encontra-se organizada verticalmente, com independência dos órgãos locais do Estado.

A organização e competência da Procuradoria-Geral da República são fixadas por lei.

Artigo 78.º

O Tribunal Popular Supremo e a Procuradoria-Geral da República respondem perante a Assembleia do Povo, devendo apresentar anualmente relatórios de prestação de contas da sua actividade.

2.º No título IV da Lei Constitucional, os artigos 59.º, 60.º, 61.º e 62.º passam a ser, respectivamente os artigos 79.º, 80.º, 81.º e 82.º.

3.º O título V da Lei Constitucional passa a ter a seguinte redacção:

TÍTULO V
Disposições finais e transitórias

Artigo 83.º

Enquanto não forem instituídas as Assembleias do Poder Popular em todos escalões da divisão político-administrativa, os órgãos locais do Estado a nível municipal, comunal e de bairro ou povoação são regulados por lei especial.

Artigo 84.º

As leis e regulamentos actualmente em vigor serão aplicáveis enquanto não forem revogados ou alterados e desde que não contrariem o espírito da presente lei e o processo revolucionário angolano.

Artigo 85.º

Serão revistos todos os tratados, acordos e alianças em que Portugal tenha comprometido Angola e que sejam atentórios dos interesses do Povo Angolano.

Artigo 86.º

O presente diploma entra em vigor às zero horas do dia 11 de Novembro de 1975.

Aprovada por aclamação pelo Comité Central do Movimento Popular de Libertação de Angola, em 10 de Novembro de 1975.

Revista e alterada pelo Comité Central do MPLA-Partido do Trabalho, em 11 de Agosto de 1980.

Publique-se.

O Presidente do MPLA-Partido do Trabalho e da República Popular de Angola, JOSÉ EDUARDO DOS SANTOS.

4.º A presente alteração constitucional entra em vigor no dia da instituição da Assembleia do Povo.

Aprovada por aclamação pelo Comité Central do MPLA-Partido do Trabalho, em 11 de Agosto de 1980.

Publique-se.

O Presidente do MPLA-Partido do Trabalho, JOSÉ EDUARDO DOS SANTOS.

ASSEMBLEIA DO POVO
Lei n.º 1/86, de 1 de Fevereiro(*)

Considerando a necessidade de se proceder ao alargamento da competência atribuída ao Presidente da República pela alínea *d*) do artigo 53.º, capítulo IV, da Lei Constitucional, com o objectivo de materializar as orientações aprovadas pelo II Congresso do MPLA--Partido do Trabalho relativas à reestruturação do Aparelho Central do Estado;

Considerando a necessidade de se criar o cargo de Ministro de Estado para as principais áreas da actividade do Governo, o Comité Central do MPLA-Partido do Trabalho, reunido na sua Sessão Extraordinária, de 16 a 17 de Janeiro de 1986, propôs a devida alteração da alínea *d*) do artigo 53.º da Lei Constitucional, em conformidade com o artigo 45.º da referida Lei;

Nestes termos, ao abrigo da alínea *a*) do artigo 38.º da Lei Constitucional e no uso da faculdade que me é conferida pela alínea *i*) do artigo 53.º da mesma Lei, a Assembleia do Povo aprova e eu assino e faço publicar a seguinte Lei:

Artigo Único

A alínea *d*) do artigo 53.º, capítulo IV, da Lei Constitucional, passa a ter a seguinte redacção:

«Nomear e exonerar os Ministros de Estado, os Ministros, Secretários de Estado, Vice-Ministros, Comissários Provinciais e respectivos Adjuntos, os Juízes do Tribunal Popular Supremo, o Procurador Geral da República e o Vice-Procurador Geral da República, o Governador e os Vice-Governadores do Banco Nacional e os Reitores e Vice-Reitores das Universidades».

Vista e aprovada pela Assembleia do Povo.

Publique-se.

Luanda, aos 28 de Janeiro de 1986.

Presidente da República, José Eduardo dos Santos.

(*) Publicada no Diário da República, I Série, n.º 9, de 1 de Fevereiro de 1986.

ASSEMBLEIA DO POVO

Lei n.º 2/87
de 31 de Janeiro(*)

A Assembleia do Povo é o órgão supremo do Poder de Estado onde estão representadas todas as classes e camadas sociais e através da qual as classes trabalhadoras exercem a ditadura democrática revolucionária em prol da edificação de uma nova sociedade isenta da exploração do homem pelo homem, sob a direcção do MPLA-Partido do Trabalho.

A recente renovação de mandatos para a segunda legislatura que culminou com a eleição democrática da Assembleia do Povo e das Assembleias Populares Provinciais, constituíu um inegável êxito do nosso povo, graças à orientação sempre clara, perseverante e permanente da direcção do nosso Partido, o MPLA-Partido do Trabalho.

Sendo a Comissão Permanente o órgão da Assembleia do Povo que representa e assume as atribuições desta no intervalo das suas sessões, deve, de igual modo, a sua composição social reflectir tanto quanto possível a representatividade das classes e camadas sociais que compõem a Assembleia do Povo.

Nestes termos, ao abrigo da alínea *a*) do artigo 38.º da Lei Constitucional e no uso da faculdade que me é conferida pela alínea *i*) do artigo 53.º da mesma lei, a Assembleia do Povo aprova e eu assino e faço publicar a seguinte lei:

Artigo 1.º – É alterado o artigo 50.º da Lei Constitucional que passa a ter a seguinte redacção:

(*) Publicada no Diário da República, I Série, n.º 9, de 31 de Dezembro de 1987.

Art. 50.º – A Comissão Permanente é composta pelo Presidente da República, pelos Deputados membros do Bureau Político do Comité Central do MPLA-Partido do Trabalho e por um número de deputados da Assembleia do Povo eleitos por esta, sob proposta do Comité Central do MPLA-Partido do Trabalho.

Art. 2.º – Esta lei entra imediatamente em vigor.

Vista e aprovada pela Assembleia do Povo.

Publique-se.

Luanda, aos 30 de Janeiro de 1987.

O Presidente da República, JOSÉ EDUARDO DOS SANTOS.

LEI CONSTITUCIONAL
DA
REPÚBLICA POPULAR DE ANGOLA
(de 7 de Fevereiro de 1978)

ASSEMBLEIA DO POVO

LEI CONSTITUCIONAL DA REPÚBLICA POPULAR DE ANGOLA (*)

TÍTULO I
Princípios fundamentais

ARTIGO 1.º

A República Popular de Angola é um Estado soberano, independente e democrático, cujo primeiro objectivo é a total libertação do Povo Angolano dos vestígios do colonialismo e da dominação e agressão do imperialismo e a construção dum país próspero e democrático, completamente livre de qualquer forma de exploração do homem pelo homem, materializando as aspirações das massas populares.

ARTIGO 2.º

Toda a soberania reside no Povo Angolano. O MPLA-Partido do Trabalho constitui a vanguarda organizada da classe operária e cabe-lhe, como Partido marxista-leninista, a direcção política, económica e social do Estado nos esforços para a construção da Sociedade Socialista.

ARTIGO 3.º

Às massas populares é garantida uma ampla e efectiva participação no exercício do poder político, através da consolidação, alargamento e desenvolvimento das formas organizativas do poder popular.

(*) Publicada no Diário da República, I Série, n.º 31, de 7 de Fevereiro de 1978.

ARTIGO 4.º

A República Popular de Angola é um Estado unitário e indivisível, cujo território, inviolável e inalienável, é o definido pelos actuais limites geográficos de Angola, sendo combatida energicamente qualquer tentativa separatista ou de desmembramento do seu território.

ARTIGO 5.º

Será promovida e intensificada a solidariedade económica, social e cultural entre todas as regiões da República Popular de Angola, no sentido do desenvolvimento comum de toda a Nação Angolana e da liquidação das sequelas do regionalismo e do tribalismo.

ARTIGO 6.º

As Forças Armadas Populares de Libertação de Angola – FAPLA – braço armado do Povo, sob a direcção do MPLA-Partido do Trabalho e tendo como Comandante-em-Chefe o seu Presidente, são institucionalizadas como exército nacional da República Popular de Angola, cabendo-lhes a defesa da integridade territorial da Pátria e a participação ao lado do Povo na produção e, consequentemente, na Reconstrução Nacional.

O Comandante-em-Chefe das Forças Armadas Populares de Libertação de Angola – FAPLA – nomeia e demite os responsáveis militares no escalão superior.

ARTIGO 7.º

A República Popular de Angola é um Estado laico, havendo uma completa separação entre o Estado e as instituições religiosas. Todas as religiões serão respeitadas e o Estado dará protecção às igrejas, lugares e objectos de culto, desde que se conformem com as leis do Estado.

ARTIGO 8.º

A República Popular de Angola considera a agricultura como base e a indústria como factor decisivo do seu desenvolvimento. O Estado orienta e planifica a economia nacional visando o desenvolvimento sistemático e harmonioso de todos os recursos naturais e humanos do país e a utilização da riqueza em benefício do Povo Angolano.

ARTIGO 9.º

A base do desenvolvimento económico e social é a propriedade socialista, consubstanciada na propriedade estatal e na propriedade cooperativa. O Estado deverá adoptar as medidas que permitam o constante alargamento e consolidação das relações de produção socialistas.

ARTIGO 10.º

A República Popular de Angola reconhece, protege e garante as actividades e a propriedade privadas, mesmo de estrangeiros, desde que úteis à economia do país e aos interesses do Povo Angolano.

ARTIGO 11.º

Todos os recursos naturais existentes no solo e no subsolo, as águas territoriais, a plataforma continental e o espaço aéreo são propriedade do Estado, que determinará as condições do seu aproveitamento e utilização.

ARTIGO 12.º

O sistema fiscal será norteado pelo princípio da tributação progressiva dos impostos directos, não sendo permitidos privilégios de qualquer espécie em matéria fiscal.

ARTIGO 13.º

A República Popular de Angola combate energicamente o analfabetismo e o obscurantismo e promove o desenvolvimento de uma educação ao serviço do Povo e de uma verdadeira cultura nacional, enriquecida pelas conquistas culturais revolucionárias dos outros povos.

ARTIGO 14.º

A República Popular de Angola respeita e aplica os princípios da Carta da Organização das Nações Unidas e da Carta da Organização da Unidade Africana e estabelecerá relações de amizade e cooperação com todos os Estados, na base dos princípios do respeito mútuo pela soberania e integridade territorial, igualdade, não ingerência nos assuntos internos de cada país e reciprocidade de benefícios.

ARTIGO 15.º

A República Popular de Angola apoia e é solidária com a luta dos povos pela sua libertação nacional e estabelecerá relações de amizade e cooperação com todas as forças democráticas e progressistas do mundo.

ARTIGO 16.º

A República Popular de Angola não adere a qualquer organização militar internacional, nem permite a instalação de bases militares estrangeiras em território nacional.

TÍTULO II
Direitos e deveres fundamentais

ARTIGO 17.º

O Estado respeita e protege a pessoa e dignidade humanas. Todo o cidadão tem direito ao livre desenvolvimento da sua personalidade, dentro do respeito devido aos direitos dos outros cidadãos e superiores interesses do Povo Angolano. A Lei protegerá a vida, a liberdade, a integridade pessoal, o bom nome e a reputação de cada cidadão.

ARTIGO 18.º

Todos os cidadãos são iguais perante a lei e gozam dos mesmos direitos e estão sujeitos aos mesmos deveres, sem distinção da sua cor, raça, etnia, sexo, lugar de nascimento, religião, grau de instrução, condição económica ou social.

A lei punirá severamente todos os actos que visem prejudicar a harmonia social ou criar discriminações e privilégios com base nesses factores.

ARTIGO 19.º

Participar na defesa da integridade territorial do país e defender e alargar as conquistas revolucionárias é o direito e o dever mais alto e indeclinável de cada cidadão da República Popular de Angola.

ARTIGO 20.º

Todos os cidadãos, maiores de 18 anos, com excepção dos legalmente privados dos direitos políticos têm o direito e o dever de participar activamente na vida pública, votando e sendo eleitos ou nomeados para qualquer órgão do Estado, e desempenhando os seus mandatos com inteira devoção à causa da Pátria e do Povo Angolano.

ARTIGO 21.º

Todo o cidadão eleito tem o dever de prestar contas do exercício do seu mandato perante os eleitos que o escolherem, assistindo a estes o direito de, a qualquer momento, revogarem fundamentadamente o mandato concedido.

ARTIGO 22.º

No quadro da realização dos objectivos fundamentais da República Popular de Angola, a lei assegurará o direito de livre expressão, reunião e associação.

ARTIGO 23.º

Nenhum cidadão pode ser preso e submetido a julgamento senão nos termos da lei, sendo garantido a todos os arguidos o direito de defesa.

ARTIGO 24.º

A República Popular de Angola garante as liberdades individuais, nomeadamente a inviolabilidade do domicílio e o sigilo da correspondência, com os limites especialmente previstos na lei.

ARTIGO 25.º

A liberdade de consciência e de crença é inviolável. A República Popular de Angola reconhece a igualdade de todos os cultos e garante o seu exercício desde que compatíveis com a ordem pública e o interesse nacional.

ARTIGO 26.º

O trabalho é um direito e um dever para todos os cidadãos, devendo cada um produzir segundo a sua capacidade e ser remunerado de acordo com o seu trabalho.

ARTIGO 27.º

O Estado promoverá as medidas necessárias para assegurar aos cidadãos o direito à assistência médica e sanitária, bem como o direito à assistência na infância, na maternidade, na invalidez, na velhice e em qualquer situação de incapacidade para o trabalho.

ARTIGO 28.º

Os combatentes da guerra de libertação nacional que ficaram diminuídos na sua capacidade e as famílias dos combatentes que morreram na luta, têm por dever de honra da República Popular de Angola, direito a especial protecção.

ARTIGO 29.º

A República Popular de Angola promove e garante o acesso de todos os cidadãos à instrução e à cultura.

ARTIGO 30.º

A República Popular de Angola deve criar as condições políticas, económicas e culturais necessárias para que os cidadãos possam gozar efectivamente dos seus direitos e cumprir integralmente os seus deveres.

TÍTULO III
Dos órgãos do Estado

CAPÍTULO I
Presidente da República

ARTIGO 31.º

O Presidente da República Popular de Angola é o Presidente do MPLA-Partido do Trabalho.

O Presidente da República, como Chefe do Estado e do Governo, representa a Nação Angolana.

Artigo 32.º

O Presidente da República tem as seguintes atribuições:

a) Representar o Estado e o Governo e dirigir a sua política geral;
b) Presidir ao Conselho da Revolução e orientar os seus trabalhos;
c) Nomear e exonerar o Primeiro-Ministro e os restantes membros do Governo;
d) Presidir ao Conselho de Ministros, como Chefe do Governo, orientando os seus trabalhos;
e) Dirigir superiormente a defesa e segurança nacional, como Comandante-em-Chefe das Forças Armadas Populares de Libertação de Angola e Presidente da Comissão Nacional de Segurança;
f) Nomear e exonerar os Comissários Provinciais;
g) Designar os Comissários Provinciais que fazem parte do Conselho da Revolução;
h) Indultar e comutar penas;
i) Assinar e fazer publicar no *Diário da República* as leis e resoluções do Conselho da Revolução e os decretos do Conselho de Ministros;
j) Declarar o estado de sítio ou de emergência em todo ou parte do território nacional;
k) Declarar a guerra e fazer a paz, precedendo autorização do Conselho da Revolução;
l) Ratificar os tratados internacionais, depois de devidamente aprovados;
m) Nomear e exonerar os embaixadores e enviados extraordinários e acreditar os representantes diplomáticos estrangeiros;
n) Indicar, de entre os membros do Bureau Político do MPLA-Partido do Trabalho quem o substitua nas suas ausências ou impedimentos temporários;

o) Exercer todas as demais funções que lhe forem cometidas pelo Conselho da Revolução.

ARTIGO 33.º

No caso de morte, renúncia, ou impedimento permanente do Presidente da República, o Bureau Político do Comité Central do MPLA-Partido do Trabalho, designará de entre os seus membros, quem exerça provisoriamente o cargo de Presidente da República.

CAPÍTULO II
Assembleia do Povo

ARTIGO 34.º

A Assembleia do Povo, como a mais elevada expressão do Poder Popular, será o órgão supremo do Poder do Estado na República Popular de Angola.

Lei especial fixará a sua composição e sistema de eleição, bem como a sua competência e funcionamento.

CAPÍTULO III
Conselho da Revolução

ARTIGO 35.º

Enquanto não estiverem preenchidas as condições para a instituição da Assembleia do Povo, o órgão supremo do Poder do Estado é o Conselho da Revolução

ARTIGO 36.º

O Conselho da Revolução é constituído:

a) Pelos Membros do Comité Central do MPLA-Partido do Trabalho;

b) Pelo Ministro da Defesa, Chefe do Estado-Maior-Geral das FAPLA, Comissário Político Nacional e por responsáveis destes organismos designados para o efeito pelo Presidente da República;
c) Pelos Membros do Governo designados para o efeito pelo Bureau Político do Comité Central do MPLA-Partido do Trabalho, no máximo de três não membros do Comité Central;
d) Pelos Comissários Provinciais designados para o efeito pelo Presidente da República;
e) Pelos Comandantes das Regiões Militares;
f) Pelos representantes das Direcções Nacionais da JMPLA, da OMA e da ODP designados pelo Bureau Político do MPLA-Partido do Trabalho.

ARTIGO 37.º

Com vista a assegurar o seu regular funcionamento e podendo decidir, em caso de urgência, sobre matérias da competência do Conselho da Revolução, este tem uma Comissão Permanente, constituída pelos membros do Conselho da Revolução que se encontrem em Luanda.

ARTIGO 38.º

O Conselho da Revolução tem as seguintes atribuições:

a) Deliberar e decidir, com base nas resoluções do Comité Central do MPLA-Partido do Trabalho, sobre as questões fundamentais da política interna e externa do Estado;
b) Exercer a função legislativa, conjuntamente com o Governo;
c) Aprovar o Plano Nacional e o Orçamento Geral do Estado, elaborados pelo Governo, bem como apreciar os relatórios sobre a sua execução;
d) Autorizar o Presidente da República a declarar a guerra e a fazer a paz;
e) Conceder amnistias;

f) Aprovar, para ratificação pelo Presidente da República, os tratados de amizade e os que versem sobre a participação da República Popular de Angola em organizações internacionais.

Artigo 39.º

Compete exclusivamente ao Conselho da Revolução fazer leis sobre as seguintes matérias:

a) Direitos, deveres e garantias fundamentais dos cidadãos;
b) Nacionalidade, estado e capacidade das pessoas;
c) Bases gerais da organização da defesa e segurança nacionais;
d) Bases gerais da estrutura e do poder do Estado;
e) Bases gerais sobre o trabalho e segurança social, educação e saúde;
f) Bases gerais sobre o regime da propriedade;
g) Criação de tribunais;
h) Criação de bancos e outras instituições de crédito e emissão de moeda.

Capítulo IV

Governo

Artigo 40.º

O Conselho de Ministros é o órgão executivo do Governo.

Artigo 41.º

O Conselho de Ministros tem as seguintes atribuições:

a) Organizar e dirigir a execução de actividades políticas, económicas, culturais, científicas e sociais;
b) Realizar a política externa do País nas relações com os outros Governos;

c) Dirigir, coordenar e controlar a actividade dos Ministérios e de outros órgãos centrais da Administração do Estado;
d) Apresentar à discussão e resolução do Conselho da Revolução, os problemas fundamentais para a realização da política do Estado;
e) Prover à defesa nacional, a manutenção da ordem e segurança internas, bem como à protecção dos direitos dos cidadãos;
f) Garantir através da direcção e planificação centralizadas, o desenvolvimento económico-social;
g) Elaborar o Plano Nacional e o Orçamento Geral do Estado, submetê-los à apreciação do Conselho da Revolução e, uma vez aprovados, organizar, dirigir e controlar a sua execução;
h) Aprovar e denunciar acordos internacionais não sujeitos a ratificação e aprovar, para ratificação do Presidente da República, aqueles que não devam ser submetidos ao Conselho da Revolução;
i) Estabelecer as medidas que visem organizar e assegurar a execução das leis e resoluções do Conselho da Revolução, assim como dos actos por ele próprio adoptados;
j) Exercer quaisquer outras funções que lhe forem delegadas pelas leis ou pelo Conselho da Revolução.

ARTIGO 42.º

1. No cumprimento das suas atribuições, o Conselho de Ministros emite decretos e resoluções, em matérias não reservadas ao Conselho da Revolução.
2. Os decretos do Conselho de Ministros são publicados no *Diário da República.*

ARTIGO 43.º

1. O Conselho de Ministros é composto pelo Presidente da República que preside e pelo Primeiro-Ministro, pelos Vice-Primeiros-Ministros, pelos Ministros, Secretários de Estado e demais membros que a lei disponha.
2. O Chefe do Estado e do Governo pode delegar no Primeiro-Ministro a presidência do Conselho de Ministros.

3. Tendo em conta a actividade colectiva, cada membro é pessoalmente responsável, perante o Conselho de Ministros, pela preparação das decisões e pela sua execução.

4. Poderão ser convocados às sessões do Conselho de Ministros os Vice-Ministros e os dirigentes de Órgãos Centrais, quando sejam tratados ou deliberados assuntos que pertençam ao âmbito da sua responsabilidade.

ARTIGO 44.º

1. Entre as sessões do Conselho de Ministros, funcionará uma Comissão Permanente à qual compete a coordenação sectorial dos diversos Ministérios e organismos centrais, podendo decidir, sobre as matérias da competência do Conselho de Ministros.

2. O Conselho de Ministros decide sobre a composição da referida Comissão Permanente.

ARTIGO 45.º

O Conselho de Ministros disporá de um Secretariado encarregado da resolução dos problemas correntes e do controlo de execução das suas instruções e decisões, cuja composição e funcionamento será regulada por diploma especial.

ARTIGO 46.º

Ao Primeiro-Ministro, como colaborador directo do Presidente da República, cabe, para além da coordenação geral de toda a actividade governativa, a supervisão e o acompanhamento das actividades dos Comissários Provinciais.

ARTIGO 47.º

1. Os Ministros dirigem o Ministério ou Organismo de que forem encarregados de acordo com o princípio da direcção individual.

2. Têm o direito, nos limites da sua competência, de emitir decretos executivos, despachos e instruções.

3. Os Ministros, são obrigados a assegurar, sob responsabilidade própria, a execução das leis e outros diplomas legais e tomar as decisões necessárias para tal fim.

Artigo 48.º

O número, a denominação e atribuições dos Ministérios e dos órgãos centrais da Administração Estatal são determinados pelo Conselho da Revolução.

Capítulo V

Tribunais e Procuradoria

Artigo 49.º

1. Na República Popular de Angola a justiça é administrada em nome do Povo pelo Tribunal Supremo Popular e pelos demais Tribunais instituídos por lei.
2. A organização, constituição e competência dos Tribunais serão fixadas por lei.

Artigo 50.º

No exercício das suas funções os juízes são independentes e apenas devem obediência à Lei.

Artigo 51.º

A justiça é administrada por Tribunais colegiais, com a participação de Juízes profissionais e leigos, que têm os mesmos direitos e deveres.

Artigo 52.º

1. A Procuradoria Geral da República tem como função principal o controlo da legalidade, velando pelo estrito cumprimento das leis e demais disposições legais por parte dos organismos do Estado, entidades económicas e sociais e pelos cidadãos.

2. A estrutura da Procuradoria, as suas demais funções e a forma como são exercidas, serão fixadas por lei.

Capítulo VI
Órgãos Locais da Administração

Artigo 53.º

O território nacional, para fins político-administrativos, divide-se em Províncias, Municípios e Comunas. As Comunas Urbanas dividem-se em bairros e as Comunas Rurais em povoações.

A lei determinará o número, denominação e limites das divisões territoriais.

Artigo 54.º

A administração local nas suas relações com os organismos centrais orienta-se pelos princípios do centralismo democrático.

Artigo 55.º

Os Comissários nomeados para as Províncias e para os Municípios são os órgãos de poder local e de Administração e representam o Governo nas suas respectivas circunscrições.

Artigo 56.º

1. Os Comissários Provinciais são escolhidos e nomeados pelo Presidente da República e compete ao Primeiro-Ministro exercer sobre eles a supervisão e o acompanhamento das suas actividades.

2. Os Comissários Municipais e de Comuna são escolhidos e nomeados de acordo com o que disponha a lei.

ARTIGO 57.º

No exercício das suas funções, os órgãos do poder local e de Administração apoiam-se na iniciativa e ampla participação da população e actuam em estreita coordenação com as organizações de massas e do MPLA-Partido do Trabalho.

ARTIGO 58.º

A estrutura e a competência dos órgãos da Administração local serão fixadas por lei.

TÍTULO IV
Símbolos da República Popular de Angola

ARTIGO 59.º

Os símbolos da República Popular de Angola são a BANDEIRA, a INSÍGNIA e o HINO.

ARTIGO 60.º

A BANDEIRA NACIONAL tem duas cores dispostas em duas faixas horizontais. A faixa superior é de cor vermelha-rubro e a inferior de cor preta e representam:

Vermelha-rubro – o sangue derramado pelos angolanos durante a opressão colonial, a luta de libertação nacional e a revolução.
Preta – o Continente Africano.
No centro figura uma composição constituída por uma secção de uma roda dentada, símbolo da classe operária e da produção industrial; por uma catana, símbolo da classe camponesa, da produção agrícola e da luta armada e por uma estrela, símbolo do internacionalismo e do progresso.
A roda dentada, a catana e a estrela são de cor amarela, que representam as riquezas do país.

ARTIGO 61.º

A insígnia da República Popular de Angola é formada por uma secção de uma roda dentada e por uma ramagem de milho, café e algodão, representando respectivamente a classe operária e a produção industrial e a classe camponesa e a produção agrícola.

Na base do conjunto existe um livro aberto, símbolo da educação e cultura e o sol nascente, significando o novo país. Ao centro, está colocada uma catana e uma enxada, simbolizando o trabalho e o início da luta armada. Ao cimo figura a estrela, símbolo do internacionalismo e do progresso.

Na parte inferior do emblema, está colocada um faixa dourada com a inscrição «República Popular de Angola».

ARTIGO 62.º

O Hino Nacional é «ANGOLA AVANTE».

TÍTULO V

Disposições finais e transitórias

ARTIGO 63.º

Até à criação da Assembleia com poderes constituintes, a modificação da presente Lei Constitucional só poderá ser feita pelo Comité Central do MPLA-Partido do Trabalho.

ARTIGO 64.º

As leis e regulamentos actualmente em vigor serão aplicáveis enquanto não forem revogados ou alterados e desde que não contrariem o espírito da presente Lei e o processo revolucionário angolano.

ARTIGO 65.º

Serão revistos todos os tratados, acordos e alianças em que Portugal tenha comprometido Angola e que sejam atentórios dos interesses do Povo Angolano.

ARTIGO 66.º

O presente diploma entra em vigor às zero horas do dia 11 de Novembro de 1975.

Aprovada por aclamação pelo Comité Central do Movimento Popular de Libertação de Angola, aos 10 de Novembro de 1975.

Revista e alterada pelo Comité Central do MPLA-Partido do Trabalho, aos 7 de Janeiro de 1978.

Publique-se.

Presidência da República Popular de Angola, em Luanda, 7 de Janeiro de 1978.

O Presidente da República, ANTÓNIO AGOSTINHO NETO.

CONSELHO DA REVOLUÇÃO

Lei n.º 1 /79, de 16 de Janeiro (*)

A estrutura do Governo, bem como a regulamentação do aparelho administrativo central e local devem ser o resultado de uma prática que, de forma constante e através de métodos correctos vá adoptando as medidas tendentes à alteração do aparelho governativo existente.

A criação de uma nova estrutura governativa e as formas legislativas que consubstanciam as normas por que tal organização se deve reger apresenta-se como uma das tarefas mais importantes no campo legislativo, porque diz respeito à estrutura através da qual o Estado manifesta o seu poder. Tendo em conta as decisões do Comité Central, na sua reunião ordinária de 6 a 9 de Dezembro de 1978 e, enquanto não for publicada lei que regule a organização da Administração Central do Estado, convém desde já introduzir algumas alterações à estrutura do Governo.

Nestes termos, ao abrigo do artigo 38.º, alínea b) e do artigo 39.º, alínea d) da Lei Constitucional, usando da competência que me é conferida pelo artigo 32.º, alínea i) da mesma lei, o Conselho da Revolução decreta e eu assino e faço publicar a presente lei:

Artigo 1.º – São extintos os cargos de Primeiro-Ministro e Vice-Primeiros-Ministros.

Art. 2.º – É extinta a Secretaria de Estado das Comunicações.

Art. 3.º – É criado o Ministério da Coordenação Provincial.

Art. 4.º – O Ministério dos Transportes passará a designar-se, Ministério dos Transportes e Comunicações.

Art. 5.º – É criado no Ministério dos Transportes e Comunicações, o cargo de Vice-Ministro para Comunicações.

Art. 6.º – O pessoal em serviço na extinta Secretaria de Estado das Comunicações transita para o Ministério dos Transportes e Comunicações, com as mesmas categorias e vencimentos até decisão posterior.

(*) Publicada no Diário da República, I Série, n.º 14, de 17 de Janeiro de 1979.

Art. 7.º – É criado no Ministério da Agricultura, o cargo de Vice-Ministro dos Recursos Florestais.

Art. 8.º – Os Vice-Ministros poderão assistir às reuniões do Conselho de Ministros.

Art. 9.º – Os Comissários Provinciais participarão do Conselho de Ministros sempre que não estejam impedidos.

Art. 10.º – No prazo de sessenta dias a contar da data da publicação desta lei, o Ministro da Coordenação Provincial, poderá apresentar projectos de estatuto orgânico do respectivo Ministério.

Vista e aprovada pelo Conselho da Revolução.

Publique-se.

O Presidente da República, ANTÓNIO AGOSTINHO NETO

LEI CONSTITUCIONAL
DA
REPÚBLICA POPULAR DE ANGOLA
(de 11 de Novembro de 1975)

LEI CONSTITUCIONAL DA REPÚBLICA POPULAR DE ANGOLA (*)

TÍTULO I
Princípios fundamentais

ARTIGO 1.º

A República Popular de Angola é um Estado soberano, independente e democrático, cujo primeiro objectivo é a total libertação do Povo Angolano dos vestígios do colonialismo e da dominação e agressão do imperialismo e a construção dum país próspero e democrático, completamente livre de qualquer forma de exploração do homem pelo homem, materializando as aspirações das massas populares.

ARTIGO 2.º

Toda a soberania reside no Povo Angolano. Ao M.P.L.A., seu legítimo representante, constituído por uma larga frente em que se integram todas as forças patrióticas empenhadas na luta anti-imperialista, cabe a direcção política, económica e social da Nação.

ARTIGO 3.º

Às massas populares é garantida uma ampla e efectiva participação no exercício do poder político, através da consolidação, alargamento e desenvolvimento das formas organizativas do poder popular.

ARTIGO 4.º

A República Popular de Angola é um estado unitário e indivisível, cujo território inviolável e inalienável, é o definido pe-

---

(*) Publicada no Diário da República, I Série, n.º 1, de 11 de Novembro de 1975 e inclui as rectificações publicadas no *Diário da República*, I Série, n.º 2, de 12 de Novembro de 1975.

los actuais limites geográficos de Angola, sendo combatida energicamente qualquer tentativa separatista ou de desmembramento do seu território.

Artigo 5.º

Será promovida e intensificada a solidariedade económica, social e cultural entre todas as regiões da República Popular de Angola, no sentido do desenvolvimento comum de toda a Nação Angolana e da liquidação das sequelas do regionalismo e do tribalismo.

Artigo 6.º

As Forças Armadas Populares de Libertação de Angola – FAPLA – braço armado do Povo, sob a direcção do M.P.L.A. e tendo como Comandante em Chefe o seu Presidente, são institucionalizadas como exército nacional da República Popular de Angola, cabendo-lhes a defesa da integridade territorial da Pátria e a participação ao lado do Povo na produção e, consequentemente, na Reconstrução Nacional.

O Comandante em Chefe das Forças Armadas Populares de Libertação de Angola – FAPLA – nomeia e demite os responsáveis militares no escalão superior.

Artigo 7.º

A República Popular de Angola é um Estado laico, havendo uma completa separação entre o Estado e as instituições religiosas. Todas as religiões serão respeitadas e o Estado dará protecção às igrejas, lugares e objectos de culto, desde que se conformem com as leis de Estado.

Artigo 8.º

A República Popular de Angola considera a agricultura como base e a indústria como factor decisivo do seu desenvolvimento. O Estado orienta e planifica a economia nacional visando o desenvolvimento sistemático e harmonioso de todos os recursos naturais e humanos do país e a utilização da riqueza em benefício do Povo Angolano.

ARTIGO 9.º

A República Popular de Angola promoverá a instauração de relações sociais justas em todos os sectores da produção, impulsionando e desenvolvendo o sector público e fomentando as formas cooperativas. À República Popular de Angola caberá muito especialmente resolver o problema das terras, no interesse das massas camponesas.

ARTIGO 10.º

A República Popular de Angola reconhece, protege e garante as actividades e a propriedade privadas, mesmo de estrangeiros, desde que úteis à economia do país e aos interesses do Povo Angolano.

ARTIGO 11.º

Todos os recursos naturais existentes no solo e no subsolo, as águas territoriais, a plataforma continental e o espaço aéreo são propriedade do Estado, que determinará as condições do seu aproveitamento e utilização.

ARTIGO 12.º

O sistema fiscal será norteado pelo princípio da tributação progressiva dos impostos directos, não sendo permitidos privilégios de qualquer espécie em matéria fiscal.

ARTIGO 13.º

A República Popular de Angola combate energicamente o analfabetismo e o obscurantismo e promove o desenvolvimento de uma educação ao serviço do Povo e de uma verdadeira cultura nacional, enriquecida pelas conquistas culturais revolucionárias dos outros povos.

ARTIGO 14.º

A República Popular de Angola respeita e aplica os princípios da Carta da Organização das Nações Unidas e da Carta da Organização da Unidade Africana e estabelecerá relações de amizade e cooperação com todos os Estados, na base dos princípios do respeito mútuo pela soberania e integridade territorial, igualdade, não ingerência nos assuntos internos de cada país e reciprocidade de benefícios.

ARTIGO 15.º

A República Popular de Angola apoia e é solidária com a luta dos povos pela sua libertação nacional e estabelecerá relações de amizade e cooperação com todas as forças democráticas e progressistas do mundo.

ARTIGO 16.º

A República Popular de Angola não adere a qualquer organização militar internacional, nem permite a instalação de bases militares estrangeiras em território nacional.

TÍTULO II

Direitos e Deveres Fundamentais

ARTIGO 17.º

O Estado respeita e protege a pessoa e dignidade humanas. Todo o cidadão tem direito ao livre desenvolvimento da sua personalidade, dentro do respeito devido aos direitos dos outros cidadãos e dos superiores interesses do Povo Angolano. A lei protegerá a vida, a liberdade, a integridade pessoal, o bom nome e a reputação de cada cidadão.

ARTIGO 18.º

Todos os cidadãos são iguais perante a lei e gozam dos mesmos direitos e estão sujeitos aos mesmos deveres, sem distinção da sua cor, raça, etnia, sexo, lugar de nascimento, religião, grau de instrução, condição económica ou social.

A lei punirá severamente todos os actos que visem prejudicar a harmonia social ou criar discriminações e privilégios com base nesses factores.

ARTIGO 19.º

Participar na defesa da integridade territorial do país e defender e alargar as conquistas revolucionárias é o direito e o dever mais alto e indeclinável de cada cidadão da República Popular de Angola.

ARTIGO 20.º

Todos os cidadãos, maiores de 18 anos, com excepção dos legalmente privados dos direitos políticos, têm o direito e o dever de participar activamente na vida pública, votando e sendo eleitos ou nomeados para qualquer órgão do Estado, e desempenhando os seus mandatos com inteira devoção à causa da Pátria e do Povo Angolano.

ARTIGO 21.º

Todo o cidadão eleito tem o dever de prestar contas do exercício do seu mandato perante os eleitores que o escolherem, assistindo a estes o direito de, a qualquer momento, revogarem fundamentadamente o mandato concedido.

ARTIGO 22.º

No quadro da realização dos objectivos fundamentais da República Popular de Angola, a lei assegurará o direito de livre expressão, reunião e associação.

Artigo 23.º

Nenhum cidadão pode ser preso e submetido a julgamento senão nos termos da lei, sendo garantido a todos os arguidos o direito de defesa.

Artigo 24.º

A República Popular de Angola garante as liberdades individuais, nomeadamente a inviolabilidade do domicílio e o sigilo da correspondência, com os limites especialmente previstos na lei.

Artigo 25.º

A liberdade de consciência e de crença é inviolável. A República Popular de Angola reconhece a igualdade de todos os cultos e garante o seu exercício desde que compatíveis com a ordem pública e o interesse nacional.

Artigo 26.º

O trabalho é um direito e um dever para todos os cidadãos, devendo cada um produzir segundo a sua capacidade e ser remunerado de acordo com o seu trabalho.

Artigo 27.º

O Estado promoverá as medidas necessárias para assegurar aos cidadãos o direito à assistência médica e sanitária, bem como o direito à assistência na infância, na maternidade, na invalidez, na velhice e em qualquer situação de incapacidade para o trabalho.

Artigo 28.º

Os combatentes da guerra de libertação nacional que ficaram diminuídos na sua capacidade e as famílias dos combatentes que morreram na luta têm, por dever de honra da República Popular de Angola, direito a especial protecção.

ARTIGO 29.º

A República Popular de Angola promove e garante o acesso de todos os cidadãos à instrução e à cultura.

ARTIGO 30.º

A República Popular de Angola deve criar as condições políticas, económicas e culturais necessárias para que os cidadãos possam gozar efectivamente dos seus direitos e cumprir integralmente os seus deveres.

TÍTULO III
Dos órgãos do Estado

Capítulo I
Presidente da República

ARTIGO 31.º

O Presidente da República Popular de Angola é o Presidente do M. P. L. A.

O Presidente da República, como Chefe do Estado, representa a Nação Angolana.

ARTIGO 32.º

O Presidente da República tem a seguinte competência específica:
- *a*) Presidir ao Conselho da Revolução e orientar os seus trabalhos;
- *b*) Dar posse ao Governo nomeado pelo Conselho da Revolução;
- *c*) Declarar a guerra e fazer a paz, precedendo autorização do Conselho da Revolução;

d) Dar posse aos Comissários Provinciais, nomeados, pelo Conselho da Revolução sob indicação do M. P. L. A.;
e) Assinar, promulgar e fazer publicar as leis do Conselho da Revolução, os decretos do Governo e os decretos regulamentares dos Ministros;
f) Dirigir a defesa nacional;
g) Indultar e comutar penas;
h) Indicar, de entre os membros do Conselho da Revolução, quem o substitua nas suas ausências ou impedimentos temporários;
i) Exercer todas as restantes funções que lhe forem conferidas pelo Conselho da Revolução.

ARTIGO 33.º

No caso de morte, renúncia ou impedimento permanente do Presidente da República, o Conselho da Revolução e designará de entre os seus membros quem exerça provisoriamente o cargo de Presidente da República.

CAPÍTULO II
Assembleia do Povo

ARTIGO 34.º

A Assembleia do Povo é o órgão supremo do Estado na República Popular de Angola.

Lei especial fixará a sua composição e sistema de eleição, bem como a sua competência e funcionamento.

CAPÍTULO III
Conselho da Revolução

ARTIGO 35.º

Enquanto não se verificar a total libertação do território nacional e não estiverem preenchidas as condições para a instituição da Assembleia do Povo, o órgão supremo do poder do Estado é o Conselho da Revolução.

ARTIGO 36.º

O Conselho da Revolução é constituído:

a) Pelos membros do Bureau Político do M.P.L.A.;
b) Pelos membros do Estado-Maior Geral das F.A.P.L.A.;
c) Pelos membros do Governo designados para o efeito pelo M.P.L.A.;
d) Pelos Comissários Provinciais;
e) Pelos Chefes dos Estados-Maiores e Comissários Políticos das Frentes Militares.

ARTIGO 37.º

O Conselho da Revolução é presidido pelo Presidente da República.

ARTIGO 38.º

O Conselho da Revolução tem as seguintes atribuições:

a) Exercer a função legislativa, que poderá delegar no Governo;
b) Definir e orientar a política interna e externa do país;
c) Aprovar o Orçamento Geral do Estado e o Plano Económico elaborado pelo Governo;
d) Nomear e exonerar o Primeiro-Ministro e os restantes membros do Governo, sob indicação do M.P.L.A.;
e) Nomear e exonerar os Comissários Provinciais, sob indicação do M.P.L.A.;
f) Autorizar o Presidente da República a declarar a guerra e a fazer a paz;
g) Decretar o estado de sítio ou o estado de emergência;
h) Decretar amnistias.

Capítulo IV

Governo

Artigo 39.º

O Governo é constituído pelo Primeiro-Ministro, pelos Ministros e pelos Secretários de Estado.
O Governo é presidido pelo Primeiro-Ministro.

Artigo 40.º

Incumbe ao Governo como órgão executivo, conduzir a política interna e externa do Estado, sob a orientação do Conselho da Revolução e do Presidente da República, e superintender no conjunto da administração pública.

Artigo 41.º

São atribuições do Governo, em especial:

a) Garantir a segurança das pessoas e bens;
b) Elaborar o Orçamento Geral do Estado e executá-lo após aprovação do Conselho da Revolução;
c) Elaborar o Plano Económico e executá-lo após aprovação do Conselho da Revolução.

Artigo 42.º

O Governo poderá exercer por decreto a função legislativa que lhe for delegada pelo Conselho da Revolução. Aos Ministros cabe regulamentar as leis do Conselho da Revolução e os decretos do Governo.

Artigo 43.º

O Governo poderá reunir, no todo ou em parte, com o Conselho da Revolução, sempre que este o determinar.

Capítulo V
Tribunais

Artigo 44.º

Cabe em exclusivo aos Tribunais o exercício da função jurisdicional, visando a realização de uma justiça democrática.
A organização, composição e a competência dos Tribunais serão fixadas por lei.

Artigo 45.º

No exercício das suas funções os Juízes são independentes.

Capítulo VI
Organização Administrativa e Corpos Administrativos

Artigo 46.º

A República Popular de Angola divide-se administrativamente em Províncias, Concelhos, Comunas, Círculos, Bairros e Povoações.

Artigo 47.º

A admimistração local orienta-se pelos princípios conjugados da unidade e da descentralização e iniciativa local.

Artigo 48.º

Na Província, o Comissário Provincial é o representante directo do Conselho da Revolução e do Governo.
O Governo é representado no Conselho pelo Comissário Local, na Comuna pelo Comissário de Comuna e no Círculo pelo Delegado, os quais são nomeados sob indicação do M.P.L.A.

ARTIGO 49.º

Em cada Província há uma Comissão Provincial que é presidida pelo Comissário Provincial, e que tem funções legislativas em matéria de exclusivo interesse da Província.

ARTIGO 50.º

Os Corpos Administrativos do Concelho, da Comuna, do Bairro e da Povoação, são respectivamente a Câmara Municipal, a Comissão Comunal e a Comissão Popular de Bairro ou de Povoação.

ARTIGO 51.º

As autarquias locais têm personalidade jurídica e gozam de autonomia administrativa e financeira.

ARTIGO 52.º

A estrutura e a competência dos Corpos Administrativos e dos demais órgãos de administração local serão fixadas por lei.

TÍTULO IV
Símbolos da República Popular de Angola

ARTIGO 53.º

Os símbolos da República Popular de Angola são a BANDEIRA, a INSÍGNIA e o HINO.

ARTIGO 54.º

A BANDEIRA NACIONAL tem duas cores dispostas em duas faixas horizontais. A faixa superior é de cor vermelha-rubro e a inferior de cor preta e representam:
Vermelha-rubro – o sangue derramado pelos angolanos durante a opressão colonial, a luta de libertação nacional e a revolução.
Preta – O Continente Africano.

No centro figura uma composição constituída por uma secção de uma roda dentada, símbolo da classe operária e da produção industrial; por uma catana, símbolo da classe camponesa, da produção agrícola e da luta armada e por uma estrela, símbolo do internacionalismo e do progresso.

A roda dentada, a catana e a estrela são de cor amarela, que representam as riquezas do país.

ARTIGO 55.º

A insígnia da República Popular de Angola é formada por uma secção de uma roda dentada e por uma ramagem de milho, café e algodão, representando respectivamente a classe operária e a produção industrial e a classe camponesa e a produção agrícola.

Na base do conjunto existe um livro aberto, símbolo da educação e cultura e o sol nascente, significando o novo país. Ao centro, está colocada uma catana e uma enxada, simbolizando o trabalho e o início da luta armada. Ao cimo figura a estrela, símbolo do internacionalismo e do progresso.

Na parte inferior do emblema, está colocada uma faixa dourada com a inscrição «República Popular de Angola».

ARTIGO 56.º

O Hino Nacional é «ANGOLA AVANTE».

TÍTULO V

Disposições Finais e Transitórias

ARTIGO 57.º

Até à criação da Assembleia com poderes constituintes, a modificação da presente Lei Constitucional só poderá ser feita pelo Comité Central do M. P. L. A.

ARTIGO 58.º

As leis e regulamentos actualmente em vigor serão aplicáveis enquanto não forem revogados ou alterados e desde que não contrariem o espírito da presente Lei e o processo revolucionário angolano.

ARTIGO 59.º

Serão revistos todos os tratados, acordos e alianças em que Portugal tenha comprometido Angola e que sejam atentórios dos interesses do Povo Angolano.

ARTIGO 60.º

O presente diploma entra em vigor às zero horas do dia 11 de Novembro de 1975.

Aprovada por aclamação pelo Comité, Central do Movimento Popular de Libertação de Angola, aos 10 de Novembro de 1975.

Publique-se.
António Agostinho Neto, Presidente do M. P. L. A..

CONSELHO DA REVOLUÇÃO

Lei n.º 71/76, de 11 de Novembro (*)

Por decisão do Comité Central do Movimento Popular de Libertação de Angola (MPLA), tomada no seu 3.º Plenário realizado em Outubro de 1976, foram introduzidas modificações à Lei Constitucional.

Tendo em vista o disposto no Artigo 57.º da Lei Constitucional, de 11 de Novembro de 1975, promulgo a lei seguinte de revisão da Lei Constitucional da República Popular de Angola:

ARTIGO 1.º

O artigo 32.º passa a ter a seguinte redacção:

Art. 32.º O Presidente da República tem a seguinte competência específica:

a) Presidir ao Conselho da Revolução e orientar os seus trabalhos;
b) Dar posse ao Governo nomeado pelo Conselho da Revolução sob indicação do MPLA;
c) Presidir ao Conselho de Ministros;
d) Nomear, dar posse e exonerar os Comissários Provinciais;
e) Assinar, promulgar e fazer publicar as leis do Conselho da Revolução, os decretos-leis e os decretos do Governo;
f) Indicar, de entre os membros do Bureau Político do MPLA, quem o substitua nas suas ausências ou impedimentos temporários;
g) Indultar e comutar penas;
h) Dirigir a defesa nacional;
i) Decretar o estado de sítio ou estado de emergência;

(*) Publicada no Diário da República, I Série, n.º 266, de 11 de Novembro de 1976.

j) declarar a guerra e fazer a paz, precedendo a autorização do Conselho da Revolução;

k) Exercer todas as restantes funções que lhe forem conferidas pelo Conselho da Revolução.

ARTIGO 2.º

O artigo 33.º é substituído pelo seguinte:

Art. 33.º No caso de morte, renúncia ou impedimento permanente do Presidente da República, o Comité Central designará de entre os seus membros quem exerça provisoriamente o cargo de Presidente da República.

ARTIGO 3.º

O artigo 35.º é substituído pelo seguinte:

Art. 35.º Enquanto não estiverem preenchidas as condições para a instituição da Assembleia do Povo, o órgão supremo do poder do Estado é o Conselho da Revolução.

ARTIGO 4.º

O artigo 36.º é substituído pelo seguinte:

Art. 36.º O Conselho da Revolução é constituído:

a) Pelos membros do Comité Central do MPLA;
b) Pelo Ministro da Defesa, Chefe do Estado-Maior-Geral, Comissário Político Nacional ou os seus substitutos;
c) Pelos membros do Governo designados para o efeito pelo Bureau Político do MPLA, no máximo de três não membros do Comité Central;
d) Pelos Comissários Provinciais designados para o efeito pelo Presidente da República;
e) Pelos Comandantes e Comissários Políticos das Regiões Militares.

ARTIGO 5.º

O artigo 38.º passa a ter a seguinte redacção:

Art. 38.º O Conselho da Revolução tem as seguintes atribuições:
- *a)* Exercer a função legislativa, que poderá delegar no Governo;
- *b)* Orientar a política interna e externa do país, definida pelo Comité Central do MPLA;
- *c)* Aprovar o Orçamento Geral do Estado e o Plano Nacional elaborado pelo Governo;
- *d)* Nomear e exonerar o Primeiro-Ministro e os restantes membros do Governo, sob a indicação do MPLA;
- *e)* Decretar amnistias;
- *f)* Autorizar o Presidente da República e declarar a guerra e a fazer a paz.

ARTIGO 6.º

O artigo 39.º é substituído pelo seguinte:

Art. 39.º O Governo é constituído pelo Presidente da República, pelo Primeiro-Ministro, pelos Vice-Primeiro-Ministros, pelos Ministros, Vice-Ministros, Secretários de Estado e demais membros que a Lei indicar.

ARTIGO 7.º

O artigo 41.º passa a ter a seguinte redacção:

Art. 41.º São atribuições do Governo, em especial:
- *a)* Garantir a segurança das pessoas e bens;
- *b)* Elaborar e executar o Orçamento Geral de Estado, após aprovação do Conselho de Revolução;
- *c)* Elaborar e executar o Plano Nacional, após aprovação do Conselho da Revolução.

ARTIGO 8.º

O artigo 48.º é substituído pelo seguinte:

Art. 48.º Na Província o Comissário Província é o representante directo do Governo.

O Governo é representado no Conselho pelo Comissário Municipal e na Comuna pelo Comissário de Comuna os quais são nomeados sob indicação do MPLA.

ARTIGO 9.º

O artigo 50.º é substituído pelo seguinte:

Art. 50.º Os corpos Administrativos do Concelho, da Comuna, do Bairro e da Povoação, são respectivamente a Comissão Municipal, a Comissão Comunal e a Comissão Popular de Bairro ou de Povoação.

Aprovado por aclamação pelo Comité Central de Movimento Popular de Libertação de Angola, na reunião Plenária de 23 a 29 de Outubro de 1976.

Promulgada em 11 de Novembro de 1976.

Publique-se.

O Presidente da República, ANTÓNIO AGOSTINHO NETO.

CONSELHO DA REVOLUÇÃO

Lei n.º 13/77, de 16 de Agosto (*)

Por decisão do Comité Central do Movimento Popular de Libertação de Angola (MPLA), tomada no seu Plenário, realizado em Agosto de 1977, foram introduzidas modificações à Lei Constitucional.

Tendo em vista o disposto no artigo 57.º da Lei Constitucional, de 11 de Novembro de 1975, promulgo a lei seguinte de revisão da Lei Constitucional da República Popular de Angola:

Artigo 1.º

O artigo 32.º passa a ter a seguinte redacção:

Artigo 32.º O Presidente da República tem a seguinte competência específica:

- a) Presidir ao Conselho da Revolução e orientar os seus trabalhos;
- b) Nomear, dar posse e exonerar o Primeiro-Ministro e os restantes membros do Governo;
- c) Presidir ao Conselho de Ministros;
- d) Nomear, dar posse e exonerar os Comissários Provinciais;
- e) Assinar, promulgar e fazer publicar as leis do Conselho da Revolução, os decretos-leis e os decretos do Governo;
- f) Indicar, de entre os membros do Bureau Político do MPLA, quem o substitua nas suas ausências ou impedimentos temporários;

(*) Publicada no Diário da República, I Série, n.º 194, de 17 de Agosto de 1977.

g) Indultar e comutar penas;
h) Dirigir a defesa nacional;
i) Decretar o estado de sítio ou estado de emergência;
j) Declarar a guerra e fazer a paz, precedendo a autorização do Conselho da Revolução;
k) Exercer todas as restantes funções que lhe forem conferidas pelo Conselho da Revolução.

ARTIGO 2.º

O artigo 38.º passa a ter a seguinte redacção:

Artigo 38.º O Conselho da Revolução tem as seguintes atribuições:

a) Exercer a função legislativa, que poderá delegar no Governo;
b) Orientar a política interna e externa do país, definida pelo Comité Central do MPLA;
c) Aprovar o Orçamento Geral do Estado e o Plano Nacional elaborado pelo Governo;
d) Decretar amnistias;
e) Autorizar o Presidente da República a declarar a guerra e a fazer a paz.

Aprovado por aclamação, pelo Comité Central do Movimento Popular de Libertação de Angola, na 6.ª Reunião Plenária, em Agosto de 1977.

Promulgada em 7 de Agosto de 1977.

Publique-se

O Presidente da República, ANTÓNIO AGOSTINHO NETO.

LEIS DA NACIONALIDADE

ASSEMBLEIA DO POVO

Lei n.º 13/91, de 11 de Maio (*)

Tornando-se necessário proceder a alterações das principais regras sobre a atribuição, aquisição, perda e reaquisição da nacionalidade aprovadas pela Lei n.º 8/84, de 7 de Fevereiro, por forma a fazer corresponder a situação deste instituto às novas condições políticas e sociais que decorrem das transformações em curso no País;

Nestes termos, ao abrigo do disposto na alínea *b*) do artigo 51.º da Lei Constitucional e no uso da faculdade que me é conferida pela alínea *q*) do artigo 47.º da mesma Lei, a Assembleia do Povo aprova e eu assino e faço publicar a seguinte:

LEI DA NACIONALIDADE

Capítulo I
Disposições gerais

Artigo 1.º
(Objecto)

A presente lei estabelece as condições de atribuição, aquisição, perda e reaquisição da nacionalidade angolana.

Artigo 2.º
(Modalidades)

Nos termos previstos na presente lei, a nacionalidade angolana pode ser:
a) de origem;
b) adquirida.

(*) Publicada no Diário da República, I Série, n.º 20, de 11 de Maio de 1991 e vigente à data da publicação deste livro.

Artigo 3.º
(Aplicação no tempo)

As condições de atribuição, aquisição, perda e reaquisição da nacionalidade angolana são regidas pela lei em vigor no momento em que se verificam os actos e factos que lhes dão origem.

Artigo 4.º
(Efeitos da atribuição da nacionalidade)

A atribuição da nacionalidade angolana produz efeitos desde o nascimento e não prejudica a validade das relações jurídicas anteriormente estabelecidas com fundamento em outra nacionalidade.

Artigo 5.º
(Efeitos da perda da nacionalidade)

1. Os efeitos da perda da nacionalidade angolana produzem-se a partir da data da verificação dos actos ou factos que, nos termos da presente lei, lhe deram origem.
2. Exceptuam-se do disposto no número anterior os efeitos em relação a terceiros no domínio das relações entre particulares, que só se produzem a partir da data do registo.

Artigo 6.º
(Tratados internacionais)

As normas de tratados internacionais a que se vincule o Estado angolano prevalecem às da presente lei.

Artigo 7.º
(Definição)

Para efeitos de aplicação da presente lei, consideram-se pai ou mãe angolano e cidadão angolano, aqueles a quem foi atribuída essa nacionalidade pela Lei da Nacionalidade de 11 de Novembro de 1975 e pela Lei n.º 8/84, de 7 de Fevereiro.

Artigo 8.º
(Competência do Ministro da Justiça)

É da competência do Ministro da Justiça apreciar e decidir todas as questões respeitantes a aquisição, reaquisição e perda da nacionalidade quando essa competência não compita a Assembleia do Povo.

Capítulo II
Nacionalidade de origem

Artigo 9.º
(Nacionalidade de pleno direito)

1. É cidadão angolano de origem:

   a) o filho de pai ou mãe de nacionalidade angolana nascido em Angola;
   b) o filho de pai ou mãe de nacionalidade angolana nascido no estrangeiro.

2. Presume-se cidadão angolano de origem, salvo prova em contrário, o recém-nascido exposto em território angolano.

Capítulo III
Nacionalidade adquirida

Artigo 10.º
(Aquisição por motivo de filiação)

A nacionalidade angolana pode ser concedida aos filhos menores ou incapazes de pai ou mãe que adquire a nacionalidade angolana, e que tal solicitem, podendo aqueles optar por outra nacionalidade quando atingirem a maioridade.

Artigo 11.º
(Aquisição por adopção)

1. O adoptado plenamente por nacional angolano adquire a nacionalidade angolana.

2. Para efeitos da presente lei, entende-se por adopção plena aquela que extingue totalmente os anteriores vínculos com a família natural, salvo para efeitos de constituir impedimento para casamento ou reconhecimento da união de facto.

Artigo 12.º
(Aquisição por casamento)

1. O estrangeiro casado com nacional angolano pode adquirir a nacionalidade angolana, desde que o requeira.

2. Adquire ainda a nacionalidade angolana o estrangeiro casado com nacional angolano se pelo facto do casamento perder a sua anterior nacionalidade.

3. A declaração de nulidade ou de anulação do casamento não prejudica a nacionalidade adquirida pelo cônjuge ou companheiro que o contraíu de boa fé.

Artigo 13.º
(Aquisição da nacionalidade por naturalização)

1. O Ministério da Justiça pode conceder a nacionalidade angolana ao estrangeiro que o requeira e, à data do pedido, satisfaça cumulativamente as seguintes condições:

a) ser maior perante a lei angolana e a lei do Estado de origem;
b) residir habitual e regularmente em Angola há, pelo menos, dez anos;
c) oferecer garantias morais e cívicas de integração na sociedade angolana;
d) possuir capacidade para reger a sua pessoa e assegurar a sua subsistência.

2. A Assembleia do Povo pode conceder a nacionalidade angolana a cidadão estrangeiro que tenha prestado relevantes serviços ao País.

3. A nacionalidade angolana por naturalização prevista no n.º 1, é concedida a requerimento do interessado, e mediante processo organizado nos termos estabelecidos em regulamento.

ARTIGO 14.º

(Outros casos de aquisição)

Adquire ainda a nacionalidade angolana mediante solicitação:

a) o indivíduo nascido em território angolano quando não possua outra nacionalidade;

b) o indivíduo nascido em território angolano filho de pais desconhecidos, de nacionalidade desconhecida ou apátridas.

CAPÍTULO IV

Perda e reaquisição da nacionalidade

ARTIGO 15.º

(Perda da nacionalidade)

1. Perdem a nacionalidade:

a) os que voluntariamente adquirem uma nacionalidade estrangeira e manifestem a pretensão de não querer ser angolanos;

b) os que, sem autorização da Assembleia do Povo exerçam funções de soberania a favor de Estado estrangeiro;

c) os filhos menores de nacionais angolanos nascidos no estrangeiro e que, por tal facto, tenham igualmente outra nacionalidade, se ao atingirem a maioridade, manifestarem a pretensão de não ser angolanos.

d) os adoptados plenamente por cidadãos estrangeiros se, ao atingirem a maioridade, manifestarem a pretensão de não ser angolanos.

2. Determina, de igual modo, a perda da nacionalidade angolana aos indivíduos que a tenham obtido por naturalização:

   a) a condenação definitiva por crime contra a segurança externa do Estado;
   b) a prestação de serviço militar a Estado estrangeiro;
   c) a obtenção da nacionalidade por falsificação ou qualquer outro meio fraudulento, ou induzindo em erro as autoridades competentes.

ARTIGO 16.º

(Reaquisição da nacionalidade)

1. Quando a nacionalidade angolana adquirida por efeito da Lei de 11 de Novembro de 1975 e da Lei n.º 8/84, de 7 de Fevereiro, tenha sido perdida em razão de declaração de vontade dos pais durante a menoridade, podem os cidadãos readquiri-la por opção, após o termo da incapacidade.

2. Os cidadãos referidos no número anterior devem provar que têm a residência estabelecida em território angolano há, pelo menos, um ano.

3. Quando a nacionalidade angolana tenha sido perdida por qualquer das razões previstas no n.º 1 do artigo 15.º, poderá ser readquirida, por deliberação da Assembleia do Povo, desde que o interessado tenha estabelecido residência no território nacional há, pelo menos, cinco anos.

CAPÍTULO V

Oposição à aquisição ou reaquisição da nacionalidade

ARTIGO 17.º

(Fundamentos)

São fundamentos de oposição à aquisição ou reaquisição da nacionalidade angolana:

   a) a manifesta inexistência de qualquer ligação efectiva à sociedade angolana;

b) a condenação por crime punível com pena de prisão maior superior a 8 anos, nos termos da lei angolana;
c) a condenação por crime contra a segurança interna ou externa do Estado angolano;
d) o exercício sem autorização da Assembleia do Povo de funções de soberania a favor de Estado estrangeiro;
e) a prestação de serviço militar a favor de Estado estrangeiro.

ARTIGO 18.º

(Legitimidade)

1. A oposição é exercida pelo Ministério Público em recurso para o Tribunal Popular Supremo, no prazo de seis meses a contar da declaração de vontade de que depende a aquisição ou reaquisição da nacionalidade.

2. É obrigatória para todas as autoridades e é facultativa para todos os cidadãos a participação ao Ministério Público dos factos a que se refere o artigo anterior.

CAPÍTULO VI

Registo e prova da nacionalidade

ARTIGO 19.º

(Factos sujeitos a registo)

1. Estão sujeitos a registo obrigatório, em livro próprio, na Conservatória dos Registos Centrais, todos os actos e factos que determinem a atribuição, aquisição, perda e reaquisição da nacionalidade.

2. Exceptuam-se do disposto no número anterior a atribuição da nacionalidade quando feita através de inscrição do nascimento no registo civil angolano e a sua aquisição mediante adopção por mero efeito da lei.

3. O registo dos actos a que se refere o n.º 1 deste artigo é feito a requerimento dos interessados.

Artigo 20.º
(Declaração de nacionalidade)

1. As declarações de nacionalidade que se consubstanciem numa manifestação de vontade tendente à obtenção da cidadania angolana podem ser prestadas perante os agentes diplomáticos ou consulares angolanos e são oficiosamente registadas, com base nos documentos necessários, que, para o efeito, são remetidos à Conservatória dos Registos Centrais.

2. A simples inscrição ou matrícula consular não constitui, só por si, título atributivo da nacionalidade angolana.

Artigo 21.º
(Averbamento da nacionalidade)

Todo o registo que se refira a atribuição, aquisição, perda ou reaquisição da nacionalidade é sempre averbado ao assento de nascimento do interessado.

Artigo 22.º
(Assentos de nascimento de filhos de cidadãos estrangeiros)

1. Nos assentos de nascimento lavrados em Conservatórias angolanas de filhos de cidadãos estrangeiros ou de nacionalidade desconhecida, nascidos em Angola, far-se-á constar essa qualidade.

2. A nacionalidade estrangeira ou desconhecida, para efeitos do número anterior, dever ser, sempre que possível, comprovada por documento que demonstre que nenhum dos progenitores é angolano.

Artigo 23.º
(Estabelecimento de filiação ou adopção posterior ao Registo de nascimento)

Quando for estabelecida filiação posteriormente ao registo de nascimento de estrangeiro nascido em Angola ou for decretada a sua adopção, da decisão judicial ou acto que as tiver estabelecido ou decretado e da sua comunicação para averbamento ao assento de nascimento constará a menção da nacionalidade dos progenitores ou adoptantes angolanos.

Artigo 24.º
(Prova da nacionalidade originária)

1. A nacionalidade angolana originária de indivíduos nascidos em território angolano, de pai ou mãe angolano, prova-se pelo assento de nascimento, do qual não conste qualquer menção em contrário.

2. A nacionalidade angolana de indivíduos nascidos no estrangeiro prova-se, consoante os casos, pelo registo da declaração do qual depende a sua atribuição ou pelas menções constantes do assento de nascimento lavrado por inscrição no registo civil angolano.

Artigo 25.º
(Prova da aquisição e da perda da nacionalidade)

1. A aquisição e a perda da nacionalidade provam-se pelos respectivos registos ou pelos consequentes averbamentos exarados à margem do assento de nascimento.

2. À prova da aquisição da nacionalidade por adopção é aplicável o n.º 1 do artigo anterior.

Artigo 26.º
(Pareceres do Conservador dos Registos Centrais)

Compete ao Conservador dos Registos Centrais emitir parecer sobre todas as questões de nacionalidade, designadamente sobre as que lhe devem ser submetidas pelos agentes consulares em caso de dúvida sobre a nacionalidade angolana do impetrante de matrícula ou inscrição consular.

Artigo 27.º
(Certificados de nacionalidade)

1. Independentemente da existência de registo, podem ser passados pelo Conservador dos Registos Centrais, a requerimento do interessado, certificados de nacionalidade angolana.

2. A força probatória do certificado pode ser elidida, por qualquer meio, sempre que não exista registo da nacionalidade do respectivo titular.

Capítulo VII

Contencioso da nacionalidade

Artigo 28.º
(Legitimidade)

Têm legitimidade para interpor recurso de quaisquer actos relativos à atribuição, aquisição, perda e reaquisição de nacionalidade angolana os interessados directos e o Ministério Público.

Artigo 29.º
(Tribunal competente)

A apreciação dos recursos a que se refere o artigo anterior é é da competência da Câmara do Cível e Administrativo do Tribunal Popular Supremo.

Artigo 30.º
(Conflito de nacionalidade angolana e estrangeira)

Não será reconhecida nem produzirá efeitos na ordem jurídica interna angolana qualquer outra nacionalidade atribuída aos cidadãos angolanos.

Artigo 31.º
(Conflito de nacionalidade estrangeiras)

Nos conflitos positivos de duas ou mais nacionalidades estrangeiras, prevalecerá a nacionalidade do Estado em cujo território o plurinacional tenha a sua residência habitual ou, na falta desta, a do Estado com o qual mantenha um vínculo mais estreito.

Capítulo VIII
Disposições finais

Artigo 32.º
(Reaquisição da nacionalidade por efeitos da Lei)

1. Fica sem efeito a perda da nacionalidade operada por virtude da aplicação do n.º 2 do artigo 9.º da Lei n.º 8/84, salvo para os que declararem não pretender beneficiar desta medida.

2. Aos filhos dos cidadãos angolanos referidos no número anterior, nascidos antes da entrada em vigor da presente lei, é atribuída a nacionalidade angolana de origem mediante sua declaração.

Artigo 33.º
(Legislação revogada)

Fica revogada a Lei n.º 8/84, de 7 de Fevereiro, sem prejuízo dos efeitos que se produziram sob a sua vigência e a Lei de 11 de Novembro de 1975.

Artigo 34.º
(Regulamentação)

O Conselho de Ministros regulamentará a presente lei no prazo de 180 dias a contar da data da sua publicação.

Artigo 35.º
(Resolução de dúvidas)

As dúvidas que surgirem na interpretação e aplicação da presente lei serão resolvidas pelo Conselho de Ministros.

Artigo 36.º
(Entrada em vigor)

1. Esta lei entra em vigor na data da sua publicação no *Diário da República*.

2. Enquanto não for publicado o regulamento referido no artigo 34.º, aplicar-se-ão as normas do regulamento aprovado pelo Decreto n.º 1/86, de 11 de Janeiro, no que não contrariar o disposto na presente lei.

Vista e aprovada pela Assembleia do Povo.

Publique-se.

Luanda, aos 6 de Maio de 1991.

O Presidente da República, JOSÉ EDUARDO DOS SANTOS.

ASSEMBLEIA DO POVO

Lei n.º 8/84, de 7 de Fevereiro (*)

LEI DA NACIONALIDADE

CAPÍTULO I

Atribuição da Nacionalidade

ARTIGO 1.º

É cidadão angolano o filho de pai ou mãe angolano.

ARTIGO 2.º

É cidadão angolano o natural de Angola, filho de pais desconhecidos, de nacionalidade desconhecida ou apátridas, e que não adquira pela Lei de algum dos pais a nacionalidade destes.

ARTIGO 3.º

O cidadão natural de Angola de pais estrangeiros que mantenha a sua residência habitual em Angola até à maioridade, pode adquirir a nacionalidade angolana desde que renuncie à nacionalidade estrangeira.

ARTIGO 4.º

O cidadão estrangeiro que casar com cidadão angolano adquire a nacionalidade angolana, se pelo facto do casamento perder a nacionalidade de origem.

(*) Publicada no Diário da República, I Série, n.º 31, de 7 de Fevereiro de 1984.

ARTIGO 5.º

1. A Assembleia do Povo poderá conceder a nacionalidade angolana aos estrangeiros que o requeiram e, à data do requerimento, satisfaçam cumulativamente as seguintes condições:

  a) serem maiores perante a Lei Angolana e a Lei do Estado de origem;
  b) residirem habitual e regularmente em Angola, há pelo menos dez anos;
  c) oferecerem garantias políticas e morais de integração na sociedade angolana;
  d) perderem a nacionalidade anterior.

2. Se o cidadão estrangeiro for casado com cidadão angolano, o prazo fixado na alínea *b)* do número anterior será reduzido para cinco anos.

3. A nacionalidade angolana poderá, no próprio acto da concessão da nacionalidade, ser igualmente concedida aos filhos menores e solteiros dos requerentes, se estes o solicitarem, podendo contudo os menores optar por outra nacionalidade quando atingirem a maioridade.

ARTIGO 6.º

A Assembleia do Povo poderá conceder a nacionalidade angolana a cidadão estrangeiro que tenha prestado relevantes serviços ao País.

Capítulo II

Perda e reaquisição da Nacionalidade

ARTIGO 7.º

Perdem a nacionalidade angolana:

  a) os que voluntariamente adquirem uma nacionalidade estrangeira;
  b) os que sem licença do Governo aceitem prestar funções públicas a Estado estrangeiro;

c) os filhos menores de nacionais angolanos nascidos no estrangeiro e que por tal facto tenham igualmente outra nacionalidade, se optarem por esta ao atingirem a maioridade;
d) os que, por decisão da Assembleia do Povo forem considerados indignos de continuarem a ser nacionais angolanos por exercerem ou haverem exercido actividades contrárias aos interesses do povo angolano.

Artigo 8.º

Quando a nacionalidade angolana tenha sido perdida por qualquer das razões do artigo 7.º, poderá ser readquirida por decisão da Assembleia do Povo.

Capítulo III

Disposições transitórias

Artigo 9.º

1. Para efeitos de aplicação da presente Lei, consideram-se pai ou mãe angolano e cidadão angolano os que têm essa nacionalidade à data da publicação da presente Lei, nos termos da Lei da Nacionalidade aprovada pelo Comité Central do M.P.L.A., em 11 de Novembro de 1975.

2. Não são, contudo, considerados angolanos os que à data da publicação da presente Lei estiverem na efectiva titularidade de nacionalidade estrangeira, salvo se no prazo de um ano declararem que pretendem manter a nacionalidade angolana, renunciando àquela.

Artigo 10.º

Quando a nacionalidade angolana adquirida por força da Lei da Nacionalidade de 11 de Novembro de 1975, tenha sido perdida em razão de declaração dos pais durante a menor idade, pode o cidadão optar pela nacionalidade angolana até um ano após haver atingido a maioridade.

ARTIGO 11.º

Os casos de dupla nacionalidade resultantes da aplicação da presente Lei e Lei da Nacionalidade de 11 de Novembro de 1975, serão resolvidos de acordo com convénios a estabelecer com os países de que os angolanos tenham igualmente a respectiva nacionalidade.

Capítulo IV

Disposições gerais e finais

ARTIGO 12.º

Não será reconhecida nem produzirá efeitos na ordem jurídica interna angolana qualquer outra nacionalidade atribuída aos cidadãos angolanos.

ARTIGO 13.º

Fica revogada a Lei da Nacionalidade, aprovada em 11 de Novembro de 1975, sem prejuízo dos efeitos que sob a sua vigência se produziram.

ARTIGO 14.º

O Conselho de Ministros regulamentará a presente Lei no prazo de 180 dias a contar da sua publicação.

ARTIGO 15.º

Nos casos de tratados internacionais, a que se vincule a República Popular de Angola, estabelecerem normas diversas das fixadas na presente Lei, as normas dos tratados internacionais sobrepor-se-ão às da presente Lei.

Vista e aprovada pela Assembleia do Povo.
Publique-se.
Luanda, aos 6 de Fevereiro de 1984.
O Presidente da República, José Eduardo dos Santos
(*Diário da República* n.º 31, 1.ª série, de 1984).

LEI DA NACIONALIDADE (*)

Artigo 1.º

1. São cidadãos angolanos de pleno direito todos os indivíduos nascidos em Angola bem como os não naturais de Angola filhos de mãe ou de pai angolano.

2. Os maiores de 18 anos à data da publicação desta lei, não naturais de Angola, filhos de mãe ou de pai angolano, caso tenham adquirido nacionalidade estrangeira, deverão optar pela nacionalidade angolana.

3. Os indivíduos nascidos em Angola que não queiram manter a nacionalidade angolana deverão declarar através de documento escrito a sua renúncia. Essa declaração deverá ser feita até um ano após a proclamação da independência.

Artigo 2.º

1. Os menores de que um dos pais tenha ou adquira a nacionalidade angolana são cidadãos angolanos, de pleno direito, podendo, contudo, a partir dos 18 anos, optar por outra nacionalidade.

2. Os menores nascidos em Angola cujos pais tenham renunciado ou perdido a cidadania angolana perderão por esse facto esta nacionalidade, mas poderão optar por ela quando perfizerem 18 anos.

3. Os menores nascidos em Angola, filhos de pais estrangeiros que estejam ao serviço do respectivo país, não são considerados angolanos.

Artigo 3.º

1. Poderão requerer a cidadania angolana os indivíduos que estejam radicados em Angola há mais de 10 anos.

2. Os não naturais de Angola casados com cidadãos angolanos poderão requerer esta cidadania se tiverem três anos de permanência em Angola.

(*) Publicada no Diário da República, I Série, n.º 1, de 11 de Novembro de 1975.

ARTIGO 4.º

Será negada a cidadania angolana ou retirada a que tenha sido concedida por desconhecimento de factos que se integrem na injunção do presente artigo aos indivíduos que, singular ou colectivamente, cometerem crimes de homicídio contra a população civil angolana e aos que, pessoal e voluntariamente, tenham praticado actos de oposição à luta de libertação nacional, integrando ou prestando serviços a organizações repressivas do regime colonial, e ainda aos que tenham integrado organizações clandestinas criadas com o fim de contrariar o processo de descolonização.

ARTIGO 5.º

Compete ao Ministro da Justiça decidir de pedidos de concessão de cidadania e das suas decisões cabe recurso hierárquico, a interpor no prazo de quinze dias, para o Governo.

ARTIGO 6.º

Serão considerados angolanos de pleno direito os não naturais de Angola que, preenchendo ou não os requisitos referidos no artigo 3.º, hajam prestado relevantes serviços à luta de libertação nacional.

ARTIGO 7.º

Os casos omissos serão resolvidos pelo Conselho da Revolução ou por delegação deste, pelo Governo.

ARTIGO 8.º

O presente Diploma entra em vigor às zero horas do dia 11 de Novembro de 1975.

Aprovada por aclamação pelo Comité Central do Movimento Popular de Libertação de Angola, aos 10 de Novembro de 1975.
Publique-se.
António Agostinho Neto, Presidente do M.P.L.A.

ANEXOS (*)

- **Constituição Política da República Portuguesa de 1933**
- **Constituição Política da República Portuguesa de 1911**
- **Constituição Política da Monarquia Portuguesa de 838**
- **Carta Constitucional da Monarquia Portuguesa de 1826**
- **Constituição Política da Monarquia Portuguesa de 1822**

(*) Da pág. 217 até ao fim optou-se por reproduzir em fac-simile pelo seu valor histórico.

CONSTITUIÇÃO POLÍTICA
DA
REPÚBLICA PORTUGUESA

(Promulgada em 22 de Fevereiro de 1933 e referendada em 19 de Março de 1933)

Revisões: 1935; 1936; 1937; 1938; 1945; 1951; 1959; 1971.

REPÚBLICA  PORTUGU

CONSTITUIÇÃO POLÍTICA

DA

REPÚBLICA PORTUGUESA

Aprovada pelo Plebiscito Nacional
de 19 de Março de 1933 ✦ ✦ ✦ ✦

ACTO COLONIAL

Publicado em cumprimento do artigo 132.º da Constituição ✦ ✦ ✦

EDIÇÃO OFICIAL

LISBOA
IMPRENSA NACIONAL
1933

Constituïção Política da República Portuguesa

PARTE I

Das garantias fundamentais

TÍTULO I

Da Nação Portuguesa

Artigo 1.º O território de Portugal é o que actualmente lhe pertence e compreende:
1.º Na Europa: o Continente e Arquipélagos da Madeira e dos Açôres;
2.º Na África Ocidental: Arquipélago de Cabo Verde, Guiné, S. Tomé e Príncipe e suas dependências, S. João Baptista de Ajudá, Cabinda e Angola;
3.º Na Africa Oriental: Moçambique;
4.º Na Ásia: Estado da Índia e Macau e respectivas dependências;
5.º Na Oceânia: Timor e suas dependências.

§ único. A Nação não renuncia aos direitos que tenha ou possa vir a ter sobre qualquer outro território.

Art. 2.º Nenhuma parcela do território nacional pode ser adquirida por Govêrno ou entidade de direito público de país estrangeiro, salvo para instalação de representação diplomática ou consular, se existir reciprocidade em favor do Estado Português.

Art. 3.º Constituem a Nação todos os cidadãos portugueses residentes dentro ou fora do seu território, os quais são considerados dependentes do Estado e das leis portuguesas, salvas as regras aplicáveis de direito internacional.

§ único. Os estrangeiros que se encontrem ou residam em Portugal estão também sujeitos ao Estado e às leis portuguesas, sem prejuízo do preceituado pelo direito internacional.

Art. 4.º A Nação Portuguesa constitue um Estado independente, cuja soberania só reconhece como limites, na ordem interna, a moral e o direito; e, na internacional, os que derivem das convenções ou tratados livremente celebrados ou do direito consuetudinário livremente aceito, cumprindo-lhe cooperar com outros Estados na preparação e adopção de soluções que interessem à paz entre os povos e ao progresso da humanidade.

§ único. Portugal preconiza a arbitragem, como meio de dirimir os litígios internacionais.

Art. 5.º O Estado português é uma República unitária e corporativa, baseada na igualdade dos cidadãos perante a lei, no livre acesso de todas as classes aos benefícios da civilização e na interferência de todos os elementos estruturais da Nação na vida administrativa e na feitura das leis.

§ único. A igualdade perante a lei envolve o direito de ser provido nos cargos públicos, conforme a capacidade ou serviços prestados, e a negação de qualquer privilégio de nascimento, nobreza, título nobiliárquico, sexo, ou condição social, salvas, quanto à mulher, as diferenças resultantes da sua natureza e do bem da família, e, quanto aos encargos ou vantagens dos cidadãos, as impostas pela diversidade das circunstâncias ou pela natureza das cousas.

Art. 6.º Incumbe ao Estado:

1.º Promover a unidade moral e estabelecer a ordem jurídica da Nação, definindo e fazendo respeitar os direitos e garantias resultantes da natureza ou da lei, em favor dos indivíduos, das famílias, das autarquias locais e das corporações morais e económicas;

2.º Coordenar, impulsionar e dirigir todas as actividades sociais, fazendo prevalecer uma justa harmonia de interêsses, dentro da legítima subordinação dos particulares ao geral;

3.º Zelar pela melhoria de condições das classes sociais mais desfavorecidas, obstando a que aquelas desçam abaixo do mínimo de existência humanamente suficiente.

TÍTULO II

Dos cidadãos

Art. 7.º A lei civil determina como se adquire e como se perde a qualidade de cidadão português. Êste goza dos direitos e garantias consignados na Constituïção, salvas, quanto aos naturalizados, as restrições estabelecidas na lei.

§ único. Dos mesmos direitos e garantias gozam os estrangeiros residentes em Portugal, se a lei não determinar o contrário. Exceptuam se os direitos políticos e os direitos públicos que se traduzam num encargo para o Estado, observando-se porém, quanto aos últimos, a reciprocidade de vantagens concedidas aos súbditos portugueses por outros Estados.

Art. 8.º Constituem direitos e garantias individuais dos cidadãos portugueses:

1.º O direito à vida e integridade pessoal;
2.º O direito ao bom nome e reputação;
3.º A liberdade e a inviolabilidade de crenças e práticas religiosas, não podendo ninguém por causa delas ser perseguido, privado de um direito, ou isento de qualquer obrigação ou dever cívico. Ninguém será obrigado a responder acêrca da religião que professa, a não ser em inquérito estatístico ordenado por lei;
4.º A liberdade de expressão do pensamento sob qualquer forma;
5.º A liberdade de ensino;
6.º A inviolabilidade do domicílio e o sigilo da correspondência, nos termos que a lei determinar;
7.º A liberdade de escolha de profissão ou género de trabalho, indústria ou comércio, salvas as restrições legais requeridas pelo bem comum e os exclusivos que só o Estado e os corpos administrativos poderão conceder nos termos da lei, por motivo de reconhecida utilidade pública;
8.º Não ser privado da liberdade pessoal nem preso sem culpa formada, salvos os casos previstos nos §§ 3.º e 4.º;
9.º Não ser sentenciado criminalmente senão em virtude de lei anterior que declare puníveis o acto ou omissão;
10.º Haver instrução contraditória, dando-se aos argüidos, antes e depois da formação da culpa, as necessárias garantias de defesa;

11.º Não haver penas corporais perpétuas, nem a de morte, salvo, quanto a esta, o caso de beligerância com país estrangeiro, e para ser aplicada no teatro da guerra;

12.º Não haver confisco de bens, nem transmissão de qualquer pena da pessoa do delinqüente;

13.º Não haver prisão por falta de pagamento de custas ou selos;

14.º A liberdade de reünião e associação;

15.º O direito de propriedade e a sua transmissão em vida ou por morte, nas condições determinadas pela lei civil;

16.º Não pagar impostos que não tenham sido estabelecidos de harmonia com a Constituïção;

17.º O direito de reparação de toda a lesão efectiva conforme dispuser a lei, podendo esta, quanto a lesões de ordem moral, prescrever que a reparação seja pecuniária;

18.º O direito de representação ou petição, de reclamação ou queixa, perante os órgãos da soberania ou quaisquer autoridades, em defesa dos seus direitos ou do interêsse geral;

19.º O direito de resistir a quaisquer ordens que infrinjam as garantias individuais, se não estiverem legalmente suspensas, e de repelir pela fôrça a agressão particular, quando não seja possível recorrer à autoridade pública;

20.º Haver revisão das sentenças criminais, assegurando-se o direito de indemnização de perdas e danos pela Fazenda Nacional, ao réu ou seus herdeiros, mediante processo que a lei regulará.

§ 1.º A especificação dêstes direitos e garantias não exclue quaisquer outros constantes da Constituïção ou das leis, entendendo-se que os cidadãos deverão sempre fazer uso dêles sem ofensa dos direitos de terceiros, nem lesão dos interêsses da sociedade ou dos princípios da moral.

§ 2.º Leis especiais regularão o exercício da liberdade de expressão do pensamento, de ensino, de reünião e de associação, devendo, quanto à primeira, impedir preventiva ou repressivamente a perversão da opinião pública na sua função de fôrça social, e salvaguardar a integridade moral dos cidadãos, a quem ficará assegurado o direito de fazer inserir gratuitamente a rectificação ou defesa na publicação periódica em que forem injuriados ou infamados, sem prejuízo de qualquer outra responsabilidade ou procedimento determinado na lei.

§ 3.º É autorizada a prisão, sem culpa formada, em flagrante delito e nos seguintes crimes consumados, frustrados ou tentados: contra a segurança do Estado; falsificação de moeda, notas de Banco e títulos de dívida pública; homicídio voluntário; furto doméstico ou roubo; furto, burla ou abuso de confiança, praticados por um reincidente; falência fraudulenta; fogo pôsto; fabrico, detenção ou emprêgo de bombas explosivas e outros engenhos semelhantes.

§ 4.º Fora dos casos indicados no parágrafo antecedente, a prisão em cadeia pública ou detenção em domicílio privado ou estabelecimento de alienados só poderá ser levada a efeito mediante ordem por escrito da autoridade competente, e não será mantida oferecendo o incriminado caução idónea ou têrmo de residência, quando a lei o consentir.

Poderá contra o abuso de poder usar-se da providência excepcional do *Habeas Corpus*, nas condições determinadas em lei especial.

Art. 9.º A qualquer empregado do Estado, dos corpos e corporações administrativas ou de companhias que com um ou outros tenham contrato, é garantido o direito ao lugar durante o tempo em que fôr obrigado a prestar serviço militar.

Art. 10.º E vedado aos órgãos da Soberania, conjunta ou separadamente, suspender a Constituïção, ou restringir os direitos nela consignados, salvos os casos na mesma previstos.

TÍTULO III

Da família

Art. 11.º O Estado assegura a constituïção e defesa da família, como fonte de conservação e desenvolvimento da raça, como base primária da educação, da disciplina e harmonia social, e como fundamento de toda a ordem política pela sua agregação e representação na freguesia e no município.

Art. 12.º A constituïção da família assenta:
1.º No casamento e filiação legítima;
2.º Na igualdade de direitos e deveres dos dois cônjuges, quanto à sustentação e educação dos filhos legítimos;
3.º Na obrigatoriedade de registo do casamento e do nascimento dos filhos.

§ 1.º A lei civil estatue as normas relativas às pessoas e bens dos cônjuges, ao pátrio poder e seu suprimento, aos direitos de sucessão na linha recta ou colateral e ao direito de alimentos.

§ 2.º É garantida aos filhos legítimos a plenitude dos direitos exigidos pela ordem e solidez da família, reconhecendo-se aos ilegítimos perfilháveis, mesmo os nascituros, direitos convenientes à sua situação, em especial o de alimentos, mediante investigação acêrca das pessoas a quem incumba a obrigação de os prestar.

Art. 13.º Em ordem à defesa da família pertence ao Estado e autarquias locais:

1.º Favorecer a constituïção de lares independentes e em condições de salubridade, e a instituïção do casal de família;

2.º Proteger a maternidade;

3.º Regular os impostos de harmonia com os encargos legítimos da família e promover a adopção do salário familiar;

4.º Facilitar aos pais o cumprimento do dever de instruir e educar os filhos, cooperando com êles por meio de estabelecimentos oficiais de ensino e correcção, ou favorecendo instituïções particulares que se destinem ao mesmo fim;

5.º Tomar todas as providências no sentido de evitar a corrupção dos costumes.

TÍTULO IV

Das corporações morais e económicas

Art. 14.º Incumbe ao Estado reconhecer as corporações morais ou económicas e as associações ou organizações sindicais, e promover e auxiliar a sua formação.

Art. 15.º As corporações, associações ou organizações a que se refere o artigo anterior, visarão principalmente objectivos científicos, literários, artísticos ou de educação física; de assistência, beneficência ou caridade; de aperfeiçoamento técnico ou solidariedade de interêsses, e serão reguladas, na sua constituïção e exercício das suas funções, por normas especiais.

Art. 16.º Podem fazer parte das referidas corporações, associações ou organizações, nos termos que a lei determinar, os estrangeiros domiciliados em Portugal; é-lhes, porém, vedado intervir no exercício dos direitos políticos às mesmas atribuídos.

TÍTULO V

Da familia, das corporações e das autarquias como elementos políticos

Art. 17.º Pertence privativamente às famílias o direito de eleger as juntas de freguesia.

§ único. Êste direito é exercido pelo respectivo chefe.

Art. 18.º Nas corporações morais e económicas estarão orgânicamente representados todos os elementos da Nação, competindo-lhes tomar parte na eleição das câmaras municipais e dos conselhos de província e na constituïção da Câmara Corporativa.

Art. 19.º Na organização política do Estado concorrem as juntas de freguesia para a eleição das câmaras municipais e estas para a dos conselhos de província. Na Câmara Corporativa haverá representação de autarquias locais.

TÍTULO VI

Da opinião pública

Art. 20.º A opinião pública é elemento fundamental da política e administração do País, incumbindo ao Estado defendê-la de todos os factores que a desorientem contra a verdade, a justiça, a boa administração e o bem comum.

Art. 21.º A imprensa exerce uma função de carácter público, por virtude da qual não poderá recusar, em assuntos de interêsse nacional, a inserção de notas oficiosas de dimensões comuns que lhe sejam enviadas pelo Govêrno.

TÍTULO VII

Da ordem política, administrativa e civil

Art. 22.º Os funcionários públicos estão ao serviço da colectividade e não de qualquer partido ou organização de interêsses particulares, incumbindo-lhes acatar e fazer respeitar a autoridade do Estado.

Art. 23.º Estão sujeitos à disciplina prescrita no artigo anterior os empregados das autarquias locais e corporações administrativas e bem assim os que trabalham em emprêsas que explorem serviços de interêsse público.

Art. 24.º A suspensão concertada de serviços públicos ou de interêsse colectivo importará a demissão dos delinqüentes, além de outras responsabilidades que a lei prescrever.

Art. 25.º Não é permitido acumular, salvo nas condições previstas na lei, empregos do Estado ou das autarquias locais, ou daquele e destas.

§ 1.º O regime das incompatibilidades, quer de cargos públicos, quer dêstes com o exercício de outras profissões, será definido em lei especial.

§ 2.º Serão dificultadas, como contrárias à economia e moral públicas, as acumulações de lugares em emprêsas privadas.

Art. 26.º Todos os cidadãos são obrigados a prestar ao Estado e às autarquias locais cooperação e serviços em harmonia com as leis, e a contribuir, conforme os seus haveres, para os encargos públicos.

Art. 27.º O Estado concederá distinções honoríficas ou recompensas aos cidadãos que se notabilizarem pelos seus méritos pessoais, ou pelos seus feitos cívicos ou militares, e ainda aos estrangeiros por conveniências internacionais, estabelecendo a lei as ordens, condecorações, medalhas ou diplomas a isso destinados.

Art. 28.º O registo do estado civil dos cidadãos é da competência do Estado.

TÍTULO VIII

Da ordem económica e social

Art. 29.º A organização económica da Nação deverá realizar o máximo de produção e riqueza socialmente útil, e estabelecer uma vida colectiva de que resultem poderio para o Estado e justiça entre os cidadãos.

Art. 30.º O Estado regulará as relações da economia nacional com a dos outros países em obediência ao princípio de uma adequada cooperação, sem prejuízo das vantagens comerciais a obter especialmente de alguns ou da defesa indispensável contra ameaças ou ataques externos.

Art. 31.º O Estado tem o direito e a obrigação de coordenar e regular superiormente a vida económica e social com os objectivos seguintes:
1.º Estabelecer o equilíbrio da população, das profissões, dos empregos, do capital e do trabalho;
2.º Defender a economia nacional das explorações agrícolas, industriais e comerciais de carácter parasitário ou incompatíveis com os interêsses superiores da vida humana;
3.º Conseguir o menor preço e o maior salário compatíveis com a justa remuneração dos outros factores da produção, pelo aperfeiçoamento da técnica, dos serviços e do crédito;
4.º Desenvolver a povoação dos territórios nacionais, proteger os emigrantes e disciplinar a emigração.

Art. 32.º O Estado favorecerá as actividades económicas particulares que, em relativa igualdade do custo, forem mais rendosas, sem prejuízo do benefício social atribuído e da protecção devida às pequenas indústrias domésticas.

Art. 33.º O Estado só pode intervir directamente na gerência das actividades económicas particulares quando haja de financiá-las e para conseguir benefícios sociais superiores aos que seriam obtidos sem a sua intervenção.

§ único. Ficam igualmente sujeitas à condição prevista na última parte dêste artigo as explorações de fim lucrativo do Estado, ainda que trabalhem em regime de livre concorrência.

Art. 34.º O Estado promoverá a formação e desenvolvimento da economia nacional corporativa, visando a que os seus elementos não tendam a estabelecer entre si concorrência desregrada e contrária aos justos objectivos da sociedade e dêles próprios, mas a colaborar mùtuamente como membros da mesma colectividade.

Art. 35.º A propriedade, o capital e o trabalho desempenham uma função social, em regime de cooperação económica e solidariedade, podendo a lei determinar as condições do seu emprêgo ou exploração conformes com a finalidade colectiva.

Art. 36.º O trabalho, quer simples quer qualificado ou técnico, pode ser associado à emprêsa pela maneira que as circunstâncias aconselharem.

Art. 37.º As corporações económicas reconhecidas pelo Estado podem celebrar contratos colectivos de trabalho, sendo nulos os que forem celebrados sem a sua intervenção.

Art. 38.º Os litígios que se refiram às relações colectivas do trabalho são da competência de tribunais especiais.

Art. 39.º Nas relações económicas entre o capital e o trabalho não é permitida a suspensão de actividade por qualquer das partes com o fim de fazer vingar os respectivos interêsses.

Art. 40.º E direito e obrigação do Estado a defesa da moral, da salubridade da alimentação e da higiene pública.

Art. 41.º O Estado promove e favorece as instituïções de solidariedade, previdência, cooperação e mutualidade.

TÍTULO IX

Da educação, ensino e cultura nacional

Art. 42.º A educação e instrução são obrigatórias e pertencem à família e aos estabelecimentos oficiais ou particulares em cooperação com ela.

Art. 43.º O Estado manterá oficialmente escolas primárias, complementares, médias e superiores e institutos de alta cultura.

§ 1.º O ensino primário elementar é obrigatório, podendo fazer-se no lar doméstico, em escolas particulares ou em escolas oficiais.

§ 2.º As artes e as ciências serão fomentadas e protegidas no seu desenvolvimento, ensino e propaganda, desde que sejam respeitadas a Constituïção, a hierarquia e a acção coordenadora do Estado.

§ 3.º O ensino ministrado pelo Estado é independente de qualquer culto religioso, não o devendo porém hostilizar, e visa, além do revigoramento físico e do aperfeiçoamento das faculdades intelectuais, à formação do carácter, do valor profissional e de todas as virtudes cívicas e morais.

§ 4.º Não depende de autorização o ensino religioso nas escolas particulares.

Art. 44.º É livre o estabelecimento de escolas particulares paralelas às do Estado, ficando sujeitas à fiscalização dêste e podendo ser por êle subsidiadas, ou oficializadas para o efeito de concederem diplomas quando os seus programas e categoria do respectivo pessoal docente não forem inferiores aos dos estabelecimentos oficiais similares.

TÍTULO X

Das relações do Estado com a Igreja Católica e demais cultos

Art. 45.º É livre o culto público ou particular de todas as religiões, podendo as mesmas organizar-se livremente de harmonia com as normas da sua hierarquia e disciplina, constituindo por essa forma associações ou organizações a que o Estado reconhece existência civil e personalidade jurídica.

§ único. Exceptuam-se os actos de culto incompatíveis com a vida e integridade física da pessoa humana e com os bons costumes.

Art. 46.º Sem prejuízo do preceituado pelas concordatas na esfera do Padroado, o Estado mantém o regime de separação em relação à Igreja Católica e a qualquer outra religião ou culto praticados dentro do território português, e as relações diplomáticas entre a Santa Sé e Portugal, com recíproca representação.

Art. 47.º Nenhum templo, edifício, dependência ou objecto do culto afecto a uma religião poderá ser destinado pelo Estado a outro fim.

Art. 48.º Os cemitérios públicos têm carácter secular, podendo os ministros de qualquer religião praticar nêles livremente os respectivos ritos.

TÍTULO XI

Do domínio público e privado do Estado

Art. 49.º Pertencem ao domínio público do Estado:

1.º Os jazigos minerais, as nascentes de águas mínero-medicinais e outras riquezas naturais existentes no subsolo;

2.º As águas marítimas, com os seus leitos;

3.º Os lagos, lagoas e cursos de água navegáveis ou flutuáveis, com os respectivos leitos ou alveos, e bem assim os que, por decreto especial, forem reconhecidos de utilidade pública como aproveitáveis para produção de energia eléctrica, nacional ou regional, ou para irrigação;

4.º As valas abertas pelo Estado;

5.º As camadas aéreas superiores ao território, para além dos limites que a lei fixar em benefício do proprietário do solo;

6.º As linhas férreas de interêsse público de qualquer natureza, as estradas e caminhos públicos;

7.º As zonas territoriais reservadas para a defesa militar;

8.º Quaisquer outros bens sujeitos por lei ao regime do domínio público.

§ 1.º Os poderes do Estado sôbre os bens do domínio público e o uso dêstes por parte dos cidadãos são regulados pela lei e pelas convenções internacionais celebradas por Portugal, ficando sempre ressalvados para o Estado os seus direitos anteriores e para os particulares os direitos adquiridos, podendo estes porém ser objecto de expropriação determinada pelo interêsse público e mediante justa indemnização.

§ 2.º Das riquezas indicadas no n.º 1.º são expressamente exceptuadas as rochas e terras comuns e os materiais vulgarmente empregados nas construções.

§ 3.º O Estado procederá à delimitação dos terrenos que, constituindo propriedade particular, confinem com bens do domínio público.

Art. 50.º A administração dos bens que estão no domínio privado do Estado pertence no Continente e Ilhas Adjacentes ao Ministério das Finanças, salvo os casos de expressa atribuição a qualquer outro.

Art. 51.º Não podem ser alienados quaisquer bens ou direitos do Estado que interessem ao seu prestígio ou superiores conveniências nacionais.

Art. 52.º Estão sob a protecção do Estado os monumentos artísticos, históricos e naturais, e os objectos artísticos oficialmente reconhecidos como tais, sendo proibida a sua alienação em favor de estrangeiros.

TÍTULO XII

Da defesa nacional

Art. 53.º O Estado assegura a existência e o prestígio das instituições militares de terra e mar exigidas pelas supremas necessidades de defesa da integridade nacional e da manutenção da ordem e da paz pública.

§ único. A organização militar é una para todo o território.

Art. 54.º O serviço militar é geral e obrigatório. A lei determina a forma de ser prestado.

Art. 55.º A lei regulará a organização geral da Nação para o tempo de guerra, em obediência ao princípio da nação armada.

Art. 56.º O Estado promove, protege e auxilia instituições civis que tenham por fim adestrar e disciplinar a mocidade em ordem a prepará-la para o cumprimento dos seus deveres militares e patrióticos.

Art. 57.º Nenhum cidadão pode conservar ou obter emprêgo do Estado ou das autarquias locais, se não houver cumprido os deveres a que estiver sujeito pela lei militar.

Art. 58.º O Estado garante protecção e pensões àqueles que se inutilizarem no serviço militar em defesa da Pátria ou da ordem, e bem assim à família dos que nêle perderem a vida.

TÍTULO XIII

Das administrações de interêsse colectivo

Art. 59.º São consideradas de interêsse colectivo e sujeitas a regimes especiais de administração, concurso, superintendência ou fiscalização do Estado, conforme as necessidades da segurança pública, da defesa nacional e das relações económicas e sociais, todas as emprêsas que visem ao aproveitamento e exploração das cousas que fazem parte do domínio público do Estado.

Art. 60.º Obedecerão a regras uniformes, sem prejuízo, em pontos secundários, das especialidades necessárias:

1.º O estabelecimento ou transformação das comunicações terrestres, fluviais, marítimas e aéreas, qualquer que seja a sua natureza ou fins;

2.º A construção das obras de aproveitamento de águas ou carvões minerais para produção de energia eléctrica, e bem assim a construção de rêdes para o transporte, abastecimento ou distribuição da mesma, e ainda as obras gerais de hidráulica agrícola;

3.º A exploração dos serviços públicos relativos às mesmas comunicações, obras e rêdes.

Art. 61.º O Estado promoverá a realização dos melhoramentos públicos mencionados no artigo anterior, designadamente o desenvolvimento da marinha mercante nacional, tendo sobretudo em vista as ligações com os domínios ultramarinos e os países onde forem numerosos os portugueses.

Art. 62.º As tarifas de exploração de serviços públicos concedidos estão sujeitas à regulamentação e fiscalização do Estado.

TÍTULO XIV

Das finanças do Estado

Art. 63.º O Orçamento Geral do Estado para o Continente e Ilhas Adjacentes é unitário, compreendendo a totalidade das receitas e despesas públicas, mesmo as dos serviços autónomos, de que podem ser publicados à parte desenvolvimentos especiais.

§ único. Cada colónia organizará o seu orçamento em obediência aos princípios consignados neste artigo.

Art. 64.º O Orçamento Geral do Estado é anualmente organizado e pôsto em execução pelo Govêrno, em conformidade com as disposições legais em vigor e em especial com a lei de autorização prevista no n.º 4.º do artigo 91.º

Art. 65.º As despesas correspondentes a obrigações legais ou contratuais do Estado ou permanentes por sua natureza ou fins, compreendidos os encargos de juro e amortização da dívida pública, devem ser tomadas como base da fixação dos impostos e outros rendimentos do Estado.

Art. 66.º O orçamento deve consignar os recursos indispensáveis para cobrir as despesas totais.

Art. 67.º Não pode recorrer-se a empréstimos senão para aplicações extraordinárias em fomento económico, aumento indispensável do património nacional ou necessidades imperiosas de defesa e salvação pública.

§ único. Podem todavia obter-se, por meio de dívida flutuante, os suprimentos necessários, em representação de receitas da gerência corrente, no fim da qual deve estar feita a liquidação ou o Tesouro habilitado a fazê-la pelas suas caixas.

Art. 68.º O Estado não pode deminuir, em detrimento dos portadores dos títulos, o capital ou o juro da dívida pública fundada, podendo porém convertê-la, nos termos de direito.

Art. 69.º Não podem ser objecto de consolidação forçada os débitos por depósitos efectuados nas caixas do

Estado ou nos estabelecimentos de crédito que lhe pertençam.

Art. 70.º A lei fixa os princípios gerais relativos:
1.º Aos impostos;
2.º Às taxas a cobrar nos serviços públicos;
3.º À administração e exploração dos bens e emprêsas do Estado.

§ 1.º Em matéria de impostos a lei determinará: a incidência, a taxa, as isenções a que haja lugar, as reclamações e recursos admitidos em favor do contribuinte.

§ 2.º A cobrança de impostos estabelecidos por tempo indeterminado ou por período certo que ultrapasse uma gerência depende de autorização da Assemblea Nacional.

PARTE II

Da organização política do Estado

TÍTULO I

Da Soberania

Art. 71.º A soberania reside em a Nação e tem por órgãos o Chefe do Estado, a Assemblea Nacional, o Govêrno e os Tribunais.

TÍTULO II

Do Chefe do Estado

CAPÍTULO I

Da eleição do Presidente da República e suas prerrogativas

Art. 72.º O Chefe do Estado é o Presidente da República eleito pela Nação.

§ 1.º O Presidente é eleito por sete anos.

§ 2.º A eleição realiza-se no domingo mais próximo do 60.º dia anterior ao têrmo de cada período presidencial, por sufrágio directo dos cidadãos eleitores.

§ 3.º O apuramento final dos votos é feito pelo Supremo Tribunal de Justiça que proclamará Presidente o cidadão mais votado.

Art. 73.º Só pode ser eleito Presidente da República o cidadão português maior de trinta e cinco anos, no pleno gôzo dos seus direitos civis e políticos, que tenha tido sempre a nacionalidade portuguesa.

§ único. Se o eleito fôr membro da Assemblea Nacional perderá o mandato.

Art. 74.º São inelegíveis para o cargo de Presidente da República os parentes até o 6.º grau dos reis de Portugal.

Art. 75.º O Presidente eleito assume as suas funções no dia em que expira o mandato do anterior e toma posse perante a Assemblea Nacional, usando a seguinte fórmula de compromisso:

«Juro manter e cumprir leal e fielmente a Constituïção da República, observar as leis, promover o bem geral da Nação, sustentar e defender a integridade e a independência da Pátria Portuguesa».

Art. 76.º O Presidente da República só pode ausentar-se para país estrangeiro com assentimento da Assemblea Nacional e do Govêrno.

§ único. A inobservância do disposto neste artigo envolve, de pleno direito, a perda do cargo.

Art. 77.º O Presidente da República percebe um subsídio, que será fixado antes da sua eleição, e pode escolher duas propriedades do Estado que deseje utilizar para a Secretaria da Presidência e para sua residência e das pessoas de sua família.

Art. 78.º O Presidente da República responde directa e exclusivamente perante a Nação pelos actos praticados no exercício das suas funções, sendo o exercício destas e a sua magistratura independentes de quaisquer votações da Assemblea Nacional.

§ único. Por crimes estranhos ao exercício das funções, o Presidente só responderá depois de findo o mandato.

Art. 79.º O Presidente da República pode renunciar ao cargo em mensagem dirigida à Nação e publicada no *Diário do Govêrno*.

Art. 80.º No caso de vagatura da Presidência da República, por morte, renúncia, impossibilidade física permanente do Presidente ou ausência para país estrangeiro sem assentimento da Assemblea Nacional e do Govêrno, o novo Presidente será eleito no prazo máximo de sessenta dias.

§ 1.º A impossibilidade física permanente do Presidente da República deve ser reconhecida pelo Conselho de Estado, para ésse efeito convocado pelo Presidente do Conselho de Ministros que, em caso afirmativo, fará publicar no *Diário do Govêrno* a declaração de vagatura da Presidência.

§ 2.º Emquanto se não realizar a eleição prevista neste artigo, ou quando, por qualquer motivo, houver impedimento transitório das funções presidenciais, ficará o Govêrno, no seu conjunto, investido nas atribuïções do Chefe do Estado.

CAPÍTULO II

Das atribuïções do Presidente da República

Art. 81.º Compete ao Presidente da República:

1.º Nomear o Presidente do Conselho e os Ministros, de entre os cidadãos portugueses, e demiti-los;

2.º Dirigir mensagens à Assemblea Nacional, endereçando-as ao presidente que deverá lê-las na primeira sessão posterior ao seu recebimento;

3.º Marcar, em harmonia com a lei eleitoral, o dia para as eleições gerais ou suplementares de Deputados;

4.º Dar à Assemblea Nacional poderes constituintes, nos termos do artigo 134.º;

5.º Convocar extraordinàriamente, por urgente necessidade pública, a Assemblea Nacional para deliberar sôbre assuntos determinados, e adiar as suas sessões, sem prejuízo da duração fixada para a sessão legislativa em cada ano;

6.º Dissolver a Assemblea Nacional quando assim o exigirem os interêsses superiores da Nação;

7.º Representar a Nação e dirigir a política externa do Estado; ajustar convenções internacionais e negociar tratados de paz e aliança, de arbitragem e de comércio, submetendo-os à aprovação da Assemblea Nacional;

8.º Indultar e comutar penas. O indulto não pode ser concedido antes de cumprida metade da pena;

9.º Promulgar e fazer publicar as leis e as resoluções da Assemblea Nacional e expedir os decretos, regulamentos e instruções que lhe forem propostos pelo Govêrno.

Art. 82.º Os actos do Presidente da República devem ser referendados pelo Ministro ou Ministros competentes ou por todo o Govêrno, sem o que serão nulos de pleno direito.

§ único. Não carecem de referenda:
1.º A nomeação e demissão do Presidente do Conselho;
2.º As mensagens dirigidas à Assemblea Nacional;
3.º A mensagem de renúncia ao cargo.

CAPÍTULO III

Do Conselho de Estado

Art. 83.º Junto do Presidente da República funciona o Conselho de Estado, composto dos seguintes membros:
1.º O Presidente do Conselho de Ministros;
2.º O da Assemblea Nacional;
3.º O da Câmara Corporativa;
4.º O do Supremo Tribunal de Justiça;
5.º O Procurador Geral da República;
6.º Cinco homens públicos de superior competência, nomeados vitaliciamente pelo Chefe do Estado.

Art. 84.º O Conselho de Estado será ouvido pelo Presidente da República antes de serem exercidas as atribuïções a que se referem os n.ᵒˢ 4.º, 5.º e 6.º do artigo 81.º e o § único do artigo 87.º, e em todas as emergências graves da vida do Estado, podendo igualmente ser convocado sempre que o Presidente o julgue necessário.

TÍTULO III

Da Assemblea Nacional

CAPÍTULO I

Da constituïção da Assemblea Nacional

Art. 85.º A Assemblea Nacional é composta de noventa deputados eleitos por sufrágio directo dos cidadãos eleitores, durando o seu mandato quatro anos.

§ 1.º Em lei especial serão determinados os requisitos de elegibilidade dos deputados, a organização dos colégios eleitorais e o processo de eleição.

§ 2.º Ninguém pode ser ao mesmo tempo membro da Assemblea Nacional e da Câmara Corporativa.

§ 3.º As vagas que ocorrerem na Assemblea Nacional são preenchidas por eleição suplementar, expirando os novos mandatos com o têrmo da legislatura.

Art. 86.º Compete à Assemblea Nacional verificar e reconhecer os poderes dos seus membros, eleger a sua mesa, elaborar o seu regimento interno e regular a sua polícia.

Art. 87.º Se a Assemblea Nacional fôr dissolvida, as eleições devem efectuar se dentro de sessenta dias, pela lei eleitoral vigente ao tempo da dissolução. As novas Câmaras reünirão dentro dos trinta dias seguintes ao encerramento das operações eleitorais, se não estiver concluída a sessão legislativa dêsse ano, e duram uma legislatura completa, sem contar o tempo que funcionarem em complemento de sessão legislativa anterior e sem prejuízo do direito de dissolução.

§ único. O prazo de sessenta dias fixado neste artigo pode ser prorrogado até seis meses, se assim o aconselharem os superiores interêsses do País.

Art. 88.º Depois da última sessão legislativa ordinária do quadriénio, a Assemblea Nacional subsistirá até o apuramento do resultado das novas eleições gerais.

CAPÍTULO II

Dos membros da Assemblea Nacional

Art. 89.º Os membros da Assemblea Nacional gozam das seguintes imunidades e regalias:

a) São invioláveis pelas opiniões e votos que emitirem no exercício do seu mandato, com as restrições constantes dos §§ 1.º e 2.º;

b) Não podem ser jurados, peritos ou testemunhas sem autorização da Assemblea;

c) Não podem ser nem estar presos sem assentimento da Assemblea, excepto se o forem em flagrante delito, ou por crime a que corresponda pena maior ou equivalente na escala penal;

d) Se algum Deputado fôr processado criminalmente e pronunciado, o juiz comunicá-lo-á à Assemblea, que, fora do caso previsto na última parte da alínea *c*) dêste artigo, decidirá se o Deputado deve ou não ser suspenso, para efeito do seguimento do processo;

e) Têm direito a um subsídio nos termos que a lei eleitoral estabelecer.

§ 1.º A inviolabilidade pelas opiniões e votos não isenta os membros da Assemblea Nacional da responsabilidade civil e criminal por difamação, calúnia e injúria, ultraje à moral pública ou provocação pública ao crime.

§ 2.º A Assemblea Nacional pode retirar o mandato aos Deputados que emitam opiniões contrárias à existência de Portugal como Estado independente ou por qualquer forma incitem à subversão violenta da ordem política e social.

§ 3.º As imunidades e regalias estabelecidas nas alíneas b), c), d) e e) subsistem apenas durante o exercício efectivo das funções legislativas.

Art. 90.º Aos membros da Assemblea Nacional é vedado:

1.º Celebrar contratos com o Govêrno ou aceitar dêste, ou de qualquer Govêrno estrangeiro, emprêgo retribuído ou comissão subsidiada. Exceptuam-se desta disposição:

a) As missões diplomáticas de Portugal;

b) As comissões ou comandos militares do Continente e Ilhas Adjacentes e das Colónias e os governos ultramarinos;

c) Os cargos de acesso e as promoções legais;

d) As nomeações que por lei são feitas pelo Govêrno precedendo concurso, ou sob proposta de entidades a quem legalmente caiba fazer indicação ou escolha do funcionário.

2.º Exercer os seus respectivos cargos, durante o funcionamento efectivo da Assemblea Nacional, se forem funcionários públicos, civis ou militares;

3.º Servir lugares de administração, gerência e fiscalização, que não sejam exercidos por nomeação do Govêrno, ou de consulta jurídica ou técnica em emprêsas ou sociedades constituídas por contratos ou concessões especiais do Estado, ou que dêste hajam privilégio não conferido por lei geral, ou subsídio ou garantia de rendimento ou juro;

4.º Ser concessionário, contratador ou sócio de contratadores de concessões, arrematações ou empreitadas públicas, ou participante em operações financeiras do Estado.

§ 1.º As nomeações nos casos previstos nas alíneas a) e b) do n.º 1.º, ou noutros que envolvam a necessidade de serem exercidas as funções respectivas fora do Continente, determinam a extinção do mandato.

§ 2.º A inobservância dos preceitos contidos neste artigo importa, de pleno direito, perda do mandato e nulidade dos actos e contratos nêle referidos.

CAPÍTULO III

Das atribuïções da Assemblea Nacional

Art. 91.º Compete à Assemblea Nacional:
1.º Fazer leis, interpretá-las, suspendê-las e revogá-las;
2.º Vigiar pelo cumprimento da Constituïção e das leis;
3.º Tomar as contas respeitantes a cada ano económico, as quais lhe serão apresentadas com o relatório e decisão do Tribunal de Contas e os demais elementos que forem necessários para a sua apreciação;
4.º Autorizar o Govêrno a cobrar as receitas do Estado e a pagar as despesas públicas na gerência futura, definindo na respectiva lei de autorização os princípios a que deve ser subordinado o Orçamento na parte das despesas cujo quantitativo não é determinado em harmonia com leis preexistentes;
5.º Autorizar o Govêrno a realizar empréstimos e outras operações de crédito que não sejam de dívida flutuante, estabelecendo as condições gerais em que podem ser feitos;
6.º Autorizar o Chefe do Estado a fazer a guerra, se não couber o recurso à arbitragem, ou esta se malograr, salvo caso de agressão efectiva ou iminente por fôrças estrangeiras, e a fazer a paz;
7.º Aprovar, nos termos do n.º 7.º do artigo 81.º, as convenções e tratados internacionais;
8.º Declarar o estado de sítio, com suspensão total ou parcial das garantias constitucionais, em um ou mais pontos do território nacional, no caso de agressão efectiva ou iminente por fôrças estrangeiras ou no de a segurança e a ordem públicas serem gravemente perturbadas ou ameaçadas;
9.º Definir os limites dos territórios da Nação;
10.º Conceder amnistias;
11.º Tomar conhecimento das mensagens do Chefe do Estado;
12.º Deliberar sôbre a revisão constitucional, antes de decorrido o decénio;
13.º Conferir ao Govêrno autorizações legislativas.

Art. 92.º As leis votadas pela Assemblea Nacional devem restringir-se à aprovação das bases gerais dos regimes jurídicos, não podendo porém ser contestada, com fundamento na violação dêste princípio, a legitimidade constitucional de quaisquer preceitos nelas contidos.

Art. 93.º Constitue, porém, necessàriamente matéria de lei:

a) A organização da defesa nacional;
b) A criação e supressão de serviços públicos;
c) O pêso, valor e denominação das moedas;
d) O padrão dos pesos e medidas;
e) A criação de bancos ou institutos de emissão e as normas a que deve obedecer a circulação fiduciária;
f) A organização dos Tribunais.

CAPÍTULO IV

Do funcionamento da Assemblea Nacional e da promulgação das leis e resoluções

Art. 94.º A Assemblea Nacional realiza as suas sessões em Lisboa e com a duração anual de três meses improrrogáveis, a principiar em 10 de Janeiro de cada ano, salvo o disposto no n.º 5.º do artigo 81.º

Art. 95.º A Assemblea Nacional funciona em sessões plenas e as suas deliberações são tomadas à pluralidade de votos, achando-se presente a maioria absoluta do número legal dos seus membros.

§ único. As sessões são públicas, salvo resolução, em contrário, da Assemblea ou do seu presidente.

Art. 96.º Os membros da Assemblea Nacional podem ouvir, consultar ou solicitar informações de qualquer corporação ou estação oficial acêrca de assuntos de administração pública; as estações oficiais porém não podem responder sem prévia autorização do respectivo Ministro, ao qual só é lícito recusá-la com fundamento em segrêdo de Estado.

Art. 97.º A iniciativa da lei compete indistintamente ao Govêrno ou a qualquer dos membros da Assemblea Nacional.

Art. 98.º Os projectos aprovados pela Assemblea Nacional são enviados ao Presidente da República, para serem promulgados como lei dentro dos quinze dias imediatos.

§ único. Os projectos não promulgados dentro dêste prazo serão de novo submetidos à apreciação da Assemblea Nacional, e, se então forem aprovados por maioria de dois terços do número legal dos seus membros, o Chefe do Estado não poderá recusar a promulgação.

Art. 99.º A promulgação é feita com esta fórmula:

Em nome da Nação, a Assemblea Nacional decreta e eu promulgo a lei (ou resolução) seguinte:

§ único. São promulgadas como resoluções:
a) As ratificações dos decretos-leis expedidos nos casos de urgência e necessidade pública;
b) As deliberações a que se referem os n.ºˢ 3.º, 6.º, 7.º e 12.º do artigo 91.º

Art. 100.º As propostas ou projectos apresentados à Assemblea Nacional e não discutidos na respectiva sessão não carecem de ser renovados nas seguintes, da mesma legislatura; e, quando definitivamente rejeitados, não podem ser renovados na mesma sessão legislativa, salvo o caso de dissolução da Assemblea Nacional.

Art. 101.º Do regimento da Assemblea constará:
a) A limitação de tempo para usar da palavra;
b) A proïbição de preterir a ordem do dia por assunto não anunciado com antecedência pelo menos de vinte e quatro horas;
c) A obrigação de subir o orador à tribuna para usar da palavra sôbre a ordem do dia.

CAPÍTULO V

Da Câmara Corporativa

Art. 102.º Junto da Assemblea Nacional funciona uma Câmara Corporativa composta de representantes de autarquias locais e dos interêsses sociais, considerados estes nos seus ramos fundamentais de ordem administrativa, moral, cultural e económica, designando a lei aqueles a quem incumbe tal representação ou o modo como serão escolhidos e a duração do seu mandato.

§ 1.º Quando vagarem cargos cujos serventuários tenham, nessa qualidade, assento na Câmara Corporativa ou hajam sido abrangidos pela incompatibilidade prevista no § 2.º do artigo 85.º, serão os respectivos interêsses representados pelos que legal ou estatutàriamente os devam substituir.

§ 2.º Fora da hipótese prevista no parágrafo anterior, as vagas ocorridas na Câmara Corporativa são preenchidas pela forma por que forem designados os substituídos.

§ 3.º Aos membros desta Câmara é aplicável o disposto no artigo 89.º e seus parágrafos.

Art. 103.º Compete à Câmara Corporativa relatar e dar parecer por escrito sôbre todas as propostas ou projectos de lei que forem presentes à Assemblea Nacional, antes de ser nesta iniciada a discussão.

§ 1.º O parecer será dado dentro de trinta dias, ou no prazo que a Assemblea fixar, se o respectivo projecto de lei fôr pelo Govêrno considerado urgente.

§ 2.º Decorridos os prazos a que se refere o parágrafo anterior, sem que o parecer tenha sido dado, pode a Assemblea Nacional iniciar imediatamente a discussão dos respectivos projectos de lei.

Art. 104.º A Câmara Corporativa funciona durante o período das sessões da Assemblea Nacional e por secções especializadas, podendo contudo reünir-se duas ou mais secções ou todas elas, se a matéria em estudo assim o reclamar.

§ 1.º Na discussão das propostas ou projectos de lei podem tomar parte o Ministro ou Ministros competentes ou seus representantes e o membro da Assemblea Nacional que dêles houver tido a iniciativa.

§ 2.º As sessões da Câmara Corporativa não são públicas.

Art. 105.º À Câmara Corporativa é aplicável o preceituado nos artigos 86.º e 101.º, alíneas a) e b), sendo também reconhecida às respectivas secções a faculdade conferida no artigo 96.º aos membros da Assemblea Nacional.

TÍTULO IV

Do Govêrno

Art. 106.º O Govêrno é constituído pelo Presidente do Conselho, que poderá gerir os negócios de um ou mais Ministérios, e pelos Ministros.

§ 1.º O Presidente do Conselho é nomeado e demitido livremente pelo Presidente da República. Os Ministros e os Sub-Secretários de Estado, quando os haja, são nomeados pelo Presidente da República, sob proposta do Presidente do Conselho, e as suas nomeações por êste referendadas, bem como as exonerações dos Ministros cessantes.

§ 2.º As funções dos Sub-Secretários de Estado cessam com a exoneração dos respectivos Ministros.

Art. 107.º O Presidente do Conselho responde perante o Presidente da República pela política geral do Govêrno e coordena e dirige a actividade de todos os Ministros, que perante êle respondem politicamente pelos seus actos.

Art. 108.º Compete ao Govêrno:

1.º Referendar os actos do Presidente da República;

2.º Elaborar decretos-leis no uso de autorizações legislativas ou nos casos de urgência e necessidade pública;

3.º Elaborar os decretos, regulamentos e instruções para a boa execução das leis;

4.º Superintender no conjunto da administração pública, fazendo executar as leis e resoluções da Assemblea Nacional, fiscalizando superiormente os actos dos corpos e corporações administrativas e praticando todos os actos respeitantes à nomeação, transferência, exoneração, reforma, aposentação, demissão ou reintegração do funcionalismo civil ou militar, com ressalva para os interessados do recurso aos tribunais competentes.

§ 1.º Os actos do Presidente da República e do Govêrno que envolvam aumento ou deminuïção de receitas ou despesas são sempre referendados pelo Ministro das Finanças.

§ 2.º As autorizações legislativas, exceptuadas as que, por fôrça dos seus próprios termos, importarem uso continuado, não podem ser aproveitadas mais de uma vez. Pode no entanto o Govêrno utilizá-las parcelarmente até as esgotar.

§ 3.º Quando o Govêrno fizer uso da faculdade constante da última parte do n.º 2.º, apresentará num dos cinco primeiros dias de sessão da Assemblea Nacional a proposta para a ratificação dos decretos-leis que houver publicado.

Recusando-se a Assemblea Nacional a conceder a ratificação pedida, deixará o decreto-lei de vigorar desde o dia em que sair no *Diário do Govêrno* o aviso a tal respeito expedido pelo presidente da Assemblea.

A ratificação pode ser concedida com emendas. Neste caso será o decreto, sem prejuízo da sua vigência, transformado em proposta de lei.

§ 4.º A nomeação dos governadores das colónias é feita em Conselho de Ministros.

§ 5.º Todos os actos que revistam a forma de decreto devem ser assinados pelo Presidente da República, sem o que não terão validade.

Art. 109.º Os Ministros não podem acumular o exercício de outra função pública ou de qualquer emprêgo particular.

§ 1.º Aplicam-se aos Ministros as demais proïbições e preceitos do artigo 90.º

§ 2.º Os membros da Assemblea Nacional ou da Câmara Corporativa que aceitarem o cargo de Ministro não perdem o mandato, mas não poderão tomar assento na respectiva Câmara.

Art. 110.º O Conselho de Ministros reúne-se quando o seu Presidente ou o Chefe do Estado o julguem indispensável. Quando o mesmo Presidente ou o Chefe do Estado assim o entenderem, a reünião será sob a presidência dêste, e sê-lo-á obrigatòriamente quando o Chefe do Estado tenha de usar das atribuïções que lhe são conferidas pelos n.ºs 2.º, 3.º, 4.º, 5.º, 6.º e 8.º do artigo 81.º

Art. 111.º O Govêrno é da exclusiva confiança do Presidente da República e a sua conservação no Poder não depende do destino que tiverem as suas propostas de lei ou de quaisquer votações da Assemblea Nacional.

Art. 112.º O Presidente do Conselho enviará ao presidente da Assemblea Nacional as propostas de lei que à mesma hajam de ser submetidas, bem como as explicações pedidas ao Govêrno ou que êste julgue convenientes.

Art. 113.º Cada Ministro é responsável política, civil e criminalmente pelos actos que legalizar ou praticar. Os Ministros são julgados nos tribunais ordinários pelos actos que importem responsabilidade civil ou criminal.

§ único. Se algum Ministro fôr processado criminalmente, chegado o processo até a pronúncia, inclusive, o Supremo Tribunal de Justiça, em sessão plena e com a assistência do Procurador Geral da República, decidirá se o Ministro deve ser imediatamente julgado, ficando em tal caso suspenso, ou se o julgamento deve realizar-se depois de terminadas as suas funções.

Art. 114.º São crimes de responsabilidade os actos dos Ministros e Sub-Secretários de Estado e dos agentes do Govêrno que atentarem:

1.º Contra a existência política da Nação;

2.º Contra a Constituïção e o regime político estabelecido;

3.º Contra o livre exercício dos órgãos da Soberania;

4.º Contra o gôzo e o exercício dos direitos políticos e individuais;

5.º Contra a segurança interna do País;
6.º Contra a probidade da administração;
7.º Contra a guarda e emprêgo constitucional dos dinheiros públicos;
8.º Contra as leis da contabilidade pública.

§ único. A condenação por qualquer dêstes crimes envolve a perda do cargo e a incapacidade para exercer funções públicas.

TÍTULO V

Dos Tribunais

Art. 115.º A função judicial é exercida por tribunais ordinários e especiais.

São tribunais ordinários:
1.º O Supremo Tribunal de Justiça;
2.º Os tribunais de 2.ª instância, nos distritos judiciais do Continente e Ilhas Adjacentes e das Colónias;
3.º Os tribunais judiciais de 1.ª instância, nas comarcas de todo o território nacional.

§ 1.º A lei pode admitir juízes municipais de competência limitada, em julgados compreendidos nas comarcas.

§ 2.º São mantidos os juízos de paz.

Art. 116.º Não é permitida a criação de tribunais especiais com competência exclusiva para julgamento de determinada ou determinadas categorias de crimes, excepto sendo estes fiscais, sociais ou contra a segurança do Estado.

Art. 117.º O Estado é representado junto dos Tribunais:
1.º Pelo Procurador Geral da República;
2.º Pelo Procurador da República junto de cada Relação;
3.º Pelo delegado do Procurador da República junto de cada tribunal de 1.ª instância;
4.º Pelos representantes legalmente designados junto dos tribunais especiais.

Art. 118.º Os juízes dos tribunais ordinários são vitalícios e inamovíveis, fixando a lei os termos em que se faz a sua nomeação, promoção, demissão, suspensão, transferência e colocação fora do quadro, e não podem aceitar do Govêrno outras funções remuneradas, sem prejuízo da sua requisição para comissões permanentes ou temporárias.

Art. 119.º Os juízes são irresponsáveis nos seus julgamentos, ressalvadas as excepções que a lei consignar.

Art. 120.º As audiências dos Tribunais são públicas, excepto nos casos especiais indicados na lei e sempre que a publicidade fôr contrária à ordem, aos interêsses do Estado ou aos bons costumes.

Art. 121.º Na execução dos seus despachos e sentenças os Tribunais têm direito à coadjuvação das outras autoridades, quando dela carecerem.

Art. 122.º Nos feitos submetidos a julgamento não podem os Tribunais aplicar leis, decretos ou quaisquer outros diplomas que infrinjam o disposto nesta Constituïção ou ofendam os princípios nela consignados.

§ 1.º A constitucionalidade da regra de direito, no que respeita à competência da entidade de que dimana ou à forma de elaboração, só poderá ser apreciada pela Assemblea Nacional e por sua iniciativa ou do Govêrno, determinando a mesma Assemblea os efeitos da inconstitucionalidade, sem ofensa porém das situações criadas pelos casos julgados.

§ 2.º A excepção constante do parágrafo anterior abrange apenas os diplomas emanados dos órgãos da soberania.

Art. 123.º Para prevenção e repressão dos crimes haverá penas e medidas de segurança que terão por fim a defesa da sociedade e tanto quanto possível a readaptação social do delinqüente.

TÍTULO VI

Das circunscrições políticas e administrativas e das autarquias locais

Art. 124.º O território do Continente divide-se em concelhos, que se formam de freguesias e se agrupam em distritos e províncias, estabelecendo a lei os limites de todas as circunscrições.

§ 1.º Os concelhos de Lisboa e Pôrto subdividem-se em bairros e estes em freguesias.

§ 2.º A divisão do território das Ilhas Adjacentes e a respectiva organização administrativa serão reguladas em lei especial.

Art. 125.º Os corpos administrativos são as câmaras municipais, as juntas de freguesia e os conselhos de província.

Art. 126.º Leis especiais regularão a organização, funcionamento e competência dos corpos administrativos, ficando a vida administrativa das autarquias locais sujeita à inspecção de agentes do Govêrno, e podendo as deliberações daqueles ser submetidas a *referendum*.

Art. 127.º Para execução das suas deliberações e demais fins especificados nas leis, os corpos administrativos têm o presidente ou comissões delegadas nos termos das mesmas leis.

Art. 128.º As deliberações dos corpos administrativos só podem ser modificadas ou anuladas nos casos e pela forma previstos nas leis administrativas.

Art. 129.º Os corpos administrativos têm autonomia financeira, nos termos que a lei determinar, sendo porém as câmaras municipais obrigadas a distribuir pelas freguesias, com destino a melhoramentos rurais, a parte das receitas fixada na lei.

Art. 130.º Os regimes tributários das autarquias locais serão estabelecidos por forma que não seja prejudicada a organização fiscal ou a vida financeira do Estado, nem dificultada a circulação dos produtos e mercadorias entre as circunscrições do País.

Art. 131.º Os corpos administrativos só podem ser dissolvidos nos casos e nos termos estabelecidos nas leis administrativas, devendo as novas eleições realizar-se em prazo não superior a noventa dias, contados da data da dissolução. Os corpos dissolvidos serão substituídos por comissões administrativas de nomeação do Govêrno, emquanto não tomarem posse os novamente eleitos.

TÍTULO VII

Do Império Colonial Português

Art. 132.º São consideradas matéria constitucional as disposições do Acto Colonial, devendo o Govêrno publicá-lo novamente com as alterações exigidas pela presente Constituïção.

Disposições complementares

a) Revisão constitucional

Art. 133.º A Constituïção será revista de dez em dez anos, tendo para êsse efeito poderes constituintes a Assemblea Nacional cujo mandato abranger a época de **revisão**.

§ 1.º A revisão pode ser antecipada de cinco anos, se fôr aprovada por dois terços dos membros da Assemblea Nacional, e, neste caso, contar-se-á da data da revisão antecipada o novo período de dez anos.

§ 2.º Não podem ser admitidas como objecto de deliberação propostas ou projectos de revisão constitucional que não definam precisamente as alterações projectadas.

Art. 134.º Independentemente do preceituado no artigo anterior, pode o Chefe do Estado, quando o bem público imperiosamente o exigir, depois de ouvido o Conselho de Estado e em decreto assinado por todos os Ministros, determinar que a Assemblea Nacional a eleger assuma poderes constituintes e reveja a Constituição em pontos indicados no mesmo diploma.

b) Disposições especiais e transitórias

Art. 135.º Para execução do § único do artigo 53.º será adoptado um regime de transição, com as restrições temporárias julgadas indispensáveis.

Art. 136.º Emquanto não estiver concluída a organização das corporações morais e económicas, serão adoptadas formas transitórias de dar cumprimento ao espírito de representação orgânica, estabelecido no título v da Parte I.

Art. 137.º O actual Presidente da República é reconhecido por esta Constituição, durante o seu mandato sete anos, contados da data em que tomou posse da Presidência.

Art. 138.º A primeira Assemblea Nacional terá poderes constituintes.

Art. 139.º As leis e decretos com fôrça de lei que foram ou vierem a ser publicados até a primeira reünião da Assemblea Nacional continuam em vigor e ficam valendo como leis no que explícita ou implicitamente não seja contrário aos princípios consignados nesta Constituição.

Art. 140.º As leis e decretos-leis referidos no artigo anterior podem, porém, ser revogados por decretos regulamentares em tudo que se refira à organização interna dos serviços e não altere a situação jurídica dos particulares ou o estatuto dos funcionários.

§ único. As restrições constantes dêste artigo não abrangem as leis e decretos-leis que preceituem o que nêles constitue matéria legislativa, nem o que está exceptuado por fôrça do § 1.º do artigo 70.º e do artigo 93.º

Art. 141.º Emquanto não forem publicadas as leis necessárias à execução do preceituado no título VI da Parte II, a administração local continuará regulada pela legislação vigente, inclusive no que se refere à nomeação e demissão de comissões administrativas das autarquias locais.

Art. 142.º Esta Constituïção entrará em vigor depois de aprovada em plebiscito nacional e logo que o apuramento definitivo dêste seja publicado no *Diário do Govêrno*.

Paços do Govêrno da República, 22 de Fevereiro de 1933. — *António de Oliveira Salazar — Albino Soares Pinto dos Reis Júnior — Manuel Rodrigues Júnior — Daniel Rodrigues de Sousa — Aníbal de Mesquita Guimarães — César de Sousa Mendes do Amaral e Abranches — Duarte Pacheco — Armindo Rodrigues Monteiro — Gustavo Cordeiro Ramos — Sebastião Garcia Ramires.*

Decreto-lei n.º 22:465

Em cumprimento e nos termos do que dispõe o artigo 132.º da Constituïção, publica-se novamente o Acto Colonial, que baixa assinado por todos os Ministros.

Paços do Govêrno da República, 11 de Abril de 1933. — ANTÓNIO ÓSCAR DE FRAGOSO CARMONA — *António de Oliveira Salazar* — *Albino Soares Pinto dos Reis Júnior* — *Manuel Rodrigues Júnior* — *Daniel Rodrigues de Sousa* — *Anibal de Mesquita Guimarãis* — *César de Sousa Mendes do Amaral e Abranches* — *Duarte Pacheco* — *Armindo Rodrigues Monteiro* — *Gustavo Cordeiro Ramos* — *Sebastião Garcia Ramires.*

ACTO COLONIAL

TÍTULO I

Das garantias gerais

Artigo 1.º A Constituïção Política da República, em todas as disposições que por sua natureza se não refiram exclusivamente à metrópole, é aplicável às colónias com os preceitos dos artigos seguintes.

Art. 2.º É da essência orgânica da Nação Portuguesa desempenhar a função histórica de possuir e colonizar domínios ultramarinos e de civilizar as populações indígenas que nêles se compreendam, exercendo também a influência moral que lhe é adstrita pelo Padroado do Oriente.

Art. 3.º Os domínios ultramarinos de Portugal denominam-se colónias e constituem o Império Colonial Português.

O território do Império Colonial Português é o definido nos n.ºs 2.º a 5.º do artigo 1.º da Constituïção.

Art. 4.º São garantidos a nacionais e estrangeiros residentes nas colónias os direitos concernentes à liberdade, segurança individual e propriedade, nos termos da lei.

A uns e outros pode ser recusada a entrada em qualquer colónia, e uns e outros podem ser expulsos, conforme estiver regulado, se da sua presença resultarem graves inconvenientes de ordem interna ou internacional, cabendo únicamente recurso destas resoluções para o Govêrno.

Art. 5.º O Império Colonial Português é solidário nas suas partes componentes e com a metrópole.

Art. 6.º A solidariedade do Império Colonial Português abrange especialmente a obrigação de contribuir pela forma adequada para que sejam assegurados os fins de todos os seus membros e a integridade e defesa da Nação.

Art. 7.º O Estado não aliena, por nenhum modo, qualquer parte dos territórios e direitos coloniais de Portugal, sem prejuízo da rectificação de fronteiras, quando aprovada pela Assemblea Nacional.

Art. 8.º Nas colónias não pode ser adquirido por govêrno estrangeiro terreno ou edifício para nêle ser instalada representação consular senão depois de autorizado pela Assemblea Nacional e em local cuja escolha seja aceite pelo Ministro das Colónias.

Art. 9.º Não são permitidas:

1.º Numa zona contínua de 80 metros além do máximo nivel da preiamar, as concessões de terrenos confinantes com a costa marítima, dentro ou fora das baías;

2.º Numa zona contínua de 80 metros além do nivel normal das águas, as concessões de terrenos confinantes com lagos navegáveis e com rios abertos à navegação internacional;

3.º Numa faixa não inferior a 100 metros para cada lado, as concessões de terrenos marginais do perímetro das estações das linhas férreas, construídas ou projectadas;

4.º Outras concessões de terrenos que não possam ser feitas, conforme as leis que estejam presentemente em vigor ou venham a ser promulgadas.

§ único. Em casos excepcionais, quando convenha aos interêsses do Estado:

a) Pode ser permitida, conforme a lei, a ocupação temporária de parcelas de terreno situadas nas zonas designadas nos n.ᵒˢ 1.º, 2.º e 3.º dêste artigo;

b) Podem as referidas parcelas ser compreendidas na área das povoações, nos termos legais, com aprovação expressa do Govêrno, ouvidas as instâncias competentes;

c) Podem as parcelas assim incluídas na área das povoações ser concedidas, em harmonia com a lei, sendo também condição indispensável a aprovação expressa do Govêrno, ouvidas as mesmas instâncias.

Art. 10.º Nas áreas destinadas a povoações marítimas das colónias, ou à sua natural expansão, as concessões ou sub-concessões de terrenos ficam sujeitas às seguintes regras:

1.º Não poderão ser feitas a estrangeiros, sem aprovação em Conselho de Ministros;

2.º Não poderão ser outorgadas a quaisquer indivíduos ou sociedades senão para aproveitamentos que tenham de fazer para as suas instalações urbanas, industriais ou comerciais.

§ 1.º Estas proïbições são extensivas, nas colónias de África, a todos os actos de transmissão particular que sejam contrários aos fins do presente artigo.

§ 2.º São imprescritíveis os direitos que êste artigo e o artigo anterior asseguram ao Estado.

Art. 11.º De futuro a administração e exploração dos portos comerciais das colónias são reservadas para o Estado. Lei especial regulará as excepções que dentro de cada pôrto, em relação a determinadas instalações ou serviços, devam ser admitidas.

Art. 12.º O Estado não concede, em nenhuma colónia, a emprêsas singulares ou colectivas:

1.º O exercício de prerrogativas de administração pública;

2.º A faculdade de estabelecer ou fixar quaisquer tributos ou taxas, ainda que seja em nome do Estado;

3.º O direito de posse de terrenos, ou de áreas de pesquisas mineiras, com a faculdade de fazerem sub-concessões a outras emprêsas.

§ único. Na colónia onde actualmente houver concessões da natureza daquelas a que se refere êste artigo observar-se-á o seguinte:

a) Não poderão ser prorrogadas ou renovadas no todo ou em parte;

b) O Estado exercerá o seu direito de rescisão ou resgate, nos termos das leis ou contratos aplicáveis;

c) O Estado terá em vista a completa unificação administrativa da colónia.

Art. 13.º As concessões do Estado, ainda quando hajam de ter efeito com aplicação de capitais estrangeiros, serão sempre sujeitas a condições que assegurem a nacionalização e demais conveniências da economia da colónia. Diplomas especiais regularão êste assunto para os mesmos fins.

Art. 14.º Ficam ressalvados, na aplicação dos artigos 8.º, 9.º, 10.º, 11.º e 12.º, os direitos adquiridos até a presente data.

Título II

Dos indígenas

Art. 15.º O Estado garante a protecção e defesa dos indígenas das colónias, conforme os princípios de humanidade e soberania, as disposições dêste título e as convenções internacionais que actualmente vigorem ou venham a vigorar.

As autoridades coloniais impedirão e castigarão conforme a lei todos os abusos contra a pessoa e bens dos indígenas.

Art. 16.º O Estado estabelece instituïções públicas e promove a criação de instituïções particulares, portuguesas umas e outras, em favor dos direitos dos indígenas, ou para a sua assistência.

Art. 17.º A lei garante aos indígenas, nos termos por ela declarados, a propriedade e posse dos seus terrenos e culturas, devendo ser respeitado êste princípio em todas as concessões feitas pelo Estado.

Art. 18.º O trabalho dos indígenas em serviço do Estado ou dos corpos administrativos é remunerado.

Art. 19.º São proïbidos:

1.º Todos os regimes pelos quais o Estado se obrigue a fornecer trabalhadores indígenas a quaisquer emprêsas de exploração económica;

2.º Todos os regimes pelos quais os indígenas existentes em qualquer circunscrição territorial sejam obrigados a prestar trabalho às mesmas emprêsas, por qualquer título.

Art. 20.º O Estado sòmente pode compelir os indígenas ao trabalho em obras públicas de interêsse geral da colectividade, em ocupações cujos resultados lhes pertençam, em execução de decisões judiciárias de carácter penal, ou para cumprimento de obrigações fiscais.

Art. 21.º O regime do contrato de trabalho dos indígenas assenta na liberdade individual e no direito a justo salário e assistência, intervindo a autoridade pública sòmente para fiscalização.

Art. 22.º Nas colónias atender-se-á ao estado de evolução dos povos nativos, havendo estatutos especiais dos indígenas, que estabeleçam para estes, sob a influência do direito público e privado português, regimes jurídicos de contemporização com os seus usos e costumes individuais, domésticos e sociais, que não sejam incompatíveis com a moral e com os ditames de humanidade.

Art. 23.º O Estado assegura nos seus territórios ultramarinos a liberdade de consciência e o livre exercício dos diversos cultos, com as restrições exigidas pelos direitos e interêsses da soberania de Portugal, bem como pela manutenção da ordem pública, e de harmonia com os tratados e convenções internacionais.

Art. 24.º As missões religiosas do ultramar, instrumento de civilização e de influência nacional, e os estabelecimentos de formação do pessoal para os serviços delas e do Padroado Português, terão personalidade jurídica e serão protegidos e auxiliados pelo Estado, como instituïções de ensino.

Título III

Do regime político e administrativo

Art. 25.º As colónias regem-se por diplomas especiais, nos termos dêste título.

Art. 26.º São garantidas às colónias a descentralização administrativa e a autonomia financeira que sejam compatíveis com a Constituïção, o seu estado de desenvolvimento e os seus recursos próprios, sem prejuízo do disposto no artigo 47.º

§ único. Em cada uma das colónias será mantida a unidade política pela existência de uma só capital e de um só govêrno geral ou de colónia.

Art. 27.º São da exclusiva competência da Assemblea Nacional, mediante propostas do Ministro das Colónias, apresentadas nos termos do artigo 112.º da Constituïção:

1.º Os diplomas que estabeleçam ou alterem a forma de govêrno das colónias;

2.º Os diplomas que abrangerem:

a) Aprovação de tratados, convenções ou acordos com nações estrangeiras;

b) Autorização de empréstimos ou outros contratos que exijam caução ou garantias especiais;

c) Definição de competência do Govêrno da metrópole e dos governos coloniais quanto à área e ao tempo das concessões de terrenos ou outras que envolvam exclusivo ou privilégio especial.

§ único. Em caso de urgência extrema, o Ministro das Colónias, com voto afirmativo do Conselho Superior das Colónias, em sessão por êle presidida, poderá legislar sôbre as matérias a que se referem o n.º 1.º e as alíneas a) e b) do n.º 2.º do presente artigo, fora do período das sessões da Assemblea Nacional ou se esta não resolver o assunto no prazo de trinta dias a contar da apresentação da respectiva proposta de lei.

Art. 28.º Os diplomas não compreendidos na disposição do artigo antecedente são da competência do Ministro das Colónias ou do govêrno da colónia, conforme fôr regulado nos diplomas a que se refere o n.º 1.º do artigo anterior. Fica porém estatuído o seguinte:

1.º Dependem da aprovação do Ministro das Colónias os acordos ou convenções que os governos coloniais devidamente autorizados negociarem com outras colónias, portuguesas ou estrangeiras;

2.º Os governos coloniais não podem estabelecer ou modificar os regimes relativos às matérias abrangidas pelos artigos 15.º a 24.º

Art. 29.º As colónias só serão governadas por governadores gerais ou governadores de colónia, não podendo a uns e outros ser confiadas, por qualquer forma, atribuïções que pelo Acto Colonial pertençam à Assemblea Nacional, ao Govêrno ou ao Ministro das Colónias, salvo as que restritamente lhes sejam outorgadas, por quem de direito, para determinados assuntos em circunstâncias excepcionais.

§ único. Não poderão ser nomeados governadores quaisquer interessados na direcção ou gerência de emprêsas com sede ou actividade económica na respectiva colónia.

Art. 30.º As funções legislativas dos governadores coloniais, na esfera da sua competência, são sempre exercidas sob a fiscalização da metrópole e por via de regra com o voto dos conselhos do govêrno, onde haverá representação adequada às condições do meio social.

Art. 31.º As funções executivas em cada colónia são desempenhadas, sob a fiscalização do Ministro das Colónias, pelo governador, que nos casos previstos nos diplomas a que se refere o n.º 1.º do artigo 27.º é assistido de um corpo consultivo, composto por membros do Conselho do Govêrno.

Art. 32.º As instituïções administrativas municipais e locais são representadas nas colónias por câmaras municipais, comissões municipais e juntas locais, conforme a importância, desenvolvimento e população europeia da respectiva circunscrição.

§ 1.º A criação ou extinção das câmaras municipais é atribuïção do governador da colónia, com voto afirmativo do Conselho do Govêrno e aprovação expressa do Ministro das Colónias.

§ 2.º Os estrangeiros com residência habitual na colónia, por tempo não inferior a cinco anos, sabendo ler e escrever português, podem fazer parte das câmaras ou comissões municipais e juntas locais, até o máximo de um têrço dos seus membros.

Art. 33.º É supremo dever de honra do governador, em cada um dos domínios de Portugal, sustentar os direitos de soberania da Nação e promover o bem da colónia, em harmonia com os princípios consignados no Acto Colonial.

Título IV

Das garantias económicas e financeiras

Art. 34.º A metrópole e as colónias, pelos seus laços morais e políticos, têm na base da sua economia uma comunidade e solidariedade natural, que a lei reconhece.

Art. 35.º Os regimes económicos das colónias são estabelecidos em harmonia com as necessidades do seu desenvolvimento, com a justa reciprocidade entre elas e os países vizinhos e com os direitos e legítimas conveniências da metrópole e do Império Colonial Português.

Art. 36.º Pertence à metrópole, sem prejuízo da descentralização garantida, assegurar pelas suas decisões a conveniente posição dos interêsses que, nos termos do artigo anterior, devem ser considerados em conjunto nos regimes económicos das colónias.

Art. 37.º Cada uma das colónias é pessoa moral, com a faculdade de adquirir, contratar e estar em juízo.

Art. 38.º Cada colónia tem o seu activo e o seu passivo próprios, competindo-lhe a disposição das suas receitas e a responsabilidade das suas despesas, dos seus actos e contratos e das suas dívidas, nos termos da lei.

Art. 39.º São considerados propriedade de cada colónia os bens mobiliários e imobiliários que, dentro dos limites do seu território, não pertençam a outrem, os que ela tenha adquirido legalmente fora daquele, os títulos públicos ou particulares que possua ou venha a possuir, os seus dividendos, anuïdades ou juros e as participações de lucros ou de outra espécie que lhe sejam destinadas.

§ único. Só ao Tesouro Nacional ou à Caixa Geral de Depósitos, Crédito e Previdência, podem ser cedidas, ou dadas em penhor, as acções e obrigações de companhias concessionárias pertencentes a uma colónia, e só também podem ser consignados às mesmas entidades os rendimentos dêsses títulos em qualquer operação financeira.

Art. 40.º Cada colónia tem o seu orçamento privativo, elaborado segundo um plano uniforme.

§ 1.º O orçamento geral da colónia depende de aprovação expressa do Ministro das Colónias, não podendo ser nêle incluídas despesas ou receitas que não estejam ao abrigo de diplomas legais.

§ 2.º Quando, por circunstâncias anormais, o orçamento fôr enviado ao Ministério das Colónias fora do prazo estabelecido, ou quando o Ministro das Colónias o não aprovar, continuarão provisòriamente em vigor por duodécimos, só quanto à despesa ordinária, o orçamento do ano antecedente e os créditos sancionados durante êle para ocorrer a novos encargos permanentes.

§ 3.º A acção do Ministro das Colónias quanto ao orçamento de cada colónia é exercida pela verificação quer do cômputo das receitas quer da legalidade e exactidão das despesas, devendo fazer-se as conseqüentes correcções. Existindo situação deficitária ou risco de a haver, serão feitas no orçamento as modificações necessárias para o restabelecimento do equilíbrio.

Art. 41.º Os diplomas referidos no n.º 1.º do artigo 27.º estabelecerão:

1.º As despesas que são encargo das colónias e as que o são da metrópole;

2.º As regras e restrições a que devem estar sujeitos os governos coloniais para salvaguarda da ordem financeira.

Art. 42.º A contabilidade das colónias será organizada como a da metrópole, com as modificações que se tornem indispensáveis por circunstâncias especiais.

Art. 43.º As colónias enviarão ao Ministro das Colónias nos prazos fixados na lei as suas contas anuais.

Art. 44.º A metrópole presta assistência financeira às colónias, mediante as garantias necessárias.

Art. 45.º As colónias não podem contrair empréstimos em países estrangeiros.

§ único. Quando seja preciso recorrer a praças externas para obter capitais destinados ao govêrno de uma colónia, a operação financeira será feita exclusivamente de conta da metrópole, sem que a mesma colónia assuma responsabilidades para com elas, tomando-as, porém, plenamente para com a metrópole, a quem prestará as devidas garantias.

Art. 46.º Os direitos do Tesouro da metrópole ou da Caixa Geral de Depósitos, Crédito e Previdência por dívidas pretéritas ou futuras das colónias são imprescritíveis.

Art. 47.º A autonomia financeira das colónias fica sujeita às restrições ocasionais que sejam indispensáveis por situações graves da sua Fazenda ou pelos perigos que estas possam envolver para a metrópole.

Paços do Govêrno da República, 11 de Abril de 1933. — *António de Oliveira Salazar — Albino Soares Pinto dos Reis Júnior — Manuel Rodrigues Júnior — Daniel Rodrigues de Sousa — Anibal de Mesquita Guimarãis — César de Sousa Mendes do Amaral e Abranches — Duarte Pacheco — Armindo Rodrigues Monteiro — Gustavo Cordeiro Ramos — Sebastião Garcia Ramires.*

CONSTITUIÇÃO POLÍTICA DA REPÚBLICA PORTUGUESA
(21 DE AGOSTO DE 1911)

Revisões: 1916; 1919-1921

Constituição Política
DA
República Portuguesa

Votada em 21 d'Agosto de 1911
PELA
Assembleia Nacional Constituinte

A Assembleia Nacional Constituinte, tendo sanccionado, por unanimidade, na sessão de 19 de junho de 1911, a Revolução de 5 de Outubro de 1910, e affirmando a sua confiança inquebrantavel nos superiores destinos da Patria, dentro de um regime de liberdade e justiça, estatue, decreta e promulga, em nome da Nação, a seguinte Constituição Politica da Republica Portuguesa:

TITULO I
Da forma de governo e do territorio da Nação Portuguesa

Artigo 1.º A Nação Portuguesa, organizada em Estado Unitario, adopta como forma de governo a Republica, nos termos d'esta Constituição.

Art. 2.º O territorio da Nação Portuguesa é o existente á data da proclamação da Republica.

§ unico. A Nação não renuncia aos direitos que tenha ou possa vir a ter sobre qualquer outro territorio.

TITULO II
Dos direitos e garantias individuaes

Art. 3.º A Constituição garante a portugueses e estrangeiros residentes no país a inviolabilidade dos direitos concernentes á liberdade, á segurança individual e á propriedade nos termos seguintes:

1.º Ninguem pode ser obrigado a fazer ou deixar de fazer alguma cousa senão em virtude da lei.

2.º A lei é igual para todos, mas só obriga aquella que for promulgada nos termos d'esta Constituição.

3.º A Republica Portuguesa não admitte privilegio de nascimento, nem fóros de nobreza, extingue os titulos nobiliarchicos e de conselho e bem assim as ordens honorificas, com todas as suas prerogativas e regalias.

Os feitos civicos e os actos militares podem ser galardoados com diplomas especiaes.

Nenhum cidadão português pode aceitar condecorações estrangeiras.

4.º A liberdade de consciencia e de crença é inviolavel.

5.º O Estado reconhece a igualdade politica e civil de todos os cultos e garante o seu exercicio nos limites compativeis com a ordem publica, as leis e os bons costumes, desde que não offendam os principios do direito publico português.

6.º Ninguem pode ser perseguido por motivo de religião, nem perguntado por autoridade alguma acêrca da que professa.

7.º Ninguem pode, por motivo de opinião religiosa, ser privado de um direito ou isentar-se do cumprimento de qualquer dever civico.

8.º É livre o culto publico de qualquer religião nas casas para isso escolhidas ou destinadas pelos respectivos crentes, e que poderão sempre tomar forma exterior de templo; mas, no interesse da ordem publica e da liberdade e segurança dos cidadãos, uma lei especial fixará as condições do seu exercicio.

9.º Os cemiterios publicos terão caracter secular, ficando livre a todos os cultos religiosos a pratica dos respectivos ritos, desde que não offendam a moral publica, os principios do direito publico português e a lei.

10.º O ensino ministrado nos estabelecimentos publicos e particulares fiscalizados pelo Estado será neutro em materia religiosa.

11.º O ensino primario elementar será obrigatorio e gratuito.

12.º É mantida a legislação em vigor que extinguiu e dissolveu em Portugal a Companhia de Jesus, as sociedades nella filiadas, qualquer que seja a sua denominação, e todas as congregações religiosas e ordens monasticas, que jamais serão admittidas em territorio português.

13.º A expressão do pensamento, seja qual fôr a sua forma, é completamente livre, sem dependencia de caução, censura ou autorização previa, mas o abuso d'este direito é punivel nos casos e pela forma que a lei determinar.

14.º O direito de reunião e associação é livre. Leis especiaes determinarão a forma e condições do seu exercicio.

15.º É garantida a inviolabilidade do domicilio. De noite e sem consentimento do cidadão, só se poderá entrar na casa d'este a reclamação feita de dentro ou para acudir a victimas de crimes ou desastres; de dia, só nos casos e pela forma que a lei determinar.

16.º Ninguem poderá ser preso sem culpa formada a não ser nos casos de flagrante delicto e nos seguintes: alta traição, falsificação de moeda, de notas de bancos nacionaes e titulos da divida publica portuguesa, homicidio voluntario, furto domestico, roubo, fallencia fraudulenta e fogo posto.

17.º Ninguem será conduzido á prisão ou nella conservado, estando já preso, se se offerecer a prestar caução idonea ou termo de residencia nos casos em que a lei os admittir.

18.º Á excepção do flagrante delicto, a prisão não poderá executar-se senão por ordem escrita da autoridade competente e em conformidade com a expressa disposição da lei.

19.º Não haverá prisão por falta de pagamento de custas ou sellos.

20.º A instrucção dos feitos crimes será contraditoria, assegurando aos arguidos, antes e depois da formação da culpa, todas as garantias de defesa.

21.º Ninguem será sentenciado senão pela autoridade competente, por virtude de lei anterior e na forma por ella prescrita.

22.º Em nenhum caso poderá ser estabelecida a pena de morte, nem as penas corporaes perpetuas ou de duração illimitada.

23.º Nenhuma pena passará da pessoa do delinquente. Portanto, não haverá em caso algum confiscação de bens, nem a infamia do reu se transmittirá aos parentes, em qualquer grau.

24.º É assegurado, exclusivamente em beneficio do condemnado, o direito de revisão de todas as sentenças condemnatorias.

§ unico. Leis especiaes determinarão os casos e a forma da revisão.

25.º É garantido o direito de propriedade, salvo as limitações estabelecidas na lei.

26.º É garantido o exercicio de todo o genero de trabalho, industria e commercio, salvo as restricções da lei por utilidade publica.

Só o Poder Legislativo e os corpos administrativos, nos casos de reconhecida utilidade publica, poderão conceder o exclusivo de qualquer exploração commercial ou industrial.

27.º Ninguem é obrigado a pagar contribuições que não tenham sido votadas pelo Poder Legislativo ou pelos corpos administrativos, legalmente autorizados a lançá-las, e cuja cobrança se não faça pela forma prescrita na lei.

28.º O sigillo da correspondencia é inviolavel.

29.º É reconhecido o direito á assistencia publica.

30.º Todo o cidadão poderá apresentar aos poderes do Estado reclamações, queixas e petições, expor qualquer infracção da Constituição e, sem necessidade de previa autorização, requerer perante a autoridade competente a effectiva responsabilidade dos infractores.

31.º Dar-se-ha o *habeas corpus* sempre que o individuo soffrer ou se encontrar em imminente perigo de soffrer violencia, ou coacção, por illegalidade, ou abuso de poder.

A garantia do *habeas corpus* só se suspende nos casos de estado de sitio por sedição, conspiração, rebellião ou invasão estrangeira.

Uma lei especial regulará a extensão d'esta garantia e o seu processo.

32.º A qualquer empregado do Estado, de corpos administrativos ou de companhias que tenham contratos com o Estado, é garantido o seu emprego, com os direitos a elle inherentes, durante o serviço militar a que for obrigado.

33.º O estado civil e os respectivos registos são da exclusiva competencia da autoridade civil.

34.º Se alguma sentença criminal for executada, e vier a provar-se, depois, pelos meios legaes competentes, que foi injusta a condemnação, terá o condemnado, ou os seus herdeiros, o direito de haver reparação de perdas e damnos, que será feita pela Fazenda Nacional, precedendo sentença nos termos da lei.

35.º Fora dos casos expressos na lei, ninguem, ainda que em estado anormal das suas faculdades mentaes, pode ser privado da sua liberdade pessoal, sem que preceda autorização judicial, salvo caso de urgencia devidamente comprovado e requerendo-se immediatamente a necessaria confirmação judicial.

36.º Toda a pessoa internada ou detida num estabelecimento de alienados ou em carcere privado, assim como o seu representante legal e qualquer parente ou amigo, pode, a todo o tempo, requerer ao juiz respectivo que, procedendo ás investigações necessarias, a ponha immediatamente em liberdade, se for caso d'isso.

37.º É licito a todos os cidadãos resistir a qualquer ordem que infrinja as garantias individuaes, se não estiverem legalmente suspensas.

38.º Nenhum dos Poderes do Estado pode, separada ou conjunctamente, suspender a Constituição ou restringir os direitos nella consignados, salvo nos casos na mesma taxativamente expressos.

Art. 4.º A especificação das garantias e direitos expressos na Constituição não exclue outras garantias e direitos não enumerados, mas resultantes da forma de governo que ella estabelece e dos principios que consigna ou constam de outras leis.

TITULO III
Da Soberania e dos Poderes do Estado

Art. 5.º A Soberania reside essencialmente em a Nação.

Art. 6.º São orgãos da Soberania Nacional o Poder Legislativo, o Poder Executivo e o Poder Judicial, independentes e harmonicos entre si.

SECÇÃO I
Do Poder Legislativo

Art. 7.º O Poder Legislativo é exercido pelo Congresso da Republica, formado por duas Camaras, que se denominam Camara dos Deputados e Senado.

§ 1.º Os membros do Congresso são representantes da Nação e não dos collegios que os elegem.

§ 2.º Ninguem pode ser ao mesmo tempo membro das duas camaras.

§ 3.º Ninguem pode ser Senador com menos de trinta e cinco annos de idade e Deputado com menos de vinte e cinco.

Art. 8.º A Camara dos Deputados e o Senado são eleitos pelo suffragio directo dos cidadãos eleitores.

§ unico. A organização dos collegios eleitoraes das duas camaras e o processo de eleição serão regulados por lei especial.

Art. 9.º O Senado será constituido por tantos Senadores quantos resultem da eleição de tres individuos por cada districto do continente e das ilhas adjacentes, e de um individuo por cada provincia ultramarina.

§ unico. Para a eleição dos Senadores, em cada um dos districtos do continente e ilhas adjacentes, as respectivas listas conterão apenas dois nomes.

Art. 10.º Para a eleição da Camara dos Deputados e do Senado, os collegios eleitoraes reunir-se-hão por direito proprio se não forem devidamente convocados antes de finda a legislatura e no prazo que a lei designar.

Art. 11.º O Congresso da Republica reune, por direito proprio, na capital da Nação, no dia 2 de dezembro de cada anno. A sessão legislativa durará quatro meses, podendo ser prorogada ou adiada somente por deliberação propria tomada em sessão conjunta das duas Camaras. Cada legislatura durará tres annos.

Art. 12.º O Congresso poderá ser convocado extraordinariamente pela quarta parte dos seus membros ou pelo Poder Executivo.

Art. 13.º As duas Camaras, cujas sessões de abertura e encerramento serão nos mesmos dias, funccionarão separadamente e em sessões publicas, salvo deliberação em contrario.

As deliberações serão tomadas por maioria de votos, achando-se presente, em cada uma das Camaras, a maioria absoluta dos seus membros.

§ unico. A cada uma das Camaras compete verificar e reconhecer os poderes dos seus membros, eleger a sua mesa, organizar o seu Regimento interno, regular a sua policia e nomear os seus empregados.

Art. 14.º As sessões conjuntas das duas Camaras serão presididas pelo mais velho dos seus Presidentes.

Art. 15.º Os Deputados e Senadores são inviolaveis pelas opiniões e votos que emittirem no exercicio do seu mandato. O seu voto é livre e independente de quaesquer insinuações ou instrucções.

Art. 16.º Durante o exercicio das funcções legislativas, nenhum membro do Congresso poderá ser jurado, perito ou testemunha, sem autorização da respectiva Camara.

Art. 17.º Nenhum Deputado ou Senador poderá ser ou estar preso, durante o periodo das sessões, sem previa licença da sua Camara, excepto em flagrante delicto a que seja applicavel pena maior ou equivalente na escala penal.

Art. 18.º Se algum Deputado ou Senador for processado criminalmente, levado o processo até a pronuncia, o juiz communicá-lo-ha á respectiva Camara, a qual decidirá se o Deputado ou Senador deve ser suspenso e se o processo deve seguir no intervallo das sessões ou depois de findas as funcções do arguido.

Art. 19.º Os membros do Congresso terão, durante as sessões, um subsidio fixado pela Assembleia Nacional Constituinte.

Art. 20.º Nenhum membro do Congresso, depois de eleito, poderá celebrar contratos com o Poder Executivo, nem acceitar d'este ou de qualquer governo estrangeiro emprego retribuido ou commissão subsidiada.

§ 1.º Exceptuam-se d'esta ultima prohibição:

1.º As missões diplomaticas;

2.º As commissões ou commandos militares e os commissariados da Republica no Ultramar;

3.º Os cargos de accesso e as promoções legaes;

4.º As nomeações que por lei são feitas pelo Governo, precedendo concurso ou sobre proposta feita pelas entidades a quem legalmente caiba fazer indicação ou escolha do funccionario a nomear.

§ 2.º Nenhum Deputado ou Senador poderá, porem, acceitar nomeação para as missões, commissões ou commandos, de que tratam os n.ºˢ 1.º e 2.º do paragrapho antecedente, sem licença da respectiva Camara, quando da acceitação resultar privação do exercicio das funcções legislativas, salvo nos casos de guerra ou naquelles em que a honra e integridade da Nação se acharem empenhadas.

Art. 21.º Nenhum Deputado ou Senador poderá servir logares nos conselhos administrativos, gerentes ou fiscaes de empresas ou sociedades constituidas por contrato ou concessão especial do Estado ou que d'este hajam privilegio não conferido por lei generica, subsidio ou garantia de rendimento (salvo o que, por delegação do Governo, representar nellas os interesses do Estado) e outrosim não poderá ser concessionario, contratador ou socio de firmas contratadoras de concessões, arrematações ou empreitadas de obras publicas e operações financeiras com o Estado.

§ unico. A inobservancia dos preceitos contidos neste artigo ou no antecedente importa, de pleno direito, perda do mandato e annullação dos actos e contratos nelles referidos.

Da Camara dos Deputados

Art. 22.º Os Deputados são eleitos por tres annos.

§ unico. O Deputado eleito para preencher alguma vaga occorrida por morte ou qualquer outra causa só exercerá o mandato durante o resto da legislatura.

Art. 23.º É privativa da Camara dos Deputados a iniciativa:

a) Sobre impostos;
b) Sobre organização das forças de terra e mar;
c) Sobre a discussão das propostas feitas pelo Poder Executivo;
d) Sobre a pronuncia dos membros do Poder Executivo, por crimes de responsabilidade praticados nessa qualidade, de acordo com o disposto na presente Constituição;
e) Sobre a revisão da Constituição;
f) Sobre a prorogação e o adiamento da sessão legislativa.

Do Senado

Art. 24.º Os Senadores são eleitos por seis annos.

Todas as vezes que houver de se proceder a eleições geraes de Deputados, o Senado será renovado em metade dos seus membros.

§ 1.º Para a primeira renovação do Senado, assim constituido, decidirá a sorte sobre os districtos e provincias ultramarinas cujos representantes devam sair, e nas subsequentes a antiguidade da eleição.

§ 2.º O Senador eleito para preencher alguma vaga

occorrida por morte ou qualquer outra causa exercerá o mandato pelo tempo que restava ao substituido.

Art. 25.º Ao Senado compete privativamente approvar ou rejeitar, por votação secreta, as propostas de nomeação dos governadores e commissarios da Republica para as provincias do Ultramar.

§ unico. Estando encerrado o Congresso, o Poder Executivo só poderá fazer, a titulo provisorio, as nomeações, de que trata este artigo.

Das attribuições do Congresso da Republica

Art. 26.º Compete privativamente ao Congresso da Republica:

1.º Fazer leis, interpretá-las, suspendê-las e revogá-las.

2.º Velar pela observancia da Constituição e das leis e promover o bem geral da Nação.

3.º Orçar a receita e fixar a despesa da Republica, annualmente, tomar as contas da receita e despesa de cada exercicio financeiro e votar annualmente os impostos.

4.º Autorizar o Poder Executivo a realizar emprestimos e outras operações de credito, que não sejam de divida fluctuante, estabelecendo ou approvando previamente as condições geraes em que devem ser feitos.

5.º Regular o pagamento da divida interna e externa.

6.º Resolver sobre a organização da defesa nacional.

7.º Criar e supprimir empregos publicos, fixar as attribuições dos respectivos empregados e estipular-lhes os vencimentos.

8.º Criar e supprimir alfandegas.

9.º Determinar o peso, o valor, a inscrição, o typo e a denominação das moedas.

10.º Fixar o padrão dos pesos e medidas.

11.º Criar bancos de emissão, regular a emissão bancaria e tributá-la.

12.º Resolver sobre os limites dos territorios da Nação.

13.º Fixar, nos termos de leis especiaes, os limites das divisões administrativas do país e resolver sobre a sua organização geral.

14.º Autorizar o Poder Executivo a fazer a guerra, se não couber o recurso á arbitragem ou esta se mallograr, salvo caso de aggressão imminente ou effectiva por forças estrangeiras, e a fazer a paz.

15.º Resolver definitivamente sobre tratados e convenções.

16.º Declarar em estado de sitio, com suspensão total ou parcial das garantias constitucionaes, um ou mais pontos do territorio nacional, no caso de aggressão imminente ou effectiva por forças estrangeiras ou no de perturbação interna.

§ 1.º Não estando reunido o Congresso, exercerá esta attribuição o Poder Executivo.

§ 2.º Este, porem, durante o estado de sitio, restringir-se-ha, nas medidas de repressão contra as pessoas, a impor a detenção em logar não destinado aos reus de crimes communs.

§ 3.º Reunido o Congresso, no prazo de trinta dias, o que poderá ter logar por direito proprio, o Poder Executivo lhe relatará, motivando-as, as medidas de excepção que houverem sido tomadas e por cujo abuso são responsaveis as autoridades respectivas.

17.º Organizar o Poder Judicial nos termos da presente Constituição.

18.º Conceder amnistia.

19.º Eleger o Presidente da Republica.

20.º Destituir o Presidente da Republica, nos termos d'esta Constituição.

21.º Deliberar sobre a revisão da Constituição antes de decorrido o decennio, nos termos do § 1.º do artigo 82.º

22.º Regular a administração dos bens nacionaes.

23.º Decretar a alienação dos bens nacionaes.

24.º Sanccionar os regulamentos elaborados para execução das leis.

§ unico. Os regulamentos sem esta sancção consideram-se provisorios.

25.º Continuar no exercicio das suas funcções legislativas, depois de terminada a respectiva legislatura, se por algum motivo as eleições não tiverem sido feitas nos prazos constitucionaes.

§ unico. Esta ampliação de funcções prolongar-se-ha até a realização das eleições que devem mandar ao Congresso os seus novos membros.

Art. 27.º As autorizações concedidas pelo Poder Legislativo ao Poder Executivo não poderão ser aproveitadas mais de uma vez.

Da iniciativa, formação e promulgação das leis e resoluções

Art. 28.º Salvo o disposto no artigo 23.º, a iniciativa de todos os projectos de lei compete indistinctamente a qualquer dos membros do Congresso ou do Poder Executivo.

Art. 29.º O projecto de lei adoptado numa das Camaras será submettido á outra; e, se esta o approvar, enviá-lo-ha ao Presidente da Republica para que o promulgue como lei.

Art. 30.º A formula da promulgação é a seguinte: «Em nome da Nação, o Congresso da Republica decreta e eu promulgo a lei (ou resolução) seguinte».

Art. 31.º O Presidente da Republica, como chefe do Poder Executivo, promulgará qualquer projecto de lei dentro do prazo de quinze dias a contar da data em que lhe tenha sido apresentado. O seu silencio, até o ultimo dia do referido prazo, equivale á promulgação da lei.

Art. 32.º O projecto de lei approvado numa das Camaras será enviado á outra, que sobre elle deverá pronunciar-se o mais tardar na sessão legislativa seguinte áquella em que tenha sido approvado. Em caso de falta será promulgado o texto approvado pela Camara que iniciou o projecto.

Art. 33.º O projecto de uma Camara, emendado na outra, voltará á primeira, que, se acceitar as emendas, o enviará, assim modificado, ao Presidente da Republica, para a promulgação.

Se a Camara iniciadora não approvar as emendas ao projecto, serão estas, com elle, submettidas á discussão e votação das duas Camaras reunidas em sessão conjunta.

O texto approvado será enviado ao Presidente da Republica, que o promulgará como lei.

Art. 34.º No caso de rejeição pura e simples, por uma das Camaras, do projecto já approvado na outra, proceder-se-ha como se o projecto tivesse soffrido emendas em vez de rejeição.

Art. 35.º Os projectos definitivamente rejeitados não poderão ser renovados na mesma sessão legislativa.

SECÇÃO II
Do Poder Executivo

Art. 36.º O Poder Executivo é exercido pelo Presidente da Republica e pelos Ministros.

Art. 37.º O Presidente da Republica representa a Nação nas relações geraes do Estado, tanto internas como externas.

Da eleição do Presidente da Republica

Art. 38.º A eleição do Presidente da Republica realizar-se-ha em sessão especial do Congresso, reunido por direito proprio, no 60.º dia anterior ao termo de cada periodo presidencial.

§ 1.º O escrutinio será secreto e a eleição será por dois terços dos votos dos membros das duas Camaras do Congresso reunidas em sessão conjunta.

Se nenhum dos candidatos tiver obtido essa maioria, a eleição continuará, na terceira votação, apenas entre os dois mais votados, sendo finalmente eleito o que tiver maior numero de votos.

§ 2.º No caso de vacatura da presidencia, por morte ou qualquer outra causa, as duas Camaras, reunidas em Congresso da Republica por direito proprio, procederão immediatamente á eleição do novo Presidente, que exercerá o cargo durante o resto do periodo presidencial do substituido.

§ 3.º Emquanto se não realizar a eleição a que se refere o paragrapho anterior, ou quando, por qualquer motivo, houver impedimento transitorio do exercicio das funcções presidenciaes, os Ministros ficarão conjuntamente investidos na plenitude do Poder Executivo.

Art. 39.º Só pode ser eleito Presidente da Republica o cidadão português, maior de 35 annos, no pleno gozo dos direitos civis e politicos, e que não tenha tido outra nacionalidade.

Art. 40.º São inelegiveis para o cargo de Presidente da Republica:
a) As pessoas das familias que reinaram em Portugal;
b) Os parentes consanguineos ou affins em 1.º ou 2.º grau, por direito civil, do Presidente que sae do cargo, mas só quanto á primeira eleição posterior a esta saida.

Art. 41.º O Presidente eleito que for membro do Congresso perde immediatamente, por effeito da eleição, aquella qualidade.

Art. 42.º O Presidente é eleito por quatro annos e não pode ser reeleito durante o quatriennio immediato.

§ unico. O Presidente deixa o exercicio das suas funcções no mesmo dia em que expira o seu mandato, assumindo-as logo o eleito.

Art. 43.º Ao tomar posse do cargo, o Presidente pronunciará, em sessão conjunta das Camaras do Congresso, sob a Presidencia do mais velho dos Presidentes, esta declaração de compromisso:

«Affirmo solennemente, pela minha honra, manter e cumprir com lealdade e fidelidade a Constituição da Republica, observar as leis, promover o bem geral da Nação, sustentar e defender a integridade e a independencia da Patria Portuguesa».

Art. 44.º O Presidente não pode ausentar-se do territorio nacional, sem permissão do Congresso, sob pena de perder o cargo.

Art. 45.º O Presidente perceberá um subsidio que será fixado antes da sua eleição e não poderá ser alterado durante o periodo do seu mandato.

§ unico. Nenhuma das propriedades da Nação, nem mesmo aquella em que funccionar a Secretaria da Presidencia da Republica, pode ser utilizada para commodo pessoal do Presidente ou de pessoas da sua familia.

Art. 46.º O Presidente pode ser destituido pelas duas Camaras reunidas em Congresso, mediante resolução fundamentada e approvada por dois terços dos seus membros e que claramente consigne a destituição, ou em virtude de condemnação por crime de responsabilidade.

Das attribuições do Presidente da Republica

Art. 47.º Compete ao Presidente da Republica:

1.º Nomear os Ministros de entre os cidadãos portugueses elegiveis e demitti-los;

2.º Convocar o Congresso extraordinariamente, quando assim o exija o bem da Nação;

3.º Promulgar e fazer publicar as leis e resoluções do Congresso, expedindo os decretos, instrucções e regulamentos adequados á boa execução das mesmas;

4.º Sob proposta dos Ministros, prover todos os cargos civis e militares e exonerar, suspender e demittir os respectivos funccionarios, na conformidade das leis e ficando sempre a estes resalvado o recurso aos tribunaes competentes;

5.º Representar a Nação perante o estrangeiro e dirigir a politica externa da Republica, sem prejuizo das attribuições do Congresso;

6.º Declarar, de acordo com os Ministros e por periodo não excedente a trinta dias, o estado de sitio em qualquer ponto do territorio nacional, nos casos de aggressão estrangeira ou grave perturbação interna, nos termos dos §§ 1.º, 2.º e 3.º do n.º 16.º do artigo 26.º d'esta Constituição;

7.º Negociar tratados de commercio, de paz e de arbitragem e ajustar outras convenções internacionaes, submettendo-as á ratificação do Congresso.

§ unico. Os tratados de alliança serão submettidos ao exame do Congresso, em sessão secreta, se assim o pedirem dois terços dos seus membros;

8.º Indultar e commutar penas;

9.º Prover a tudo quanto for concernente á segurança interna e externa do Estado, na forma da Constituição.

Art. 48.º As attribuições a que se refere o artigo antecedente serão exercidas por intermedio dos Ministros e nos termos do artigo 49.º

Dos Ministros

Art. 49.º Todos os actos do Presidente da Republica deverão ser referendados, pelo menos, pelo Ministro competente. Não o sendo, são nullos de pleno direito, não poderão ter execução e ninguem lhes deverá obediencia.

Art. 50.º Os Ministros não podem accumular o exercicio de outro emprego ou funcção publica, nem ser eleitos para a Presidencia da Republica, se não tiverem deixado de exercer o seu cargo seis meses antes da eleição.

§ 1.º Os membros do Congresso que acceitarem o cargo de Ministro não perderão o mandato.

§ 2.º Applicam-se aos Ministros as prohibições e outras disposições enumeradas no artigo 21.º e seu paragrapho.

Art. 51.º Cada Ministro é responsavel politica, civil e criminalmente pelos actos que legalizar ou praticar.

Os Ministros serão julgados, nos crimes de responsabilidade, pelos tribunaes ordinarios.

Art. 52.º Os Ministros devem comparecer nas sessões do Congresso e teem sempre o direito de se fazer ouvir em defesa dos seus actos.

Art. 53.º De entre os Ministros, um d'elles, nomeado tambem pelo Presidente, será presidente do Ministerio e responderá não só pelos negocios da sua pasta, mas tambem pelos de politica geral.

Art. 54.º Nos primeiros quinze dias de janeiro, o Ministro das Finanças apresentará á Camara dos Deputados o Orçamento Geral do Estado.

Dos crimes de responsabilidade

Art. 55.º São crimes de responsabilidade os actos do Poder Executivo e seus agentes que attentarem:

1.º Contra a existencia politica da Nação;
2.º Contra a Constituição e o regime republicano democratico;
3.º Contra o livre exercicio dos Poderes do Estado;
4.º Contra o gozo e o exercicio dos direitos politicos e individuaes;
5.º Contra a segurança interna do país;
6.º Contra a probidade da administração;
7.º Contra a guarda e o emprego constitucional dos dinheiros publicos;
8.º Contra as leis orçamentaes votadas pelo Congresso.

§ 1.º A condemnação por qualquer d'estes crimes implica a perda do cargo e a incapacidade para exercer funcções publicas.

§ 2.º O Presidente da Republica não é responsavel pelos actos de administração dos Ministros ou seus agentes sendo-o apenas pelos crimes indicados nos n.ᵒˢ 1.º, 2.º, 3.º, 4.º e 5.º d'este artigo.

SECÇÃO III
Do Poder Judicial

Art. 56.º O Poder Judicial da Republica terá por orgãos um Supremo Tribunal de Justiça e tribunaes de primeira e segunda instancia.

§ unico. O Supremo Tribunal de Justiça terá a sua sede em Lisboa. Os tribunaes de primeira e segunda instancia serão distribuidos pelo país, conforme as necessidades da administração da justiça o exigirem.

Art. 57.º Os juizes do quadro da magistratura judicial são vitalicios e inamoviveis; e as suas nomeações, demissões, suspensões, promoções, transferencias e collocações fora do quadro serão feitas nos termos da lei organica do Poder Judicial.

Art. 58.º É mantida a instituição do jury.

Art. 59.º A intervenção do jury será facultativa ás partes em materia civil e commercial, e obrigatoria em materia criminal, quando ao crime caiba pena mais grave do que prisão correccional e quando os delictos forem de origem ou de caracter politico.

Art. 60.º Os juizes serão irresponsaveis nos seus julgamentos, salvo as excepções consignadas na lei.

Art. 61.º Nenhum juiz poderá acceitar do Governo funcções remuneradas. Quando convier ao serviço publico, o Governo poderá requisitar os juizes que entender necessarios para quaesquer commissões permanentes ou temporarias, sendo as nomeações feitas nos termos que a respectiva lei organica determinar.

Art. 62.º As sentenças e ordens do Poder Judicial serão executadas por officiaes judiciarios privativos, aos quaes as autoridades competentes serão obrigadas a prestar auxilio quando invocado por elles.

Art. 63.º O Poder Judicial, desde que, nos feitos submettidos a julgamento, qualquer das partes impugnar a validade da lei ou dos diplomas emanados do Poder Executivo ou das corporações com autoridade publica, que tiverem sido invocados, apreciará a sua legitimidade constitucional ou conformidade com a Constituição e principios nella consagrados.

Art. 64.º O Presidente da Republica será processado e julgado nos tribunaes communs pelos crimes que praticar.

§ unico. Levado o processo até a pronuncia, o juiz communicá-lo-ha ao Congresso que, em sessão conjunta das duas Camaras, decidirá se o Presidente da Republica deve ser immediatamente julgado ou se o seu julgamento deve realizar-se depois de terminadas as suas funcções.

Art. 65.º Se algum Ministro for processado criminalmente, levado o processo até a pronuncia, o juiz communicá-lo-ha á Camara dos Deputados, a qual decidirá se o Ministro deve ser suspenso e se o processo deve seguir no intervallo das sessões ou depois de findas as funcções do arguido.

TITULO IV

Das instituições locaes administrativas

Art. 66.º A organização e attribuições dos corpos administrativos serão reguladas por lei especial e assentarão nas bases seguintes:

1.ª O Poder Executivo não terá ingerencia na vida dos corpos administrativos.

2.ª As deliberações dos corpos administrativos poderão ser modificadas ou annulladas pelos tribunaes do contencioso quando forem offensivas das leis e regulamentos de ordem geral.

3.ª Os poderes districtaes e municipaes serão divididos em deliberativo e executivo, nos termos que a lei prescrever.

4.ª Exercicio do *referendum* nos termos que a lei determinar.

5.ª Representação das minorias nos corpos administrativos.

6.ª Autonomia financeira dos corpos administrativos, na forma que a lei determinar.

TITULO V
Da administração das provincias ultramarinas

Art. 67.º Na administração das provincias ultramarinas predominará o regime da descentralização, com leis especiaes adequadas ao estado de civilização de cada uma d'ellas.

TITULO VI
Disposições geraes

Art. 68.º Todos os portugueses, cada qual segundo as suas aptidões, são obrigados pessoalmente ao serviço militar, para sustentar a independencia e a integridade da Patria e da Constituição e para defendê-las dos seus inimigos internos e externos.

Art. 69.º A força publica é essencialmente obediente e não pode formular petições ou representações collectivas, nem reunir senão por autorização ou ordem da autoridade competente. Os corpos armados não podem deliberar.

Art. 70.º Leis especiaes providenciarão acêrca da organização e administração das forças militares de terra e mar em todo o territorio da Republica.

Art. 71.º Para os condemnados por crimes e delictos eleitoraes não ha indulto. Pode todavia a Camara, a proposito de cuja eleição foram commettidos aquelles crimes ou delictos, tomar a iniciativa da concessão de amnistia, quando a votem dois terços dos seus membros e só depois de os condemnados haverem cumprido metade da pena, quando esta seja de prisão. A amnistia não pode abranger as custas e sellos do processo, as multas e as despesas de procuradoria.

Art. 72.º Os crimes de responsabilidade, a que se refere o artigo 55.º, serão definidos em lei especial.

Art. 73.º A Republica Portuguesa, sem prejuizo do pactuado nos seus tratados de alliança, preconiza o principio da arbitragem como o melhor meio de dirimir as questões internacionaes.

Art. 74.º São cidadãos portugueses, para o effeito do exercicio dos direitos politicos, todos aquelles que a lei civil considere como taes.

§ unico. A perda e a recuperação da qualidade de cidadão português são tambem reguladas pela lei civil.

Art. 75.º É assegurado a todos aquelles que, á data de ser promulgada esta Constituição, se encontrem servindo no exercito e na armada, o direito á medalha militar, nos termos das respectivas leis e regulamentos.

§ unico. São mantidas as pensões que até o presente foram concedidas aos condecorados com a Ordem da Torre e Espada.

Art. 76.º É mantida a medalha ao merito, philantropia e generosidade, bem como a de bons serviços no Ultramar.

Art. 77.º Annualmente o Congresso destinará algumas das suas sessões para tratar exclusivamente dos interesses locaes e reclamações feitas ao Poder Legislativo pelos corpos administrativos, na parte em que o Estado deve intervir.

Art. 78.º Uma lei especial fixará os casos e as condições em que o Estado concederá pensões ás familias dos militares mortos no serviço da Republica, ou aos militares inutilizados em razão do mesmo serviço.

Art. 79.º Os diplomas concedidos por feitos civicos e actos militares poderão ser acompanhados de medalhas.

Art. 80.º Continuam em vigor, emquanto não forem revogados ou revistos pelo Poder Legislativo, as leis e decretos com força de lei até hoje existentes, e que como lei ficam valendo, no que explicita ou implicitamente não for contrario ao systema de governo adoptado pela Constituição e aos principios nella consagrados.

Art. 81.º Approvada esta Constituição, será logo decretada e promulgada pela Mesa da Assembleia Nacional Constituinte e assinada pelos membros d'esta.

TITULO VII

Da revisão constitucional

Art. 82.º A Constituição da Republica Portuguesa será revista de dez em dez annos, a contar da promulgação d'esta e, para esse effeito, terá poderes constituintes o Congresso cujo mandato abranger a epoca da revisão.

§ 1.º A revisão poderá ser antecipada de cinco annos se for approvada por dois terços dos membros do Congresso em sessão conjunta das duas Camaras.

§ 2.º Não poderão ser admittidas como objecto de deliberação propostas de revisão constitucional que não definam precisamente as alterações projectadas, nem aquellas cujo intuito seja abolir a forma republicana do governo.

Disposições transitorias

Art. 83.º O primeiro Presidente da Republica Portuguesa será eleito em sessão especial marcada para o terceiro dia posterior áquelle em que a Constituição tiver sido approvada pela Assembleia Nacional Constituinte e depois de fixado o seu subsidio.

A eleição será por escrutinio secreto e maioria absoluta dos membros da Assembleia Nacional Constituinte com poderes verificados até a vespera.

Se, depois de realizado o segundo escrutinio, se verificar não haver maioria absoluta, o terceiro escrutinio será por maioria relativa entre os dois candidatos mais votados no segundo.

O primeiro mandato presidencial terminará no dia 5 de outubro de 1915.

§ unico. Para esta eleição não haverá a incompatibilidade a que se refere o artigo 50.º d'esta Constituição.

Art. 84.º Na sessão immediata áquella em que tiver logar a eleição do Presidente da Republica proceder se-ha á eleição do Senado.

§ 1.º Os primeiros Senadores serão eleitos de entre os Deputados á Assembleia Nacional Constituinte, maiores de trinta annos. Serão em numero de setenta e um, e os restantes membros da Assembleia Nacional Constituinte formarão a primeira Camara dos Deputados.

§ 2.º A escolha dos Senadores pela Assembleia Nacional Constituinte far-se-ha em quatro eleições: as tres primeiras por lista de vinte e um nomes e a ultima por lista de oito nomes. Nas tres primeiras listas haverá representação de todos os districtos, desde que os Deputados d'esses districtos estejam nas condições do presente artigo.

§ 3.º O mandato dos membros das duas Camaras assim formadas termina quando, finda a sessão legislativa de 1914, se houver constituido o novo Congresso nos termos prescritos pela Constituição.

Art. 85.º O primeiro Congresso da Republica elaborará as seguintes leis:

a) Lei sobre os crimes de responsabilidade;
b) Codigo administrativo;
c) Leis organicas das provincias ultramarinas;
d) Lei da organização judiciaria;
e) Lei sobre accumulação de empregos publicos;
f) Lei sobre incompatibilidades politicas;
g) Lei eleitoral.

§ unico. Parallelamente e em sessões alternadas proceder-se-ha á discussão do Orçamento Geral do Estado e de outras medidas urgentes.

Art. 86.º As vagas que occorrerem na primeira Camara dos Deputados só serão preenchidas se esta houver sido reduzida a menos de cento e trinta e cinco membros.

As vagas do primeiro Senado serão preenchidas na forma do disposto no artigo 84.º e seus paragraphos emquanto a Camara dos Deputados tiver mais de cento e trinta e cinco membros.

Art. 87.º Quando estiver encerrado o Congresso poderá o Governo tomar as medidas que julgar necessarias e urgentes para as provincias ultramarinas.

§ unico. Aberto o Congresso, o Governo prestará contas das medidas tomadas.

Sala das sessões da Assembleia Nacional Constituinte,

em 21 de Agosto de 1911

O Presidente,

A. Braamcamp Freire

O 1.º Secretario,

Baltasar d'Almeida Teixeira

O 2.º Secretario,

Affonso Henriques do Prado Castro e Lemos.
deputado pelo circulo 34 - Lisboa

Abel Acacio d'Almeida Botelho
Deputado pelo Circulo n.º 7.

Abilio Baeta das Neves Barreto
deputado por Elvas

Achilles Gonçalves Fernandes.
deputado pelo circulo 23

Adriano Augusto Pimenta
deputado pelo circulo n.º 10.

Adriano Gomes Ferreira Pimenta
deputado pelo circulo 12

Adriano Mendes de Vasconcellos
deputado pelo circulo 12

Affonso Augusto da Costa,
deputado por Lisboa (oriental)

Affonso Ferreira
circulo n.º 30

Albano Coutinho
    Deputado por Aveiro
Alberto Carlos da Silveira
    Deputado pelo circulo nº 47
Alberto de Moura Pinto
    Deputado por o circulo d'Arganil

Albert Pont
    Aveiro nº 14

Albino Pimenta d'Aguiar
    Evora (42)

Alexandre Augusto de Barros
    (Penafiel nº 12)

Alexandre Braga
    (Lisboa - occidental)

Alexandre José Botelho de Vasconcellos
    (Hº 1: Elvas).

Alfredo Balduino de Pinheiro Junior
    Circulo Nº 10 (Porto)

Alfredo Filho de Sousa
    Circulo nº 51

Alfredo Sjobure Martins d'Araujo
    Circulo nº 12 (Penafiel)

Alfredo José Durão
    circulo nº 9

Alfredo Maria Ladeira
    Circulo nº 35

[291]

Alfredo Rodrigues Gaspar
circulo nº 55 - Timor

Alvaro Xavier de Castro
circulo nº 21

Alvaro Poppe
circulo /21/

Amaro d'Azevedo Gomes
Lisboa occidental

Americo Olavo Correa d'Azevedo
circulo 27 (Castello Branco)

Amilcar da Silva Ramada Curto
Deputado pelo circulo 28 (Covilhã)

Angelo Rodrigues de Tomer
Circulo Nº 24 — Coimbra

Angelo Vaz
Circulo nº 10 — Porto

Annibal de Sousa Dias
circulo nº 31 — Santarem

Anselmo Augusto da Costa Xavier
Circulo Nº 31 — Santarem

Antão Fernandes de Carvalho
Circulo n.º 6 — Villa-Real
Antonio Affonso Gorcia da Costa
Circulo n.º 43 — Extremz

Antonio Albino de Carv.ª Moura
Circulo n.º 8 — Bragança
Antonio Amorim de Carvalho
Circulo 20 — Moimenta de Beira
Antonio Anthehuen
Circulo n.º 45 — Faro
Antonio Augusto Pequeiroa Coimbra
Circulo n.º 14 Amarante
Antonio Barros Teixeira Victorino
Circulo 18 — Vizeu
Antonio Bernardino Roxo
circulo 9 Mancorvo
Antonio Mendão de Vasconcellos
circulo d'Oliveira d'Azemeis
Antonio [illegible] d'Abreu Freire [illegible]
Circulo de Extremz (16)

[293]

Antonio [...] — circulo nº 37 — Torres Vedras
Antonio Candido d'Almeida Leitão
 Circulo 24, Coimbra
Antonio Florido de Cunha Pessoa
 circulo nº 77
Antonio Braam[...]
 Circulo nº 86 — Villa Braam de [...]
Antonio Joaquim Pereira da Fonseca
 circulo nº 22 — Guarda
Antonio Joaquim Granjo
 Circulo nº 7 — Chaves
Antonio Joaquim de Souza Junior
 Circulo nº 51 — Ponta Delgada
Antonio José d'Almeida
 deputado pelo circulo oriental de Lisboa
Antonio José Lominho
 Circulo nº 40 — Portalegre
Antonio Ladislau Parreira
 Circulo nº 34 — Lisboa oriental
Antonio Ladislau Piçarra
 Circulo nº 45 — Aljustrel
Machado Santos
 circulo 35 — Lisboa Occ.

Antonio Maria da Lumbra Marques da Costa.
    Circulo Nº 19 — Oliveira d'Azemeis

Antonio Maria da Silva (circulo nº 47 — Silves)

Antonio Maria da Silva Ramalho
    Circulo 29, Leiria

Antonio de Paiva Gomes
    circulo nº 20 Pinhnente de Beira

Antonio Pires de Carvalho /24 (Coimbra)
Antonio Dias Ferreira Jor /36 Villafranca de Xira/

Antonio Ribeiro Luiz
    deputado pelo circulo nº 18
Antonio dos Santos Pousada —
    /10 circulo do Porto

    Antonio do Sá Cunha
    Deputado pelo circulo Nº 10
Antonio Xavier Correia Barreto
    Deputado pelo circulo Nº 10 (Porto)
Antonio Valente d'Almeida
    deputado pelo circulo nº 16 (Estarreja)
A
            [295]

Arthur Noviseo Garcia
Deputado pelo circulo 42 (Evora)

Arthur Augusto da Costa,
Deputado pelo circulo nº 22 (Guarda)

[assinatura]
Deputado pelo circulo Nº 48 (Angra do Heroismo)

[assinatura]
Deputado pelo circulo Nº 4 (Guimarães)

Aureliano Lopes de Mira Fernandes
Deputado pelo circulo nº 44 (Beja)

Bernardo Pais d'Almeida
Deputado pelo circulo Nº 18 (Viseu)

Carlos Amaro de Miranda e Silva
Deputado pelo circulo 2? (Torre Nova)

Carlos Antonio Callixto
Deputado pelo circulo nº 44 (Beja)

Carlos Meaix Pereira
Deputado pelo circulo 33 (Thomar)

Carlos Olavo Corrêa d'Azevedo
Deputado pelo circulo nº 50 (Funchal)

[assinatura] Carlos Richter
Circulo Nº 6. Vª Real

[296]

Carmim Rodrigues de Sá
 Circulo nº 1. Viana do Castello
Celestino Germano Paes d'Almeida
 Circulo Nº 38, Aldegallega.
Christovam de Moraes
Circulo Nº 51, Ponta Delgada
Domingos Leite Pereira
 Circulo nº 5 — Barcellos
Domingos Tasso de Figueiredo
 circulo nº 27 — Castello Branco —
Eduardo Abreu.
 Circul nº 48. Angra do Heroismo.
Eduardo d'Almeida
 Circulo nº 4 — Guimarães
Eduardo Pinto de Queiroz Montenegro
 circulo 14 Amarante
Elysio Brito d'Almeida e Castro
 circulo 15 — Estarreja
Eugenio Guilherme Garcia Mendez
 Circulo 21 — Santa Combo Dão
Ernesto Lameiro Franco
 Circulo 22 — Guarda
Evaristo Luiz das Neves Ferreira de Carvalho
 Circulo 25 — Figueira da Foz
Ezequiel Campos.
 Circulo 13. Sto Thyrso.
Faustino da Fonseca
 deputado por Angra do Heroismo (48)

Fernando Bauta Bissaya Barreto Rosa
circulo nº 25 Figueira da Foz

Fernando da Cunha Lacerda
circulo nº 9 Moncorvo

Ferreira Bottelho ---- (deputado por Lisboa)

Firm.º Ant.º Antunes (Depº por Bragança)
Circ - 8

Francisco Correia da Serra
circ. 17 - Oliveira d'Azemeis

Francisco da Cruz
Deputado pelo circulo nº 32 (Torres Vedras)

Francisco Eurelio Lourenço Leão
Deputado pelo circulo nº 40 (Portalegre)

Francisco José Pereira
Deputado pelo circulo nº 31 (Santarem)

Francisco Luis d'Arriaga
Deputado pelo circulo nº 51 (Ponta Delgada)

Francisco de Salles Ramos da Costa
coronel d'artilharia e deputado por Setubal

Francisco Taveira de Queiroz
Circulo nº 38 - Aldegalleg.

[298]

Francisco Xavier [Lateira?]
 circulo 10 (Porto)

Gaspar Rafael Rodrigues
 deputado pelo circulo 38 (Aldeia Gallega)

Gaudencio [Pires?] de Campos
 deputado pelo circulo 30 (Alcobaça)

Germano Lopes Martins (deputado pelo
 circulo do Porto)

Guilherme Nunes Godinho
 Circulo 32 Torres Novas

Helder Armando dos Santos Ribeiro
 Deputado circulo 28 (Covilhã)

Henrique José Caldeira Queiroz
 deputado pelo circulo 41 (Elvas)

Henrique Fernandes Santos Landeiro
 deputado pelo circulo n.º 11 Villa Nova de Gaya

Henrique de Souza Monteiro
 deputado pelo Circulo n.º 20 Mournt. da Beira

Ignacio de [Mey?] [Monte?]
 Deputado circulo 4º

Innocencio Carvalho Rodrigues
 Circulo 42 – Evora

J.ª Barreira
 Circulo n.º 7 – Chaves

João Carlos Nunes da Palma
 Circulo. n.º 3 – Braga

João Carlos Rodrigues d'Azevedo
Circulo de Barcellos

José Duarte ~~de Oliveira~~
Circulo de Lisboa (Occidental)

~~João Luiz Cintra~~
Circulo N.º 46 - Faro

João Gonçalves
Deputado pelo circulo N.º 36 (Villa Franca de Xira)

João José de ~~Freitas~~, *
Deputado pelo circulo n.º 3 (Braga)

João José Luiz Damas
Circulo N.º 33 (Thomar)

João Luiz Ricardo
circulo n.º 43 (Estremoz)

João ~~Methone Nunes Brandão~~
circulo n.º 14 (Amarante)

João Pereira Bastos
Deputado pelo circulo n.º 7 (Chaves)

Joaquim Antonio de Mello e Santos Ribeiro
Deputado pelo circulo 33 (Thomar)

Joaquim Beaudad
Deputado pelo circulo 39 (Setubal)

Joaquim José Pepuina da Rocha
Deputado pelo circulo n.º 25 (Figueira)

[300]

Joaquim José d'Oliveira
 (Circulo nº 3 - Braga)

Joaquim José de Sousa Fernandes
 Circulo nº 3 - Braga.

Joaquim Pedro Martins
 (Circulo nº 113 - Extremoz)

Joaquim Ribeiro de Carvalho
 Circulo nº 29 (Leiria).

Joaquim Theophilo Braga
 Circulo 35 - Lisboa Occidental.

Jorge Frederico de ... Jasers
 Deputado pelo circulo nº 40 - Portalegre

Jorge Nascimento Nunes
 Deputado pelo circulo nº 39 - Setubal

José Affonso Palla
 Deputado pelo circulo nº 34 - Lisboa

José Antonio Cantes Pedroso
 Deputado pelo circulo nº 49 - Horta

José Augusto Simas Machado
 Deputado pelo circulo nº 5 - Barcellos

José Barbosa
 deputado pelo circulo nº 35 - Lisboa Occidental

José ... Barros ... , deputado pelo
 circulo 26 - ...

José Bernardo Lopes ... , deputado
 pelo circulo 23 - Pinhel

José Bessa de Carvalho
 circulo nº 16. Estarreja

José [assinatura]
Circulo nº 35. Lisboa Occidental

José de Castro
Circulo 28 – [Covilhã?]

José Cordeiro Junior
Circulo 37, Torres Vedras

José Cupertino Ribeiro
Circulo 30 Alcobaça

José [assinatura]
Circulo nº 36 Villafranca de Xira

José [Loureiro?] de Vasconcellos
Circulo nº 44 Beja

José Francisco [Castro?]
Circulo nº 18 Santo Thyrso

Jose Jacintho Nunes
Circulo 44 (Beja)

José Luiz dos Santos Costa
Circulo 32 (Torres Novas)

Jose Machado de Serpa (Circulo de Horta - nº 49)

José Maria Cordeiro (Circulo nº 26 - Arganil)

Jose Maria de Moura Barata Feio Tereno
Circulo 39 (Setubal)

Jose Maria de Sá (Circulo 47 (Silves))

Jose M. Pereira (Circulo 41 (Elvas))

José Maria Villena Barbosa de Magalhães (Circulo n.º 17 - Oliveira d'Azemeis)

José Mendes Cabeçadas Jr.
Circulo n.º 47 (Silves)

José Miranda do Valle
Circulo n.º 45 (Aljustrel)

José Montez
Circulo N.º 51 (Santarem)

José Nunes da Matta (circ. 27)

José Pedrigão, circulo 19, Lamego

José Pereira da Costa Basto
Deputado pelo Circulo n.º 11 - Villa Nova de Gaia

José [illegible]
Deputado pelo Circulo n.º 18 - Viseu

José da [illegible] Ramos
Deputado pelo circulo 22 - Guarda

José Thomaz da Fonseca
Deputado pelo circulo 21 - Santa Comba Dão

Deputado pelo circulo 19 - Lamego
José [illegible]

José [illegible]
Circulo n.º 18 - Viseu

Julio do Patrocinio Martins
Circulo n.º 42 - (Evora)

[assinatura]
Circulo nº 30 – (Alcobaça)
Luiz Augusto Pinto de Mesquita Carvalho
   Circulo nº 13 (Santo Thyrso)
Luiz Fortunato da Fonseca

Luiz [Innocencio?] [...] Pereira
   Deputado pelo circulo nº 1 (Vianna do Castello)
Luiz Maria Rosette
   circulo nº 24 (Cintra?)
Manuel Alves
   circulo nº 15 (Aveiro)
Manoel d'Almeida
   circulo nº 50 Funchal
Manoel de [...]eiro – circulo 45 – Aljustrel
Manuel Gouberto de Medeiros – Circulo nº 49 – Horta
Manuel Jorge Forbes de Bessa – Circulo nº 11 – Villa Nova de [...]
Manuel José Fernandes Costa – Circulo de Arganil, nº 26
Manuel José [Julio?]

Manuel José de Lima, Circulo 10
Manuel Martins Cardoso
   Circulo nº 27 (Castello Branco)
Manuel [...] Vaz Bravo, junior
   Circulo 28 (Cacilhas)

M. Rodrigues da Silva
   circulo n.º Vianna do Castello
Manuel de Souza [?]
   circulo n.º 43, Estremoz
Mariano Martins
   circulo n.º 6 (Villa Real)
[?] Augusto Alves Ferrei[ra]
   circulo n.º 4 Guimarães
Narciso Alves d'a[?]
Circulo n.º 2 (Ponte do Lima)
Pedro Alfredo de Moraes Rosa
Circulo n.º 29 (Leiria)
Pedro Amaral Botto Machado
Circulo 23 – Pinhel

Pedro Januario do Valle [?]
   Circulo 34 – Lisboa Oriental
[?] da Ribeira Duarte d'Almeida
   deputado pelo circulo n.º 13, Santo Thyrso
[?]
   advogado e deputado pelo circulo n.º 12 ([?])
[?]
   deputado pelo circulo n.º 30 (Thomar)
Ricardo Paul Gomes
   Circulo n.º 23 (Pinhel)

Rodrigo Fernandes Antinho
Circulo n.º 2 (Ponte de Lima)

Sebastião Peres Rodrigues (circulo n.º 9)
Serrinario da Silva —10—Porto

Sidonio Bernardino Cardoso d Chatais
Circulo n.º 15 Aveiro
Thomaz Antonio de Pinah Cabrin
Circulo n.º 40, Faro

Thomaz José de Bandeira
Circulo n.º 37 Torres Vedras

Tiago Cezar Moreira Sales
Circulo n.º 37 Torres Vedras

Tito Augusto de Moraes
circulo n.º 2 Ponte de Lima

Victor Hugo de Azevedo Continho
circulo de Moçambique (norte)

Victor José d Sou d Macedo Pinto
Circulo n.º 20 Mormento de Beira

Victorino Henriques Godinho
Circulo 23 — Leiria

Victorino Maximo de Carvalho Guimarães
Circulo n.º 8 — Bragança

A presente edição
reproduz em fac-símile o texto da Constituição de 1911,
cujo exemplar único, assinado pelos Constituintes,
é conservado na Biblioteca da Assembleia da República.

O original-autógrafo,
que consta de provas de prelo em granel
e tem as medidas de 232 mm × 387 mm,
é aqui reproduzido com 180 mm × 297 mm.

Esta edição especial
de 500 exemplares,
em papel *vergé* de 100 g/m^2,
destina-se a comemorar
o 75.º aniversário
da Constituição da República de 1911.

Lisboa, 6 de Junho de 1986

Imprensa Nacional-Casa da Moeda

Depósito legal n.º 10 915/86

CONSTITUIÇÃO POLÍTICA DA MONARQUIA PORTUGUESA
(20 DE MARÇO DE 1838)

CONSTITUIÇÃO POLITICA

DA

MONARCHIA PORTUGUEZA.

LISBOA
NA IMPRENSA NACIONAL.

1838.

EDIÇÃO OFFICIAL.

DONA MARIA por Graça de Deos, e pela Constituição da Monarchia, RAINHA de Portugal, e dos Algarves d'aquem e d'alem mar, em Africa Senhora de Guiné, e da Conquista, Navegação e Commercio da Ethiopia, Arabia, Persia e da India, etc. Faço saber á todos os Meus Subditos, que as Côrtes Geraes, Extraordinarias, e Constituintes decretaram, e Eu acceitei, e jurei a seguinte

CONSTITUIÇÃO POLITICA

DA

MONARCHIA PORTUGUEZA.

TITULO I.

Da Nação Portugueza, seu Territorio, Religião, Govêrno e Dynastia.

CAPITULO UNICO.

Artigo 1.º A Nação Portugueza é a associação politica de todos os Portuguezes.

Art. 2.º O territorio portuguez comprehende:

Na Europa, as Provincias de Tras-os-Montes, Minho, Beira, Estremadura, Alem-Tejo, o Reino do Algarve, e as Ilhas adjacentes da Madeira e Porto-Santo, e dos Açores;

Na Africa Occidental, Bissau e Cacheu, o Forte de S. João Baptista d'Ajudá na Costa da Mina, Angola e

A *

Benguella e suas dependencias, Cabinda e Molembo, as Ilhas de Cabo-Verde, as de S. Thomé e Principe, e suas dependencias;

Na Africa Oriental, Moçambique, Rios de Senna, Bahia de Lourenço Marques, Sofalla, Inhambane, Quelimane, e as Ilhas de Cabo-Delgado;

Na Asia, Salsete, Bardez, Gôa, Damão, Diu, o estabelecimento de Macau, e as Ilhas de Timor e Solor.

§. unico. A Nação não renuncía a qualquer outra porção de territorio a que tenha direito.

Art. 3.º A Religião do Estado é a Catholica Apostolica Romana.

Art. 4.º O govêrno da Nação Portugueza é Monarchico-hereditario e representativo.

Art. 5.º A dynastia reinante é a da Serenissima Casa de Bragança, continuada na Pessoa da Senhora Dona MARIA II, actual Rainha dos Portuguezes.

TITULO II.

Dos Cidadãos Portuguezes.

CAPITULO UNICO.

Art. 6.º São Cidadãos portuguezes:

I. Os filhos de pae portuguez nascidos em territorio portuguez ou estrangeiro;

II. Os filhos legitimos de mãe portugueza e pae estrangeiro, nascidos em territorio portuguez, se não declararem que preferem outra naturalidade;

III. Os filhos illegitimos de mãe portugueza que nascerem em territorio portuguez, ou que havendo nascido em paiz estrangeiro, vierem estabelecer domicilio em qualquer parte da Monarchia;

IV. Os expostos em territorio portuguez cujos paes forem desconhecidos;

V. Os filhos de pae portuguez que tiver perdido a qualidade de Cidadão, uma vez que declarem, perante qualquer Camara Municipal, que querem ser Cidadãos portuguezes;

VI. Os estrangeiros naturalizados;

VII. Os libertos.

Art. 7.º Perde os direitos de Cidadão portuguez:
I. O que for condemnado no perdimento delles por sentença;
II. O que se naturalizar em paiz estrangeiro;
III. O que sem licença do Govêrno acceitar mercê lucrativa ou honorifica de qualquer govêrno estrangeiro.

Art. 8.º Suspende-se o exercicio dos direitos politicos:
I. Por incapacidade physica ou moral;
II. Por sentença condemnatoria a prisão ou degrêdo, em quanto durarem os seus effeitos.

TITULO III.

Dos direitos e garantias dos Portuguezes.

CAPITULO UNICO.

Art. 9.º Ninguem póde ser obrigado a fazer ou deixar de fazer senão o que a lei ordena ou prohibe.

Art. 10.º A lei é igual para todos.

Art. 11.º Ninguem póde ser perseguido por motivos de Religião, com tanto que respeite a do Estado.

Art. 12.º Todo o Cidadão póde conservar-se no Reino, ou sahir delle e levar comsigo os seus bens, uma vez que não infrinja os regulamentos de policia, e salvo o prejuizo público ou particular.

Art. 13.º Todo o Cidadão póde communicar os seus pensamentos pela imprensa ou por qualquer outro modo, sem dependencia de censura prévia.

§. 1.º A lei regulará o exercicio deste direito; e determinará o modo de fazer effectiva a responsabilidade pelos abusos nelle commettidos.

§. 2.º Nos processos de liberdade de Imprensa, o conhecimento do facto e a qualificação do crime pertencerão exclusivamente aos Jurados.

Art. 14.º Todos os Cidadãos tem o direito de se associar na conformidade das leis.

§. 1.º São permittidas, sem dependencia de authorização prévia, as reuniões feitas tranquillamente e sem armas.

§. 2.º Quando porém se reunirem em logar descuberto, os Cidadãos darão préviamente parte á authoridade competente.

§. 3.º A fôrça armada não poderá ser empregada para dissolver qualquer reunião, sem preceder intimação da authoridade competente.

§. 4.º Uma lei especial regulará, em quanto ao mais, o exercicio deste direito.

Art. 15.º E' garantido o direito de petição. Todo o Cidadão póde, não só apresentar aos Podêres do Estado reclamações, queixas e petições sôbre objectos de interêsse público ou particular, mas tambem expôr quaesquer infracções da Constituição ou das leis, e requerer a effectiva responsabilidade dos infractores.

Art. 16.º A casa do Cidadão é inviolavel.

De noite sómente se poderá entrar nella:

I. Por seu consentimento;
II. Em caso de reclamação feita de dentro;
III. Por necessidade de socorro;
IV. Para aboletamento de tropa feito por ordem da competente authoridade.

De dia sómente se póde entrar na casa do Cidadão nos casos e pelo modo que a lei determinar.

Art. 17.º Ninguem póde ser prêso sem culpa formada, excepto nos casos declarados na lei; e nestes, dentro de vinte e quatro horas contadas da entrada da prisão sendo em logar proximo da residencia da respectiva authoridade, e nos logares remotos dentro de um praso razoavel que a lei marcará, a respectiva authoridade, por uma nota por ella assignada, fará constar ao reo o motivo da prisão, os nomes dos accusadores e os das testemunhas havendo-as.

§. 1.º Ainda com culpa formada, ninguem será conduzido á prisão ou nella conservado, se prestar fiança idonea nos casos em que a lei a admitte; e em geral, nos crimes que não tiverem maior pena que a de seis mezes de prisão ou destêrro, poderá o reo livrar-se sôlto.

§. 2.º A' excepção de flagrante delicto, a prisão não póde ser executada senão por ordem escripta da authoridade competente. Se a ordem for arbitraria, a authoridade que a deu será punida na conformidade das leis.

§. 3.º O que fica disposto ácerca da prisão sem culpa formada, não é applicavel ás Ordenanças Militares para a disciplina e recrutamento do Exército e Armada; nem comprehende os casos em que a lei determina a prisão de alguem por desobedecer á authoridade legítima, ou por não cumprir alguma obrigação dentro do prazo determinado.

Art. 18.º Ninguem será julgado senão pela authoridade competente, nem punido senão por lei anterior.

Art. 19.º Nenhuma authoridade póde avocar as causas pendentes, sustá-las, ou fazer reviver os processos findos.

Art. 20.º Ficam abolidos todos os privilegios que não forem essencialmente fundados em utilidade pública.

§. unico. A' excepção das causas que por sua natureza pertencerem a juizos particulares na conformidade das leis, não haverá fôro privilegiado nem commissões especiaes.

Art. 21.º Ficam prohibidos os açoutes, a tortura, a marca de ferro, e todas as mais penas e tratos crueis.

Art. 22.º Nenhuma pena passará da pessoa do delinquente: não haverá, em caso algum, confiscação de bens, nem a infamia dos reos se transmittirá aos parentes.

Art. 23.º E' garantido o direito de propriedade. Com tudo, se o bem público, legalmente verificado, exigir o emprêgo ou damnificação de qualquer propriedade, será o proprietario préviamente indemnizado. Nos casos de extrema e urgente necessidade, poderá o proprietario ser indemnizado depois da expropriação ou damnificação.

§. 1.º E' garantida a divida nacional.

§. 2.º E' irrevogavel a venda dos Bens Nacionaes feita na conformidade das leis.

§. 3.º E' permittido todo o genero de trabalho, cultura, indústria e commércio, salvas as restricções da lei por utilidade pública.

§. 4.º Garante-se aos inventores a propriedade de suas descubertas, e aos escriptores a de seus escriptos, pelo tempo e na fórma que a lei determinar.

Art. 24.º Ninguem é isento de contribuir, em proporção de seus haveres, para as despezas do Estado.

Art. 25.º E' livre a todo o Cidadão resistir a qualquer ordem que manifestamente violar as garantias individuaes, se não estiverem legalmente suspensas.

CONSTITUIÇÃO POLITICA

Art. 26.° Os empregados publicos são responsaveis por todo o abuso e omissão pessoal no exercicio de suas funcções, ou por não fazer effectiva a responsabilidade de seus subalternos. Haverá contra elles acção popular por suborno, peita, peculato ou concussão.

Art. 27.° O segredo das cartas é inviolavel.

Art. 28.° A Constituição tambem garante:

I. A instrucção primaria e gratuita;

II. Estabelecimentos em que se ensinem as sciencias, lettras e artes;

III. Os soccorros públicos;

IV. A nobreza hereditaria e suas regalias puramente honorificas.

Art. 29.° O ensino público é livre a todos os Cidadãos, com tanto que respondam, na conformidade da lei, pelo abuso deste direito.

Art. 30.° Todo o Cidadão póde ser admittido aos cargos publicos, sem mais differença que a do talento, merito e virtudes.

Art. 31.° E' garantido o direito a recompensas por serviços feitos ao Estado, na fórma das leis.

Art. 32.° As garantias individuaes podem ser suspensas por acto do Poder Legislativo, nos casos de rebellião ou invasão de inimigo, e por tempo certo e determinado.

§. 1.° Se as Côrtes não estiverem reunidas, e se verificar algum dos casos acima mencionados, correndo à Patria perigo imminente, poderá o Govêrno decretar provisoriamente a suspensão das garantias.

§. 2.° O Decreto da suspensão incluirá no mesmo contexto a convocação das Côrtes para se reunirem dentro de quarenta dias; sem o que, será nullo e de nenhum effeito.

§. 3.° O Govêrno revogará immediatamente a suspensão das garantias por elle decretada logo que cesse a necessidade urgente que a motivou.

§. 4.° A Lei ou Decreto que suspender as garantias designará expressamente as que ficam suspensas.

§. 5.° Durante o periodo de eleições geraes para Deputados, em caso algum poderá o Govêrno suspender as garantias.

§. 6.° Quando o Govêrno tiver suspendido as garantias, dará conta ás Côrtes, logo que se reunirem, do

DA MONARCHIA PORTUGUEZA.

motivo da suspensão, e lhes apresentará um relatorio documentado das medidas de prevenção que por ésta occasião tiver tomado.

TITULO IV.

Dos Podéres Politicos.

CAPITULO UNICO.

Art. 33.° A Soberania reside essencialmente em a Nação, da qual emanam todos os podéres politicos.
Art. 34.° Os podêres politicos são o Legislativo, o Executivo e o Judiciario.
§. 1.° O Podêr Legislativo compete ás Côrtes com a Sancção do Rei.
§. 2.° O Executivo ao Rei, que o exerce pelos Ministros e Secretarios d'Estado.
§. 3.° O Judiciario aos Juizes e Jurados na conformidade da lei.
Art. 35.° Os podêres politicos são essencialmente independentes: nenhum póde arrogar as attribuições do outro.

TITULO V.

Do Podér Legislativo.

CAPITULO PRIMEIRO.

Das Côrtes e suas attribuições.

Art. 36.° As Côrtes compoem-se de duas Camaras: Camara de Senadores, e Camara de Deputados.
Art. 37.° Compete ás Côrtes:
I. Fazer as leis, interpretá-las, suspendê-las e revogá-las;
II. Velar na observancia da Constituição e das leis, e promover o bem geral da Nação;
III. Tomar juramento ao Rei, Regente ou Regencia, e ao Principe Real;
IV. Eleger o Regente nos casos em que a Constitui-

B

ção o prescreve; e marcar os limites da sua authoridade, ou elle seja electivo ou chamado pelo direito da successão;

V. Reconhecer o Principe Real como successor da Corôa, na primeira reunião depois do seu nascimento, e approvar o plano de sua educação;

VI. Nomear tutor ao Rei menor, não sendo vivo seu Pae ou Avô, ou não lhe tendo sido nomeado em testamento;

VII. Confirmar o tutor nomeado pelo Rei, se este abdicar ou sahir do Reino;

VIII. Resolver as dúvidas que occorrerem sôbre a successão da Corôa;

IX. Approvar, antes de serem ratificados, os tratados de alliança, subsidios, commércio, troca ou cessão de alguma porção de territorio portuguez ou de direito a ella;

X. Fixar annualmente, sôbre proposta ou informação do Govêrno, as fôrças de terra e mar;

XI. Conceder ou negar a entrada de fôrças estrangeiras de terra ou de mar;

XII. Votar annualmente os impostos, e fixar a receita e despeza do Estado;

XIII. Authorizar o Govêrno para contrahir emprestimos, estabelecendo ou approvando préviamente, excepto nos casos de urgencia, as condicções com que devem ser feitos;

XIV. Estabelecer meios convenientes para o pagamento da dívida pública;

XV. Regular a administração dos Bens Nacionaes, e decretar a sua alienação;

XVI. Crear ou supprimir empregos, e estabelecer-lhes ordenado;

XVII. Determinar o valor, pêso, lei, inscripção, typo e denominação das moedas, assim como o padrão dos pesos e medidas.

Art. 38.º Cada uma das Camaras, no princípio das sessões ordinarias, examinará se a Constituição e as leis tem sido observadas.

Art. 39.º Cada uma das Camaras tem o direito de proceder, por meio de commissões de inquérito, ao exame de qualquer objecto de sua competencia.

Art. 40.º Nenhuma das Camaras póde tomar resolução alguma sem que esteja presente a maioria da totalidade de seus membros.

Art. 41.º Haverá em cada anno uma sessão ordinaria de Côrtes, que nunca poderá durar menos de tres meses: no caso de dissolução, os tres mesés principiarão a contar-se da reunião da nova Camara dos Deputados.

Art. 42.º A sessão de abertura será sempre celebrada no dia dois de Janeiro: e assim ésta como a de encerramento serão Reaes.

§. unico. Tanto uma cómo outra se farão em Côrtes Geraes, reunidas ambas as Camaras, e ficando os Senadores á direita e os Deputados á esquerda.

Art. 43.º Cada uma das Camaras elege o seu Presidente, Vice-Presidente e Secretarios.

Art. 44.º As sessões de ambas as Camaras serão públicas, excepto nos casos em que o bem do Estado exigir que sejam secretas.

Art. 45.º Na reunião de ambas as Camaras, o Presidente da Camara dos Senadores dirige os trabalhos.

Art. 46.º Ninguem póde ser ao mesmo tempo membro de ambas as Camaras.

Art. 47.º Os Senadores e os Deputados são inviolaveis por suas opiniões e votos em Côrtes.

Art. 48.º Nenhum Senador ou Deputado póde sér préso sem ordem da respectiva Camara, excepto nos casos de flagrante delicto.

§. unico. Se algum Senador ou Deputado for pronunciado, o Juiz suspendendo todo o ulterior procedimento, dará conta á respectiva Camara; a qual decidirá se o processo hade continuar, e se o Deputado ou Senador pronunciado deve ser ou não suspenso do exercicio de suas funcções.

Art. 49.º Nenhum Senador ou Deputado, desde o dia em que a sua eleição constar na competente Secretaría d'Estado, póde acceitar, ou solicitar para si ou parente seu, pensão ou condecoração alguma, nem emprêgo provido pelo Govêrno, salvo se lhe competir por antiguidade ou escala na carreira da sua profissão.

Art. 50.º Os Senadores e Deputados podem ser nomeados Ministros e Secretarios d'Estado, deixando immediatamente vagos os seus logares: mas desde logo se procederá a nova eleição, e se forem reeleitos, poderão cumular ambas as funcções.

Art. 51.º Os Senadores e Deputados, durante o tempo das sessões, ficam inhibidos do exercicio de qualquer emprêgo, excepto do de Ministro e Secretario d'Estado.

§. unico. No intervallo das Sessões não irão exercer os seus empregos, nem poderão ser empregados pelo Govêrno quando isso os impossibilite de se reunirem no tempo da convocação das Côrtes Ordinarias.

Art. 52.º Nos casos em que o bem do Estado exigir que algum Senador ou Deputado sáia das Côrtes para outro serviço, a respectiva Camara o poderá authorizar.

CAPITULO SEGUNDO.

Da Camara dos Deputados.

Art. 53.º A Camara dos Deputados é electiva e triennal.

Art. 54.º E' privativa da Camara dos Deputados a iniciativa:
I. Sôbre impostos;
II. Sôbre recrutamento.

Art. 55.º Tambem principiará na Camara dos Deputados a discussão das propostas do Podêr Executivo.

Art. 56.º E' privativa attribuição da mesma Camara decretar a accusação dos Ministros e Secretarios de Estado.

Art. 57.º Os Deputados tem direito a um subsidio durante as sessões, e a serem indemnizados pelas despezas de vinda e volta.

§. unico. Os Deputados das Provincias d'Asia e d'Africa que não tiverem domicilio no continente do Reino e ilhas adjacentes, vencerão tambem um subsidio no intervallo das sessões.

CAPITULO TERCEIRO.

Da Camara dos Senadores.

Art. 58.º A Camara dos Senadores é electiva e temporaria.

Art. 59.º O número dos Senadores será, pelo menos; igual á metade do número dos Deputados.

Art. 60.º O Principe Real, logo que complete dezoito annos de idade, é Senador de direito; mas só tem voto aos vinte e cinco annos.

Art. 61.º E' privativa attribuição da Camara dos Senadores:

I. Conhecer dos delictos individuaes commettidos pelos membros da Familia Real, pelos Ministros e Secretarios d'Estado, e pelos Senadores e Deputados;

II. Conhecer da responsabilidade dos Ministros e Secretarios d'Estado.

§. unico. Nos crimes cuja accusação não pertencer á Camara dos Deputados, accusará o Procurador Geral da Corôa.

Art. 62.º Todas as vezes que se houver de proceder a eleições geraes para Deputados, a Camara dos Senadores será renovada em a metade de seus membros. Se o número total dos Senadores for impar, sahirá a metade e mais um.

§. unico. Na primeira renovação do Senado decidirá a sorte os membros que devem sahir, e nas subsequentes a antiguidade da eleição de cada um.

Art. 63.º As sessões da Camara dos Senadores começam e acabam ao mesmo tempo que as da Camara dos Deputados, excepto quando a Camara dos Senadores se constituir em Tribunal de Justiça.

CAPITULO QUARTO.

Da proposição, discussão e promulgação das Leis.

Art. 64.º A proposição, discussão e approvação dos projectos de lei compete a cada uma das Camaras.

§. unico. As propostas do Podêr Executivo, só depois de examinadas por uma commissão da Camara dos Deputados, poderão ser convertidas em projectos de lei.

Art. 65.º Os Ministros e Secretarios d'Estado podem tomar parte nas discussões das Camaras, mas sómente votarão naquella de que forem membros.

Art. 66.º Os projectos de lei approvados em uma Camara serão remettidos á outra: se ésta os não approvar, ficam rejeitados; se lhes fizer alterações, com éllas serão reenviados á Camara onde tiveram origem.

Art. 67.º Quando a Camara em que teve origem

o projecto não approvar as alterações, e permanecer todavia convencida da sua utilidade, deverá o projecto ser examinado por uma commissão mixta de igual número de Senadores e Deputados.

§. 1.º Aquillo em que a commissão accordar, será considerado como novo projecto de lei, para haver de ser approvado ou rejeitado por cada uma das Camaras.

§. 2.º A discussão do novo projecto começará na Camara em que teve origem o primeiro.

Art. 68.º Quando ambas as Camaras concordarem em um projecto de lei, aquella que ultimamente o approvar, o reduzirá a Decreto, e o submetterá á Sancção do Rei.

Art. 69.º Os projectos de lei sôbre impostos e recrutamento que forem alterados na Camara dos Senadores, voltarão á dos Deputados; e o que ésta deffinitivamente resolver, será reduzido a Decreto e apresentado á Sancção Real.

Art. 70.º Sanccionada a lei, será promulgada pela fórmula seguinte:

„Dom (F....), por Graça de Deus e pela Constituição da Monarchia, Rei de Portugal e dos Algarves etc. Fazemos saber a todos os Nossos subditos que as Côrtes Geraes decretaram e Nós Sanccionámos a lei seguinte: (A integra da lei nas suas disposições somente). Mandâmos por tanto a todas as authoridades a quem o conhecimento e execução da referida lei pertencer, que a cumpram e guardem e façam cumprir e guardar tam inteiramente como nella se contêm. O Ministro e Secretario d'Estado de.... (o da repartição competente) a faça imprimir, publicar e correr."

CAPITULO QUINTO.

Das Eleições.

Art. 71.º A nomeação dos Senadores e Deputados é feita por eleição directa.

Art. 72.º Tem direito de votar nestas eleições todos os Cidadãos portuguezes que estiverem no gôso de seus direitos civis e politicos, que tiverem vinte e cinco annos de idade, e uma renda líquida annual de oitenta mil réis proveniente de bens de raiz, commercio, capitaes, indústria ou emprêgo.

§. *unico.* Por indústria se intende tanto a das artes liberaes como a das fabrís.

Art. 73.º São excluidos de votar:

I. Os menores de vinte e cinco annos: o que não comprehende os officiaes do Exército e Armada de vinte e um annos; os casados da mesma idade, e os Bachareis formados e Clerigos de Ordens Sacras;

II. Os Criados de servir: nos quaes se não comprehendem os guarda livros e caixeiros que por seus ordenados tiverem a renda annual de oitenta mil réis, os criados da Casa Real que não forem de gallão branco, e os administradores de fazendas ruraes e fábricas;

III. Os libertos;

IV. Os pronunciados pelo Jury;

V. Os fallidos, em quanto não forem julgados de boa fé.

Art. 74.º São habeis para ser eleitos Deputados todos os que podem votar, e que tiverem de renda annual quatrocentos mil réis, provenientes das mesmas fontes declaradas no Artigo 72.

§. *unico.* Exceptuam-se os estrangeiros naturalizados.

Art. 75.º São respectivamente inelegiveis:

I. Os Magistrados administrativos nomeados pelo Rei, e os Secretarios geraes delles, nos seus respectivos districtos;

II. Os Governadores geraes do Ultramar, nas suas provincias.

III. Os Contadores geraes de Fazenda, nos seus districtos.

IV. Os Arcebispos, Bispos, Vigarios capitulares e Governadores temporaes, nas suas dioceses;

V. Os Parochos, nas suas freguezias;

VI. Os Commandantes das Divisões Militares, nas suas divisões;

VII. Os Governadores Militares das Praças de guerra, dentro das mesmas praças;

VIII. Os Commandantes dos corpos de primeira linha, pelos militares debaixo do seu immediato commando;

IX. Os Juizes de primeira-instancia e seus substitutos nas commarcas em que exercem jurisdicção;

X. Os Delegados do Procurador Regio nas commarcas em que exercem as suas funcções;

XI. Os Juizes dos Tribunaes de segunda-instancia, e os Procuradores Regios junto a elles, nos districtos administrativos em que estiver a séde da sua Relação.

§. *unico*. Não se comprehendem nesta exclusão os juizes do Tribunal commercial de segunda-instancia, nem os Conselheiros do Supremo Tribunal de Justiça.

Art. 76.° A metade dos Deputados eleitos por qualquer círculo eleitoral, deverão ter naturalidade ou residencia d'um anno na provincia em que estiver collocada a capital do círculo: a outra ametade poderá ser livremente escolhida d'entre quaesquer Cidadãos portuguezes.

§. *unico*. No círculo eleitoral que der número impar de Deputados, ametade e mais um deverá ter naturalidade ou residencia d'um anno na provincia da capital do círculo.

Art. 77.° Só podem ser eleitos Senadores os que tiverem trinta e cinco annos de idade, e estiverem comprehendidos em alguma das seguintes cathegorias:

I. Os proprietarios que tiverem de renda annual dois contos de réis;

II. Os commerciantes e fabricantes, cujos lucros annuaes forem avaliados em quatro contos de réis;

III. Os Arcebispos e Bispos com diocese no Reino e Provincias Ultramarinas;

IV. Os Conselheiros do Supremo Tribunal de Justiça;

V. Os Lentes de Prima da Universidade de Coimbra, o Lente mais antigo da Eschola Polythechnica de Lisboa, e o da Academia Polythechniça do Porto;

VI. Os Marechaes do Exército, Tenentes-Generaes e Marechaes de Campo;

VII. Os Almirantes, Vice-Almirantes e Chefes de Esquadra;

VIII. Os Embaixadores e os Enviados Extraordinarios Ministros Plenipotenciarios, com cinco annos de exercicio na carreira diplomatica.

Art. 78.° Os elegiveis para Senadores podem ser eleitos por qualquer círculo eleitoral, postoque nelle não residam nem tenham naturalidade.

Art. 79.° São applicaveis á eleição dos Senadores as exclusões declaradas no Artigo 75.

TITULO VI.

Do Podér Executivo.

CAPITULO PRIMEIRO.

Do Rei.

Art. 80.º O Rei é o Chefe do Podêr Executivo, e o exerce pelos Ministros e Secretarios d'Estado.

Art. 81.º Compete ao Rei:

I. Sanccionar e promulgar as leis;

II. Convocar extraordinariamente as Côrtes, prorogá-las e addiá-las;

III. Dissolver a Camara dos Deputados quando assim o exigir a salvação do Estado.

§. 1.º Dissolvida a Camara dos Deputados, será renovada a dos Senadores na fórma do Artigo 62.

§. 2.º O Decreto da dissolução mandará necessariamente proceder a novas eleições dentro de trinta dias, e convocará as Côrtes para se reunirem dentro de noventa dias: sem o que, será nullo e de nenhum effeito.

Art. 82.º Compete tambem ao Rei:

I. Nomear e demittir livremente os Ministros e Secretarios d'Estado;

II. Prover os empregos civis e militares na conformidade das Leis;

III. Nomear os Embaixadores e mais agentes diplomaticos e commerciaes;

IV. Nomear Bispos, e prover os Beneficios Ecclesiasticos;

V. Nomear e remover os Commandantes da fôrça armada de terra e mar;

VI. Suspender os Juizes segundo a lei;

VII. Empregar a fôrça armada como intender mais conveniente ao bem do Estado;

VIII. Conceder Cartas de naturalização, e privilegios exclusivos a favor da indústria, na conformidade das leis;

IX. Conceder titulos, honras e distincções em recompensa de serviços feitos ao Estado, e propôr ás Côrtes as mercês pecuniarias que não estiverem determinadas por lei.

X. Perdoar e minorar as penas aos delinquentes, na conformidade das leis ;

XI. Conceder amnistia em caso urgente, e quando o pedir a humanidade e o bem do Estado;

XII. Conceder ou negar Beneplacito aos Decretos dos Concilios, Letras Pontificias e quaesquer Constituições Ecclesiasticas que se não opposerem á Constituição e ás Leis, devendo preceder approvação das Côrtes se contiverem disposições geraes;

XIII. Declarar a guerra e fazer a paz, dando conta ás Côrtes dos motivos que para isso teve ;

XIV. Dirigir as negociações politicas com as Nações estrangeiras;

XV. Fazer tratados de alliança, de subsidios e de commércio, e ratificá-los depois de approvados pelas Côrtes.

Art. 83.º O Rei não póde:

I. Impedir a eleição dos Deputados e Senadores ;

II. Oppôr-se á reunião das Côrtes no dia dois de Janeiro de cada anno;

III. Nomear em tempo de paz Commandante em Chefe do Exército ou da Armada ;

IV. Commandar a força armada, ou nomear para Commandante em Chefe o Principe Real, ou os Infantes ;

V. Perdoar ou minorar as penas aos Ministros e Secretarios d'Estado por crimes commettidos no exercicio de suas funcções.

Art. 84.º O Rei tambem não póde, sem consentimento das Côrtes:

I. Ser ao mesmo tempo Chefe de outro Estado ;

II. Sahir do Reino de Portugal e Algarves : e se o fizer, intende-se que abdica.

Art. 85.º A pessoa do Rei é inviolavel e sagrada ; e não está sujeita a responsabilidade alguma.

Art. 86.º Seus titulos são : Rei de Portugal e dos Algarves d'aquem e d'alem mar, em Africa Senhor de Guiné, e da Conquista, Navegação e Commércio da Ethiopia, Arabia, Persia e da India etc.; e tem o tratamento de Magestade Fidelissima.

Art. 87.º O Rei antes de ser acclamado prestará nas mãos do Presidente da Camara dos Senadores, reunidas ambas as Camaras, o seguinte juramento: " Juro manter a Religião Catholica, Apostolica Romana, a integridade do Reino, observar e fazer observar a Constituição Politica da Nação Portugueza, e mais leis do Reino, e prover ao bem geral da Nação quanto em mim couber. „

CAPITULO SEGUNDO.

Da Familia Real e sua dotação.

Art. 88.° O Herdeiro presumptivo da Corôa tem o titulo de Principe Real, e o seu primogenito o de Principe da Beira: o tratamento de ambos é de Alteza Real. Todos os mais tem o titulo de Infantes e o tratamento de Alteza.

Art. 89.° O Herdeiro presumptivo, completando dezoito annos de idade, prestará nas mãos do Presidente da Camara dos Senadores, reunidas ambas as Camaras, o seguinte juramento: " Juro manter a Religião Catholica Apostolica Romana, observar a Constituição Politica da Nação Portugueza, e ser obediente ás leis e ao Rei. „

Art. 90.° As Côrtes logo que o Rei succeder na Corôa, lhe assignarão, e á Rainha sua Esposa, uma dotação correspondente ao decoro de sua Alta Dignidade.

Art. 91.° As Côrtes assignarão tambem alimentos ao Principe Real e aos Infantes depois de completarem sette annos.

Art. 92.° Quando as Princezas ou Infantes houverem de casar, as Côrtes lhes assignarão dote; e com a entrega delle cessarão os alimentos.

Art. 93.° Aos Infantes que casarem e forem residir fóra do Reino, se entregará por uma vez somente, uma quantia determinada pelas Côrtes; com o que, cessarão os alimentos que percebiam.

Art. 94.° A dotação, alimentos e dotes de que tratam os artigos antecedentes, serão pagos pelo Thesouro Público.

Art. 95.° Os palacios e terrenos Reaes até agora possuidos pelo Rei, ficam pertencendo aos seus successores.

C *

CONSTITUIÇÃO POLITICA

CAPITULO TERCEIRO.

Da Successão da Corôa.

Art. 96.º A successão da Corôa segue a ordem regular de primogenitura e representação entre os legitimos descendentes da Rainha actual a Senhora Dona MARIA II; preferindo sempre a linha anterior ás posteriores; na mesma linha, o grau mais proximo ao mais remoto; no mesmo grau, o sexo masculino ao femenino; e no mesmo sexo, a pessoa mais velha á mais nova.

Art. 97.º Extinctas as linhas dos descendentes da Senhora Dona MARIA II, passará a Coroa ás collateraes; e uma vez radicada a successão em uma linha, em quanto ésta durar, não entrará a immediata. Extinctas todas as linhas dos descendentes e collateraes, as Côrtes chamarão ao Throno pessoa natural destes Reinos; e desde então se regulará a nova successão pela ordem estabelecida no artigo 96.

Art. 98.º A linha collateral do ex-Infante Dom Miguel e de toda a sua descendencia é perpetuamente excluida da successão.

Art. 99.º Se a successão da Corôa recahir em femea, não poderá ésta casar senão com Portuguez, precedendo approvação das Côrtes. O Marido não terá parte no govêrno, e sómente se chamará Rei depois que tiver da Rainha filho ou filha.

Art. 100.º Nenhum estrangeiro póde succeder na Corôa de Portugal.

CAPITULO QUARTO.

Da Regencia na minoridade ou impedimento do Rei.

Art. 101.º O Rei é menor até á idade de dezoito annos completos.

Art. 102.º Durante a minoridade as Côrtes conferirão a Regencia a uma só pessoa natural destes Reinos; a qual a exercerá até á maioridade do Rei.

Art. 103.º Quando o Rei, por alguma causa physica ou moral reconhecida pelas Côrtes, se impossibilitar para governar, a Regencia será deferida áo immediato successor, se ja tiver completado dezoito annos.

§. unico. Se o immediato successor não tiver completado dezoito annos, a Regencia será conferida pelo modo estabelecido no artigo 102.

Art. 104.º Em quanto se não eleger Regente, governará o Reino uma Regencia provisoria, composta dos dous Ministros e Secretarios d'Estado mais velhos em idade, e presidida pela Rainha viuva; na falta della, pelo irmão mais velho do Rei defunto; e na falta de ambos, pelo Presidente do Supremo Tribunal de Justiça.

Art. 105.º O Regente ou Regencia provisoria prestarão o juramento mencionado no Artigo 87, accrescentando a clausula de fidelidade ao Rei; e o Regente a de lhe entregar o govêrno logo que Elle chegue á maioridade ou cesse o impedimento.

Art. 106.º A Regencia provisoria prestará juramento, não estando as Côrtes reunidas, perante a Camara Municipal da cidade ou villa em que se installar.

Art. 107.º A Regencia provisoria somente despachará os negocios que não admittirem dilação; e não poderá nomear nem remover empregados publicos senão interinamente.

Art. 108.º Os actos da Regencia e do Regente são expedidos em nome do Rei.

Art. 109.º Nem a Regencia nem o Regente são responsaveis.

Art. 110.º Nos casos em que a Constituição manda proceder á eleição de Regente, se a Regencia provisoria não decretar, dentro de tres dias, a reunião extraordinaria das Côrtes, a obrigação de as convocar incumbe successivamente aos ultimos Presidentes e Vice-Presidentes das Camaras dos Senadores e Deputados.

§. unico. Se dentro de quinze dias a convocação não tiver sido feita por algum dos modos acima declarados, as Côrtes se reunirão no quadragessimo dia, sem dependencia de convocação.

Art. 111.º Se a Camara dos Deputados tiver anteriormente sido dissolvida, e no Decreto da dissolução estiverem as novas Côrtes convocadas para epocha posterior ao quadragessimo dia contado da morte do Rei, os antigos Deputados e Senadores reasummem as suas funcções até á reunião dos que vierem substitui-los.

Art. 112.º Durante a minoridade do Rei será seu tutor quem o Pae lhe tiver nomeado em testamento: na falta deste, a Rainha Mãe em quanto se conservar viuva; faltando ésta, as Córtes nomearão para tutor pessoa idonea e natural destes Reinos.

§. *unico*. Quando o Rei menor succeder na Coròa a sua Mãe, será tutor delle e dos Infantes o Rei seu Pae.

Art. 113.º Nunca será tutor do Rei menor o seu immediato successor nem o Regente.

Art. 114.º O successor da Coròa, durante a sua minoridade, não póde contrahir matrimonio sem consentimento das Córtes.

CAPITULO QUINTO.

Do Ministerio.

Art. 115.º Todos os actos do Podêr Executivo com a assignatura do Rei, serão sempre referendados pelo Ministro e Secretario d'Estado competente, sem o que não terão effeito.

Art. 116.º Os Ministros e Secretarios d'Estado são principalmente responsaveis:

I. Pela falta de observancia das leis;
II. Pelo abuso do podêr que lhes é confiado;
III. Por traição;
IV. Por peita, suborno, peculato ou concussão;
V. Pelo que obrarem contra a liberdade, segurança e propriedade dos Cidadãos;
VI. Por dissipação ou mau uso dos bens publicos.

Art. 117.º A ordem do Rei vocal ou escripta não salva aos Ministros da responsabilidade.

Art. 118.º Os estrangeiros naturalizados não podem ser Ministros.

CAPITULO SEXTO.

Da Fôrça armada.

Art. 119.° Todos os Portuguezes são obrigados a pegar em armas para defender a Constituição do Estado, e a independencia e integridade do Reino.

Art. 120.° O Exército e a Armada constituem a fôrça permanente do Estado.

§. *unico.* Os Officiaes do Exército e da Armada somente podem ser privados das suas patentes por sentença proferida em Juizo competente.

Art. 121.° A Guarda Nacional constitue parte da fôrça pública.

§. 1.° A Guarda Nacional concorre, pelo modo que a lei determinar, para a eleição dos seus Officiaes; e fica sujeita ás authoridades civis, excepto nos casos designados pela lei.

§. 2.° Uma lei especial regulará a composição, organização, disciplina e serviço da Guarda Nacional.

Art. 122.° Toda a fôrça militar é essencialmente obediente: os corpos armados não podem deliberar.

TITULO VII.

Do Podêr Judiciario.

CAPITULO UNICO.

Art. 123.° O Podêr Judiciario é exercido pelos Juizes e Jurados.

§. 1.° Haverá Jurados assim no civel como no crime, nos casos e pelo modo que a lei determinar.

§. 2.° Os Juizes de direito são nomeados pelo Rei, e os Juizes ordinarios eleitos pelo povo.

§. 3.° Nas causas civeis, e nas criminaes civilmente intentadas, poderão as partes nomear Juizes arbitros.

Art. 124.° Haverá tambem Juizes de Paz que serão electivos.

§. *unico.* Nenhum processo será levado a Juizo contencioso sem se haver intentado o meio de conciliação perante o Juiz de Paz, salvo nos casos que a lei exceptuar.

Art. 125.º Haverá Relações para julgar as causas em segunda e última instancia.

Art. 126.º Haverá um Supremo Tribunal de Justiça para conceder ou negar revistas e exercer as mais attribuições marcadas nas leis.

Art. 127.º Os Juizes de Direito não podem ser privados do seu emprêgo senão por sentença.

§. unico. Os Juizes de Direito de primeira instancia serão mudados de tres em tres annos de um para outro logar na fórma que a lei ordenar.

Art. 128.º As audiencias de todos os Tribunaes serão públicas, excepto nos casos declarados na lei.

TITULO VIII.

Do Govérno Administrativo e Municipal.

CAPITULO UNICO.

Art. 129.º Haverá em cada Districto administrativo um Magistrado nomeado pelo Rei, uma Junta electiva, e um Conselho de Districto igualmente electivo: a lei designará as suas funcções respectivas.

Art. 130.º Em cada Concelho uma Camara municipal, eleita directamente pelo póvo, terá a administração economica do Municipio na conformidade das leis.

Art. 131.º Alem dos Magistrados e Corpos electivos, designados nos Artigos 129.º e 130.º, haverá todos os mais que a Lei determinar.

TITULO IX.

Da Fazenda Nacional.

CAPITULO UNICO.

Art. 132.º Os impostos são votados annualmente: as leis que os estabelecem somente obrigam por um anno, se não forem confirmadas.

Art. 133.º As sommas votadas para qualquer despeza pública não poderão ser applicadas para outros fins senão por uma lei que authorize a transferencia.

Art. 134.º A administração e arrecadação dos rendimentos do Estado pertence ao Thesouro-Público, salvo nos casos exceptuados pela Lei.

Art. 135.º Haverá um Tribunal de Contas, cujos Membros serão eleitos pela Camara dos Deputados.

§. 1.º Pertence ao Tribunal de Contas verificar e liquidar as contas da receita e despeza do Estado e as de todos os responsaveis para com o Thesouro Público.

§. 2.º Uma lei especial regulará a sua organização e mais attribuições.

Art. 136.º O Ministro e Secretario d'Estado dos Negocios da Fazenda apresentará á Camara dos Deputados, nos primeiros quinze dias de cada sessão annual, a conta geral da receita e despeza do anno economico findo, e o orçamento da receita e despeza do anno seguinte.

TITULO X.

Das Provincias Ultramarinas.

CAPITULO UNICO.

Art. 137.º As Provincias Ultramarinas poderão ser governadas por leis especiaes segundo exigir a conveniencia de cada uma dellas.

§. 1.º O Govêrno poderá, não estando reunidas as Côrtes, decretar em Conselho de Ministros as providencias indispensaveis para occorrer a alguma necessidade urgente de qualquer Provincia ultramarina.

§. 2.º Igualmente poderá o Governador geral de uma Provincia ultramarina tomar, ouvido o Conselho de Govêrno, as providencias indispensaveis para acudir a necessidade tão urgente que não possa esperar pela decisão das Côrtes ou do Podêr executivo.

§. 3.º Em ambos os casos o Govêrno submetterá ás Côrtes, logo que se reunirem, as providencias tomadas.

D

CONSTITUIÇÃO POLITICA DA MONARCHIA PORTUGUEZA.

TITULO XI.

Da Reforma da Constituição.

CAPITULO UNICO.

Art. 138.º A Constituição só poderá ser alterada em virtude de proposta feita na Camara dos Deputados.

Art. 139.º Se a proposta for approvada por ambas as Camaras, e sanccionada pelo Rei, será submettida á deliberação das Côrtes seguintes; e o que por ellas for approvado, será considerado como parte da Constituição, e nella incluido sem dependencia de Sancção Real.

ARTIGO TRANSITORIO.

As Côrtes ordinarias que primeiro se reunirem depois de dissolvido o actual Congresso Constituinte, poderão decidir se a Camara dos Senadores ha de continuar a ser de simples eleição popular, ou se de futuro os Senadores hão de ser escolhidos pelo Rei sôbre lista triplice proposta pelos circulos eleitoraes.

Lisboa e Palacio das Côrtes, em 20 de Março de 1838.

José Caetano de Campos, *Deputado pela Divisão eleitoral de Trancoso*, Presidente.
Alberto Carlos Cerqueira de Faria, *Deputado pela Divisão eleitoral de Coimbra.*
Anselmo José Braamcamp, *Deputado pela Divisão eleitoral de Lisboa.*
Antonio Bernardo da Costa Cabral, *Deputado pela Divisão eleitoral da Provincia Oriental dos Açôres.*
Antonio Cabral de Sá Nogueira, *Deputado pela Divisão eleitoral de Setubal.*
Antonio Cesar de Vasconcellos Corrêa, *Deputado pela Divisão eleitoral de Santarem.*
Antonio Fernandes Coelho, *Deputado pela Divisão eleitoral do Porto.*
Antonio Joaquim Barjona, *Deputado pela Divisão eleitoral de Coimbra.*

Antonio Joaquim Duarte e Campos, *Deputado pela Divisão eleitoral de Evora.*
Antonio José Pereira Leite, *Deputado pela Divisão eleitoral da Provincia Oriental dos Açôres.*
Antonio José Pires Pereira de Vera, *Deputado pela Divisão eleitoral de Villa Real.*
Antonio Manoel Lopes Vieira de Castro, *Deputado pela Divisão eleitoral de Guimarães.*
Antonio Maria de Albuquerque, *Deputado pela Divisão eleitoral de Trancoso.*
Balthasar Machado da Silva Salasar, *Deputado pela Divisão eleitoral de Barcellos.*
Barão do Casal, *Deputado pela Divisão eleitoral de Alemquer.*
Barão de Faro, *Deputado pela Divisão eleitoral de Faro.*
Barão de Noronha, *Deputado pela Divisão eleitoral da Terceira.*
Barão da Ribeira de Sabrosa, *Deputado pela Divisão eleitoral de Villa Real.*
Basilio Cabral Teixeira de Queiroz, *Deputado pela Divisão eleitoral de Béja.*
Bernardo Gorjão Henriques, *Deputado pela Divisão eleitoral de Thomar.*
Caetano Xavier Pereira Brandão, *Deputado pela Divisão eleitoral de Aveiro.*
Conde de Lumiares, *Deputado pela Divisão eleitoral de Setubal.*
Francisco Antonio Pereira de Lemos, *Deputado pela Divisão eleitoral de Bragança.*
Francisco José Barbosa Pereira Conceiro Marreca, *Deputado pela Divisão eleitoral de Vianna.*
Francisco José Gomes da Motta, *Deputado pela Divisão eleitoral de Villa Real.*
Francisco de Mont'Alverne, *Deputado pela Divisão eleitoral de Braga.*
Francisco Soares Caldeira, *Deputado pela Divisão eleitoral de Leiria.*
Francisco Fernando de Almeida Madeira, *Deputado pela Divisão eleitoral de Leiria.*
João Alberto Pereira de Azevedo, *Deputado pela Divisão eleitoral de Leiria.*

D *

João Baptista d'Almeida Garrett, *Deputado pela Divisão eleitoral da Terceira.*
João da Cunha Soutto Maior, *Deputado pela Divisão eleitoral de Vianna.*
João Gualberto de Pina Cabral, *Deputado pela Divisão eleitoral de Vizeu.*
João Lopes de Moraes, *Deputado pela Divisão eleitoral de Arganil.*
João Manoel Teixeira de Carvalho, *Deputado pela Divisão eleitoral de Braga.*
João Pedro Soares Luna, *Deputado pela Divisão eleitoral de Lisboa.*
João da Silveira de Lacerda Pinto Teixeira, *Deputado pela Divisão eleitoral de Villa Real.*
João Victorino de Sousa Albuquerque, *Deputado pela Divisão eleitoral de Vizeu.*
Joaquim de Oliveira Baptista, *Deputado pela Divisão eleitoral de Arganil.*
Joaquim Pedro Judice Samora, *Deputado pela Divisão eleitoral de Faro.*
Joaquim Placido Galvão Palma, *Deputado pela Divisão eleitoral de Portalegre.*
Joaquim Pompilio da Motta Azevedo, *Deputado pela Divisão eleitoral de Lamego.*
José da Costa Sousa Pinto Basto, *Deputado pela Divisão eleitoral da Feira.*
João Soares de Albergaria Cabral, *Deputado pela Divisão eleitoral da Terceira.*
José Estevão Coelho de Magalhães, *Deputado pela Divisão eleitoral d'Aveiro.*
José Ferreira Pinto Basto, *Deputado pela Divisão eleitoral d'Aveiro.*
José Ferreira Pinto Basto Junior, *Deputado pela Divisão eleitoral de Lisboa.*
José Fortunato Ferreira de Castro, *Deputado pela Divisão eleitoral de Guimarães.*
José Ignacio Pereira Derramado, *Deputado pela Divisão eleitoral d'Evora.*
José Joaquim da Costa Pinto, *Deputado pela Divisão eleitoral de Villa Real.*
José Joaquim da Silva Pereira, *Deputado pela Divisão eleitoral da Feira.*

José Liberato Freire de Carvalho, *Deputado pela Divisão eleitoral de Lisboa.*
José Lopes Monteiro, *Deputado pela Divisão eleitoral de Villa Real.*
José Maria d'Andrade, *Deputado pela Divisão eleitoral de Béja.*
José Mendes de Mattos, *Deputado pela Divisão eleitoral de Castello Branco.*
José Ozorio de Castro Cabral e Albuquerque, *Deputado pela Divisão eleitoral de Castello Branco.*
José Pinto Pereira Borges, *Deputado pela Divisão eleitoral de Vianna.*
José Pinto Soares, *Deputado pela Divisão eleitoral de Penafiel.*
José Placido Campeam, *Deputado pela Divisão eleitoral do Porto.*
José da Silva Passos, *Deputado pela Divisão eleitoral do Porto.*
José Teixeira Rebello, *Deputado pela Divisão eleitoral da Madeira.*
Justino Antonio de Freitas, *Deputado pela Divisão eleitoral de Coimbra.*
Leonel Tavares Cabral, *Deputado pela Divisão eleitoral de Lisboa.*
Lourenço José Moniz, *Deputado pela Divisão eleitoral da Madeira.*
Luiz Moreira Maia da Silva, *Deputado pela Divisão eleitoral da Feira.*
Luiz Ribeiro de Sousa Saraiva, *Deputado pela Divisão eleitoral da Guarda.*
Macario de Castro, *Deputado pela Divisão eleitoral de Lamego.*
Manoel Alves do Rio, *Deputado pela Divisão eleitoral de Lisboa.*
Manoel Antonio de Vasconcellos, *Deputado pela Divisão eleitoral da Provincia Oriental dos Açôres.*
Manoel Joaquim Rodrigues Ferreira, *Deputado pela Divisão eleitoral de Penafiel.*
Manoel de Mascaranhas Zuzarte Lobo Coelho de Sande, *Deputado pela Divisão eleitoral de Faro.*
Manoel dos Santos Cruz, *Deputado pela Divisão eleitoral de Santarem.*

Manoel da Silva Passos, *Deputado pela Divisão eleitoral do Porto.*
Manoel de Sousa Rebello de Vasconcellos Raivoso, *Deputado pela Divisão eleitoral de Thomar.*
Manoel de Vasconcellos Pereira de Mello, *Deputado pela Divisão eleitoral de Lamego.*
Manoel Vaz Eugenio Gomes, *Deputado pela Divisão eleitoral de Leiria.*
Marino Miguel Franzini, *Deputado pela Divisão eleitoral de Vianna.*
Paulo Midosi, *Deputado pela Divisão eleitoral de Vizeu.*
Pedro de Sande Salema, *Deputado pela Divisão eleitoral de Thomar.*
Rodrigo Joaquim de Menezes, *Deputado pela Divisão eleitoral de Barcellos.*
Rodrigo Machado da Silva Salasar, *Deputado pela Divisão eleitoral de Barcellos.*
Roque Francisco Furtado de Mello, *Deputado pela Divisão eleitoral de Santarem.*
Roque Joaquim Fernandes Thomaz, *Deputado pela Divisão eleitoral de Coimbra.*
Theodorico José d'Abranches, *Deputado por Moçambique.*
Valentim Marcellino dos Santos, *Deputado pela Divisão eleitoral de Bragança.*
Venancio Bernardino de Ochôa, *Deputado pela Divisão eleitoral de Bragança.*
Visconde de Beire, *Deputado pela Divisão eleitoral de Penafiel.*
Visconde de Fonte Arcada, *Deputado pela Divisão eleitoral de Alemquer.*
Antonio Joaquim Nunes de Vasconcellos, *Deputado pela Divisão eleitoral da Horta*, Secretario.
Custodio Rebello de Carvalho, *Deputado pela Divisão eleitoral de Portalegre*, Secretario.
Fernando Maria do Prado Pereira, *Deputado pela Divisão eleitoral de Alemquer*, Secretario.
José Gomes d'Almeida Branquinho Feio, *Deputado pela Divisão eleitoral da Guarda*, Secretario.

ACCEITAÇÃO E JURAMENTO DA RAINHA.

Aceito, e juro guardar e fazer guardar a Constituição Politica da Monarchia Portugueza, que acabam de decretar as Côrtes geraes, extraordinarias, e constituintes da mesma Nação.

Paço das Côrtes em quatro d'Abril de mil oitocentos trinta e oito.

MARIA SEGUNDA. Rainha com Guarda.

Por tanto, Mando a todas as Authoridades, a quem o conhecimento e execução da referida Constituição Politica pertencer, que a cumpram e executem tão inteiramente como nella se contém. O Secretario d'Estado dos Negocios do Reino a faça imprimir, publicar, e correr. Dada no Palacio das Necessidades em quatro d'Abril de mil oitocentos trinta e oito.

RAINHA com Guarda.

Antonio Fernandes Coelho.

Carta de Lei pela qual Vossa Magestade Manda cumprir e guardar inteiramente a Constituição Politica da Monarchia, que as Côrtes Geraes, Extraordinarias, e Constituintes acabam de decretar, na fórma acima declarada.

Para Vossa Magestade vêr.

João de Roboredo a fez.

A folhas 78 verso do Livro 1.º das Cartas de Lei fica esta registada. Secretaría d'Estado dos Negocios do Reino em 4 d' Abril de 1838.

Antonio José Dique da Fonséca Junior.

INDICE DAS MATERIAS.

TITULO I. *Da Nação Portugueza, seu Territorio, Religião, Govérno e Dinastya*.......... 3
TITULO II. *Dos Cidadãos Portuguezes*......... 4
TITULO III. *Dos Direitos e garantias dos Portuguezes*................................... 5
TITULO IV. *Dos Podéres Politicos*............ 9
TITULO V. *Do Podér Legislativo*............. idem.
TITULO VI. *Do Podér Executivo*............. 17
TITULO VII. *Do Podér Judiciario*............ 23
TITULO VIII. *Do Govérno Administrativo e Municipal*.................................... 24
TITULO IX. *Da Fazenda Nacional*.......... idem.
TITULO X. *Das Provincias Ultramarinas*...... 25
TITULO XI. *Da Reforma da Constituição*...... 26
Acceitação, e Juramento da Rainha............. 31

DECRETO.

Considerando os graves inconvenientes, que poderiam resultar da livre impressão do Codigo Constitucional: Hei por bem Determinar que a impressão e venda da nova Constituição da Monarchia, e as reimpressões, que della se fizerem, sejam privativas e exclusivas da Imprensa Nacional; e Ordeno que em todas as edições se estampe depois da integra da mesma Constituição o presente Decreto para conhecimento do Público, e para que ninguem possa allegar ignorancia, procedendo-se contra os infractores na conformidade das Leis respectivas. O Secretario d'Estado dos Negocios do Reino assim o tenha intendido e faça executar. Paço das Necessidades em quatro d'Abril de mil oitocentos trinta e oito. = RAINHA. = Antonio Fernandes Coelho.

CARTA CONSTITUCIONAL DA MONARQUIA PORTUGUESA

(29 DE ABRIL DE 1826)

Alterações:
- Acta Adicional, 5 de Julho de 1852
- Acta Adicional, 24 de Julho de 1885
- Acta Adicional, 3 de Abril de 1896

CARTA CONSTITUCIONAL

DA

MONARCHIA PORTUGUEZA

DECRETADA, E DADA

PELO

REI DE PORTUGAL E ALGARVES

D. PEDRO,

IMPERADOR DO BRASIL,

AOS

29 DE ABRIL DE 1826.

LISBOA:

NA IMPRESSÃO REGIA   ANNO 1826.

DOM PEDRO POR GRAÇA DE DEOS, Rei de Portugal, dos Algarves, etc. Faço Saber a todos os Meus Subditos Portuguezes, que Sou Servido Decretar, Dar, e Mandar jurar immediatamente pelas Tres Ordens do Estado a Carta Constitucional abaixo transcripta, a qual d'ora em diante regerá esses Meus Reinos, e Dominios, e que he do theor seguinte.

CARTA CONSTITUCIONAL

Para o Reino de Portugal, Algarves, e seus Dominios.

TITULO I.

Do Reino de Portugal, seu Territorio, Governo, Dynastia, e Religião.

Artigo 1. O reino de Portugal he a associação politica de todos os Cidadãos Portuguezes. Elles formão huma Nação livre, e independente.

Art. 2. O seu Territorio fórma o Reino de Portugal, e Algarves, e comprehende

§. 1. Na Europa, o Reino de Portugal, que se compõe das Provincias do Minho, Tras os Montes, Beira, Extremadura, Alemtejo, e Reino do Algarve, e das Ilhas adjacentes, Madeira, Porto Santo, e Açores.

§ 2. Na Africa Occidental, Bissau, e Cacheu; na Costa da Mina, o Forte de S João Baptista de Ajudá, Angola, Benguella, e suas dependencias, Cabinda, e Molembo, as Ilhas de Cabo Ver-

A 2

de, e as de S. Thomé, e Principe, e suas dependencias; na Costa Oriental, Moçambique, Rio de Senna, Sofalla, Inhambane, Quelimane, e as Ilhas de Cabo Delgado.

§. 3. Na Asia, Salsete, Bardez, Goa, Damão, Diu, e os estabelecimentos de Macáo, e das Ilhas de Solor, e Timor.

Art. 3. A Nação não renuncía o direito, que tenha a qualquer porção de Territorio nestas trez partes do Mundo, não comprehendida no antecedente artigo.

Art. 4. O seu Governo he Monarchico, Hereditario, e Representativo.

Art. 5. Continúa a Dynastia Reinante da Serenissima Casa de Bragança na Pessoa da Senhora Princeza Dona Maria da Gloria, pela abdicação, e cessão de Seu Augusto Pai o Senhor Dom Pedro I. Imperador do Brasil, Legitimo Herdeiro, e Successor do Senhor Dom João VI.

Art. 6. A Religião Catholica, Apostolica Romana continuará a ser a Religião do Reino. Todas as outras Religiões serão permittidas aos Estrangeiros com seu culto domestico, ou particular, em casas para isso destinadas, sem fórma alguma exterior de Templo.

TITULO II.

Dos Cidadãos Portuguezes.

Artigo 7. São Cidadãos Portuguezes

§. 1. Os que tiverem nascido em Portugal, ou seus Dominios, e que hoje não forem Cidadãos Brasileiros, ainda que o Pai seja Estrangeiro, huma vez que este não resida por serviço da sua Nação.

§. 2. Os filhos de Pai Portuguez, e os illegitimos de Mãi Portugueza, nascidos em Paiz Estrangeiro, que vierem estabelecer domicilio no Reino.

§. 3. Os filhos de Pai Portuguez, que estivesse em Paiz Estrangeiro em serviço do Reino, embora elles não venhão estabelecer domicilio no Reino.

§. 4. Os Estrangeiros naturalisados, qualquer que seja a sua Religião: huma Lei determinará as qualidades precisas para se obter Carta de naturalisação.

Art. 8. Perde os Direitos de Cidadão Portuguez

§. 1. O que se naturalisar em Paiz Estrangeiro.

§. 2. O que sem licença do Rei aceitar Emprego, Pensão, ou Condecoração de qualquer Governo Estrangeiro.

§. 3. O que for banido por Sentença.

Art. 9. Suspende-se o exercicio dos Direitos politicos

§. 1. Por incapacidade fisica, ou moral.

§. 2. Por Sentença condemnatoria a prisão, ou degredo, em quanto durarem os seus effeitos.

TITULO III.

Dos Poderes, e Representação Nacional.

Artigo 10. A divisão e harmonia dos Poderes Politicos he o principio conservador dos Direitos dos Cidadãos, e o mais seguro meio de fazer effectivas as garantias, que a Constituição offerece.

Art 11. Os Poderes Politicos reconhecidos pela Constituição do Reino de Portugal são quatro: o Poder Legislativo, o Poder Moderador, o Poder Executivo, e o Poder Judicial.

Art. 12. Os Representantes da Nação Portugueza são o Rei, e as Cortes Geraes.

TITULO IV

Do Poder Legislativo.

CAPITULO I.

Dos Ramos do Poder Legislativo, e suas attribuições.

Artigo 13. O poder Legislativo compete ás Cortes com a Sancção do Rei.

Art. 14. Ás Cortes compõe-se de duas Camaras: Camara de Pares, e Camara de Deputados.

Art. 15. He da attribuição das Cortes

§. 1. Tomar Juramento ao Rei, ao Principe Real, ao Regente, ou Regencia.

§. 2. Eleger o Regente, ou a Regencia, e marcar os limites da sua authoridade.

§. 3. Reconhecer o Principe Real, como Successor do Throno, na primeira reunião logo depois do seu nascimento.

§. 4. Nomear Tutor ao Rei menor, caso seu Pai o não tenha nomeado em Testamento.

§. 5. Na morte do Rei, ou vacancia do Throno, instituir exame da administração, que acabou, e reformar os abusos n'ella introduzidos.

§. 6. Fazer Leis, interpreta-las, suspende-las, e revoga-las.

§. 7. Velar na guarda da Constituição, e promover o bem geral da Nação.

§. 8. Fixar annualmente as despesas publicas, e repartir a contribuição directa.

§. 9. Conceder, ou negar a entrada de forças Estrangeiras de terra, e mar dentro do Reino, ou dos Portos delle.

§. 10. Fixar annualmente, sobre a informação do Governo, as forças de mar, e terra ordinarias, e extraordinarias.

§. 11. Authorisar o Governo para contrahir emprestimos.

§. 12. Estabelecer meios convenientes para pagamento da divida publica.

§. 13. Regular a administração dos bens do Estado, e decretar a sua alienação.

§. 14. Crear, ou suprimir Empregos publicos, e estabelecer-lhes Ordenados.

§. 15. Determinar o peso, valor, inscripção, typo, e denominação das moedas; assim como o padrão dos pesos, e medidas.

Art. 16. A Camara dos Pares terá o Tratamento de — Dignos Pares do Reino ; — e a dos Deputados de — Senhores Deputados da Nação Portugueza. —

Art. 17. Cada Legislatura durará quatro annos, e cada Sessão annual trez mezes.

Art. 18. A Sessão Real da Abertura será todos os annos no dia dois de Janeiro.

Art. 19. Tambem será Real a Sessão do Encerramento; e tanto esta, como a da Abertura, se fará em Cortes Geraes, reunidas ambas as Camaras, estando os Pares á direita, e os Deputados á esquerda.

Art. 20. Seu Ceremonial, e o da participação ao Rei, será feito na fórma do Regimento interno.

Art. 21. A nomeação do Presidente, e Vice-Presidente da Camara dos Pares compete ao Rei:

a do Presidente, e Vice-Presidente da Camara dos Deputados será da escolha do Rei, sobre proposta de cinco, feita pela mesma Camara: a dos Secretarios de ambas, verificação dos Poderes dos seus Membros, Juramento, e sua Policia interior, se executará na fórma dos seus respectivos Regimentos

Art. 22. Na reunião das duas Camaras o Presidente da Camara dos Pares dirigirá o trabalho; os Pares, e Deputados tomarão lugar como na abertura das Cortes.

Art. 23. As Sessões de cada huma das Camaras serão publicas, á excepção dos casos, em que o bem do Estado exigir que sejão secretas.

Art. 24. Os negocios se resolverão pela maioria absoluta de votos dos Membros presentes.

Art. 25. Os Membros de cada huma das Camaras são inviolaveis pelas opiniões, que proferirem no exercicio das suas funcções.

Art. 26. Nenhum Par, ou Deputado durante a sua Deputação póde ser preso por Authoridade alguma, salvo por ordem da sua respectiva Camara, menos em flagrante delicto de pena capital.

Art. 27. Se algum Par, ou Deputado for pronunciado, o Juiz, suspendendo todo o ulterior procedimento, dará conta á sua respectiva Camara, a qual decidirá se o processo deva continuar, e o Membro ser, ou não suspenso no exercicio das suas funcções.

Art. 28. Os Pares, e Deputados poderão ser nomeados para o Cargo de Ministro d'Estado, ou Conselheiro d'Estado, com a differença de que os Pares continuão a ter assento na Camara, e o Deputado deixa vago o seu lugar, e se procede a nova eleição, na qual póde ser reeleito, e accumular as duas funcções.

Art. 29. Tambem accumulão as duas funcções, se já exercião qualquer dos mencionados Cargos, quando forão eleitos.

Art. 30. Não se póde ser ao mesmo tempo Membro de ambas as Camaras.

Art. 31. O exercicio de qualquer Emprego, á excepção dos de Conselheiro de Estado, e Ministro d'Estado, cessa interinamente em quanto durarem as funcções de Par, ou Deputado.

Art. 32. No intervallo das Sessões não poderá o Rei empregar hum Deputado fóra do Reino, nem mesmo irá exercer seo Emprego, quando isso o impossibilite para se reunir no tempo da convocação das Cortes Geraes ordinarias, ou extraordinarias.

Art. 33. Se por algum caso imprevisto, de que dependa a segurança publica, ou o bem do Estado, for indispensavel, que algum Deputado saia para outra Commissão, a respectiva Camara o poderá determinar.

CAPITULO II.

Da Camara dos Deputados.

Artigo 34. A Camara dos Deputados he electiva, e temporaria.

Art. 35. He privativa da Camara dos Deputados a iniciativa

§. 1. Sobre Impostos.

§. 2. Sobre Recrutamentos.

Art. 36. Tambem principiará na Camara dos Deputados

§. 1. O exame da administração passada, e reforma dos abusos n'ella introduzidos.

§. 2. A discussão das propostas feitas pelo Poder Executivo.

Art. 37. He da privativa attribuição da mesma Camara decretar que tem lugar a accusação dos Ministros d'Estado, e Conselheiros d'Estado.

Art. 38. Os Deputados, durante as Sessões, vencerão hum subsidio pecuniario, taxado no fim da ultima Sessão da Legislatura antecedente. Alem d'isto se lhes arbitrará huma indemnisação para as despezas da vinda e volta.

CAPITULO III.

Da Camara dos Pares.

ARTIGO 39. A CAMARA dos Pares he composta de Membros vitalicios, e hereditarios, nomeados pelo Rei, e sem numero fixo.

Art. 40. O Principe Real, e os Infantes, são Pares por Direito, e terão assento na Camara, logo que cheguem á idade de vinte e cinco annos.

Art. 41. He da attribuição exclusiva da Camara dos Pares

§. 1. Conhecer dos delictos individuaes commettidos pelos Membros da Familia Real, Ministros d'Estado, Conselheiros d'Estado, e Pares, e dos delictos dos Deputados, durante o periodo da Legislatura.

§. 2. Conhecer da responsabilidade dos Secretarios, e Conselheiros d'Estado.

§. 3. Convocar as Cortes na morte do Rei, para a Eleição da Regencia, nos casos em que ella tem lugar, quando a Regencia Provisional o não faça.

Art. 42. No Juizo dos Crimes, cuja accusação não pertence á Camara dos Deputados, accusará o Procurador da Coroa.

Art. 43 As Sessões da Camara dos Pares começão, e acabão ao mesmo tempo que as da Camara dos Deputados.

Art. 44. Toda a reunião da Camara dos Pares fóra do tempo das Sessões da dos Deputados, he illicita, e nulla, á excepção dos casos marcados pela Constituição.

CAPITULO IV.

Da Proposição, Discussão, Sancção, e Promulgação das Leis.

Artigo 45. A Proposição, opposição, e approvação dos Projectos de Lei compete a cada huma das Camaras.

Art. 46. O Poder Executivo exerce por qualquer dos Ministros d'Estado a proposição, que lhe compete na formação das Leis; e só depois de examinada por huma Commissão da Camara dos Deputados, aonde deve ter principio, poderá ser convertida em Projecto de Lei.

Art. 47. Os Ministros podem assistir, e discutir a proposta, depois do relatorio da Commissão; mas não poderão votar, nem estarão presentes á votação, salvo se forem Pares, ou Deputados.

Art. 48. Se a Camara dos Deputados adoptar o Projecto, o remetterá á dos Pares com a seguinte fórmula:—A Camara dos Deputados envia á Camara dos Pares a Proposição junta do Poder Executivo (com emendas, ou sem ellas) e pensa que ella tem lugar.

Art. 49. Se não poder adoptar a Proposição,

participará ao Rei por huma Deputação de sete Membros, da maneira seguinte: — A Camara dos Deputados testemunha ao Rei o seu reconhecimento pelo zelo, que mostra em vigiar os interesses do Reino, e Lhe supplica respeitosamente Dignese tomar em ulterior consideração a Proposta do Governo.

Art. 50. Em geral as proposições, que a Camara dos Deputados admittir, e approvar, serão remettidas á Camara dos Pares com a formula seguinte: — A Camara dos Deputados envia á Camara dos Pares a proposição junta, e pensa que tem lugar pedir-se ao Rei a sua Sancção.

Art. 51. Se porém a Camara dos Pares não adoptar inteiramente o Projecto da Camara dos Deputados, mas se o tiver alterado, ou addicionado, o reenviará pela maneira seguinte: — A Camara dos Pares envia á Camara dos Deputados a sua Proposição (tal) com as emendas, ou addições juntas, e pensa que com ellas tem lugar pedir-se ao Rei a Sancção Real.

Art. 52. Se a Camara dos Pares, depois de ter deliberado, julga que não póde admittir a Proposição, ou Projecto, dirá nos termos seguintes: — A Camara dos Pares torna a remetter á Camara dos Deputados a Proposição (tal), á qual não tem podido dar o seu consentimento.

Art. 53. O mesmo praticará a Camara dos Deputados para com a dos Pares, quando nesta tiver o Projecto a sua origem.

Art. 54. Se a Camara dos Deputados não approvar as emendas, ou addições da dos Pares, ou *vice versa*, e todavia a Camara recusante julgar que o Projecto he vantajoso, se nomeará huma Commissão de igual numero de Pares, e Deputados, e o que ella decidir servirá, ou para fazer-se a proposta da Lei, ou para ser recusada.

Art. 55. Se qualquer das duas Camaras, concluida a discussão, adoptar inteiramente o Projecto, que a outra Camara lhe enviou, o reduzirá a Decreto, e depois de lido em Sessão, o dirigirá ao Rei em dois autografos assignados pelo Presidente, e dois Secretarios, pedindo-Lhe a Sua Sancção pela formula seguinte: — As Cortes Geraes dirigem ao Rei o Decreto incluso, que julgão vantajoso, e util ao Reino, e pedem a Sua Magestade Se Digne Dar a Sua Sancção.

Art. 56. Esta remessa será feita por huma Deputação de sete Membros, enviada pela Camara ultimamente deliberante, a qual ao mesmo tempo informará á outra Camara, onde o Projecto teve origem, que tem adoptado a sua Proposição relativa a tal objecto, e que a dirigio ao Rei, pedindo-Lhe a Sua Sancção.

Art. 57. Recusando o Rei prestar o seu consentimento, responderá nos termos seguintes: — O Rei quer meditar sobre o Projecto de Lei, para a seu tempo se resolver. — Ao que a Camara responderá, que — Agradece a Sua Magestade o interesse que toma pela Nação.

Art. 58. Esta denegação tem effeito absoluto.

Art. 59. O Rei dará, ou negará a Sancção em cada Decreto dentro de hum mez, depois que Lhe for apresentado.

Art. 60. Se o Rei adoptar o Projecto das Cortes Geraes, se exprimirá assim — O Rei consente — Com o que fica sanccionado, e nos termos de ser promulgado como Lei do Reino; e hum dos dois autografos, depois de assignados pelo Rei, será remettido para o Archivo da Camara que o enviou, e o outro servirá para por elle se fazer a promulgação da Lei pela respectiva **Secretaria** d'Estado, sendo depois remettido para a Torre do Tombo.

Art. 61. A Formula da Promulgação da Lei será concebida nos seguintes termos — D. (F) por Graça de Deos Rei de Portugal e dos Algarves etc. Fazemos saber a todos os Nossos Subditos, que as Cortes Geraes decretárão, e Nós Queremos a Lei seguinte (a integra da Lei nas suas disposições somente): Mandamos portanto a todas as Authoridades, a quem o conhecimento e execução da referida Lei pertencer, que a cumprão, e fação cumprir, e guardar tão inteiramente, como n'ella se contém. O Secretario d'Estado dos Negocios d... (o da Repartição competente) a faça imprimir, publicar, e correr.

Art. 62. Assignada a Lei pelo Rei, referendada pelo Secretario d'Estado competente, e sellada com o Sello Real, se guardará o Original na Torre do Tombo, e se remetterão os Exemplares d'ella impressos a todas as Camaras do Reino, Tribunaes, e mais lugares, onde convenha fazer-se publica.

CAPITULO V

Das Eleições.

Artigo 63. As nomeações dos Deputados para as Cortes Geraes serão feitas por Eleições indirectas, elegendo a massa dos Cidadãos activos, em Assembléas Parochiaes, os Eleitores de Provincia, e estes os Representantes da Nação.

Art. 64. Tem voto nestas Eleições primarias

§. 1. Os Cidadãos Portuguezes, que estão no gozo de seus direitos politicos.

§. 2. Os Estrangeiros naturalisados.

Art. 65. São excluidos de votar nas Assembléas Parochiaes

§. 1. Os menores de vinte cinco annos, nos quaes se não comprehendem os casados, e Officiaes Militares, que forem maiores de vinte hum annos, os Bachareis formados, e Clerigos de Ordens Sacras.

§ 2. Os filhos familias, que estiverem na companhia de seus Pais, salvo se servirem Officios publicos.

§. 3. Os Criados de servir, em cuja classe não entrão os Guarda-Livros, e primeiros Caixeiros das Casas de Commercio, os Criados da Casa Real, que não forem de galão branco, e os Administradores das fazendas ruraes, e fabricas.

§. 4 Os Religiosos, e quaesquer que vivão em Communidade Claustral.

§. 5. Os que não tiverem de renda liquida annual cem mil réis, por bens de raiz, industria, commercio, ou empregos.

Art. 66. Os que não podem votar nas Assembléas primarias de Parochia, não podem ser Membros, nem votar na nomeação de alguma Authoridade electiva Nacional.

Art. 67. Podem ser Eleitores, e votar na eleição dos Deputados todos os que podem votar na Assembléa Parochial. Exceptuão-se

§. 1. Os que não tiverem de renda liquida annual duzentos mil réis por bens de raiz, industria, commercio, ou emprego.

§. 2. Os Libertos.

§. 3. Os criminosos pronunciados em querella, ou devassa.

Art. 68. Todos os que podem ser Eleitores

são habeis para serem nomeados Deputados. Exceptuão-se

§. 1. Os que não tiverem quatrocentos mil réis de renda liquida, na forma dos artigos 65, e 67.

§. 2. Os Estrangeiros naturalisados.

Art. 69. Os Cidadãos Portuguezes em qualquer parte que existão, são elegiveis em cada Districto Eleitoral para Deputados, ainda quando ahi não sejão nascidos, residentes, ou domiciliados.

Art. 70. Huma Lei regulamentar marcará o modo pratico das Eleições, e o numero dos Deputados relativamente á população do Reino.

TITULO V

Do Rei.

CAPITULO I.

Do Poder Moderador.

Artigo 71. O poder Moderador he a chave de toda a organisação politica, e compete privativamente ao Rei, como Chefe Supremo da Nação, para que incessantemente vele sobre a manutenção da independencia, equilibrio, e harmonia dos mais Poderes Politicos.

Art. 72. A Pessoa do Rei he inviolavel, e sagrada: Elle não está sujeito a responsabilidade alguma.

Art. 73. Os seus Titulos são, Rei de Portugal, e dos Algarves d'aquem e d'além mar, em Africa Senhor de Guiné, e da Conquista,

Navegação, Commercio da Ethiopia, Arabia, Persia, e da India, etc.; e tem o Tratamento de Magestade Fidelissima.

Art. 74. O Rei exerce o Poder Moderador

§. 1. Nomeando os Pares sem número fixo.

§. 2. Convocando as Cortes Geraes extraordinariamente nos intervallos das Sessões, quando assim o pede o bem do Reino.

§. 3. Sanccionando os Decretos, e Resolução das Cortes Geraes, para que tenhão força de Lei, Art. 55.

§. 4. Prorogando, ou addiando as Cortes Geraes, e dissolvendo a Camara dos Deputados, nos casos, em que o exigir a salvação do Estado, convocando immediatamente outra, que a substitua.

§. 5. Nomeando, e demittindo livremente os Ministros d'Estado.

§. 6. Suspendendo os Magistrados nos casos do Artigo 121.

§. 7. Perdoando, e moderando as penas impostas aos Réos condemnados por Sentença.

§. 8. Concedendo Amnistia em caso urgente, e quando assim o aconselhem a humanidade, e bem do Estado.

CAPITULO II.

Do Poder Executivo.

Artigo 75. O Rei he o Chefe do Poder Executivo, e o exercita pelos seus Ministros d'Estado. São suas principaes attribuições

§. 1. Convocar as novas Cortes Geraes ordinarias no dia dois de Março do quarto anno da Legislatura existente no Reino de Portugal; e nos Dominios no anno antecedente.

§. 2. Nomear Bispos, e prover os Beneficios Ecclesiasticos.

§. 3. Nomear Magistrados.

§. 4. Prover os mais Empregos Civis, e Politicos.

§. 5. Nomear os Commandantes da Força de terra, e mar, e remove-los, quando assim o pedir o bem do Estado.

§. 6. Nomear Embaixadores, e mais Agentes Diplomaticos, e Commerciaes.

§. 7. Dirigir as Negociações Politicas com as Nações Estrangeiras.

§. 8. Fazer Tratados de Alliança offensiva, e defensiva, de subsidio, e Commercio, levando-os depois de concluidos ao conhecimento das Cortes Geraes, quando o interesse, e segurança do Estado o permittirem. Se os Tratados concluidos em tempo de Paz envolverem cessão, ou troca de Territorio do Reino, ou de Possessões, a que o Reino tenha direito, não serão ratificados, sem terem sido approvados pelas Cortes Geraes.

§. 9. Declarar a Guerra, e fazer a Paz, participando á Assembléa as communicações, que forem compativeis com os interesses, e segurança do Estado.

§. 10. Conceder Cartas de naturalisação na fórma da Lei.

§. 11. Conceder Titulos, Honras, Ordens Militares, e Distincções em recompensa de serviços feitos ao Estado, dependendo as Mercês pecuniarias da approvação da Assembléa, quando não estiverem já designadas, e taxadas por Lei.

§. 12. Expedir os Decretos, Instrucções, e

Regulamentos adequados á boa execução das Leis.

§. 13. Decretar a applicação dos rendimentos destinados pelas Cortes nos varios ramos da publica administração.

§. 14. Conceder, ou negar o Beneplacito aos Decretos dos Concilios, e Letras Apostolicas, e quaesquer outras Constituições Ecclesiasticas, que se não opposerem á Constituição, e precedendo approvação das Cortes, se contiverem disposição geral.

§. 15. Prover a tudo que for concernente á segurança interna, e externa do Estado, na fórma da Constituição.

Art. 76. O Rei antes de ser acclamado, prestará na mão do Presidente da Camara dos Pares, reunidas ambas as Camaras, o seguinte Juramento — Juro Manter a Religião Catholica, Apostolica Romana, a integridade do Reino, observar, e fazer observar a Constituição Politica da Nação Portugueza, e mais Leis do Reino, e prover ao bem geral da Nação, quanto em Mim Couber.

Art. 77. O Rei não poderá sahir do Reino de Portugal sem o consentimento das Cortes Geraes; e se o fizer, se entenderá que abdicou a Coroa.

CAPITULO III.

Da Familia Real, e sua Dotação.

Artigo 78. O Herdeiro presumptivo do Reino terá o Titulo de — Principe Real — e o seu Primogenito o de —.Principe da Beira — todos os mais terão o de — Infantes — O Tratamento do Herdeiro presumptivo será o de — Alteza Real — e o mes-

c 2

mo será o do Principe da Beira; os Infantes terão o Tratamento de — Alteza.

Art. 79. O Herdeiro presumptivo, completando quatorze annos de idade, prestará nas mãos do Presidente da Camara dos Pares, reunidas ambas as Camaras, o seguinte Juramento — Juro manter a Religião Catholica, Apostolica Romana, observar a Constituição Politica da Nação Portugueza, e ser obediente ás Leis, e ao Rei.

Art. 80. As Cortes Geraes, logo que o Rei succeder no Reino, lhe assignarão, e á Rainha Sua Esposa, huma dotação correspondente ao Decóro de Sua Alta Dignidade.

Art. 81. As Cortes assignarão tambem alimentos ao Principe Real, e aos Infantes desde que nascerem.

Art. 82. Quando as Princezas, ou Infantas houverem de casar, as Cortes lhe assignarão o seu dote, e com a entrega d'elle cessarão os alimentos.

Art. 83. Aos Infantes, que se casarem, e forem residir fóra do Reino, se entregará por huma vez somente huma quantia determinada pelas Cortés, com o que cessarão os alimentos que percebião.

Art. 84. A Dotação, Alimentos, e Dotes, de que fallão os Artigos antecedentes, serão pagos pelo Thesouro Publico, entregues a hum Mordomo nomeado pelo Rei, com quem se poderão tratar as acções activas, e passivas concernentes aos interesses da Casa Real.

Art. 85. Os Palacios, e Terrenos Reaes, que tem sido até agora possuidos pelo Rei, ficarão pertencendo aos seus Successores, e as Cortes cuidarão nas acquisições, e construcções, que julgarem convenientes para a decencia, e recreio do Rei.

CAPITULO IV

Da Successão do Reino.

Artigo 86. A Senhora Dona Maria II. Por Graça de Deos, e formal Abdicação, e Cessão do Senhor Dom Pedro I. Imperador do Brazil, reinará sempre em Portugal.

Art. 87. Sua Descendencia legitima succederá no Throno, segundo a ordem regular da Primogenitura, e representação, preferindo sempre a linha anterior ás posteriores; na mesma linha o gráo mais proximo ao mais remoto; no mesmo gráo o sexo masculino ao feminino; no mesmo sexo a pessoa mais velha á mais moça.

Art. 88. Extinctas as Linhas dos Descendentes legitimos da Senhora Dona Maria II., passará a Coroa á collateral.

Art. 89. Nenhum Estrangeiro poderá succeder na Coroa do Reino de Portugal.

Art. 90. O Casamento da Princeza Herdeira presumptiva da Coroa será feito a aprazimento do Rei, e nunca com Estrangeiro; não existindo o Rei ao tempo em que se tratar este Consorcio, não poderá elle effeituar-se sem approvação das Cortes Geraes. Seu Marido não terá parte no governo, e somente se chamará Rei, depois que tiver da Rainha filho, ou filha.

CAPITULO V.

Da Regencia na menoridade, ou impedimento do Rei.

Artigo 91. O Rei he menor até a idade de dezoito annos completos.

Art. 92. Durante a sua menoridade o Reino será governado por huma Regencia, a qual pertencerá ao Parente mais chegado do Rei, segundo a ordem da successão, e que seja maior de vinte e cinco annos.

Art. 93. Se o Rei não tiver Parente algum, que reuna estas qualidades, será o Reino governado por huma Regencia permanente, nomeada pelas Cortes Geraes, composta de tres Membros, dos quaes o mais velho em idade será o Presidente.

Art. 94. Em quanto esta Regencia se não eleger, governará o Reino huma Regencia Provisional, composta dos dois Ministros d'Estado, do Reino, e da Justiça, e dos dois Conselheiros d'Estado mais antigos em exercicio, presidida pela Rainha Viuva, e na sua falta pelo mais antigo Conselheiro d'Estado.

Art. 95. No caso de fallecer a Rainha Regente, será esta Regencia presidida por seu Marido.

Art. 96. Se o Rei por causa fisica, ou moral, evidentemente reconhecida pela pluralidade de cada huma das Camaras das Cortes, se impossibilitar para governar, em seu lugar governará como Regente o Principe Real, se for maior de dezoito annos.

Art. 97. Tanto o Regente, como a Regencia prestará o Juramento mencionado no Art. 76, accrescentando a clausula de fidelidade ao Rei, e de lhe entregar o Governo, logo que elle chegar á maioridade, ou cessar o seu impedimento.

Art. 98. Os Actos da Regencia, e do Regente serão expedidos em nome do Rei, pela formula seguinte — Manda a Regencia em nome do Rei... Manda o Principe Real Regente em nome do Rei.

Art. 99. Nem a Regencia, nem o Regente será responsavel.

Art. 100. Durante a menoridade do Successor da Coroa, será seu Tutor quem seu Pai lhe tiver nomeado em Testamento; na falta deste a Rainha Mãi; faltando esta, as Cortes Geraes nomearão Tutor, com tanto que nunca poderá ser Tutor do Rei menor aquelle, a quem possa tocar a successão da Coroa na sua falta.

CAPITULO VI.

Do Ministerio.

Artigo 101. Havera' differentes Secretarias d' Estado. A Lei designará os negocios pertencentes a cada huma, e seu numero; as reunirá, ou separará, como mais convier.

Art. 102. Os Ministros d'Estado referendarão, ou assignarão todos os actos do Poder Executivo, sem o que não poderão ter execução.

Art. 103. Os Ministros d'Estado serão responsaveis

§. 1. Por traição.
§. 2. Por peita, suborno, ou concussão.
§. 3. Por abuso do Poder.
§. 4. Pela falta de observancia da Lei.
§. 5. Pelo que obrarem contra a liberdade, segurança, ou propriedade dos Cidadãos.
§. 6. Por qualquer dissipação dos bens publicos.

Art. 104. Huma Lei particular especificara a natureza destes delictos, e a maneira de proceder contra elles.

Art. 105. Não salva aos Ministros da responsabilidade a Ordem do Rei vocal, ou por escripto.

Art. 106. Os Estrangeiros, posto que naturalisados, não podem ser Ministros d'Estado.

CAPITULO VII.

Do Conselho d'Estado.

Artigo 107. Havera' hum Conselho d'Estado, composto de Conselheiros vitalicios nomeados pelo Rei.

Art. 108. Os Estrangeiros não podem ser Conselheiros d'Estado, posto que sejão naturalisados.

Art. 109. Os Conselheiros d'Estado, antes de tomarem posse, prestarão Juramento nas mãos do Rei de manter a Religião Catholica, Apostolica Romana, observar a Constituição, e as Leis; serem fieis ao Rei; aconselha-lO, segundo suas consciencias, attendendo somente ao bem da Nação.

Art. 110. Os Conselheiros serão ouvidos em todos os negocios graves, e medidas geraes de publica administração, principalmente sobre a declaração da guerra, ajustes de paz, negociações com as Nações Estrangeiras; assim como em todas as occasiões, em que o Rei se proponha exercer qualquer das attribuições proprias do Poder Moderador, indicadas no Artigo 74, á excepção do 5.° §.

Art. 111. São responsaveis os Conselheiros d'Estado pelos Conselhos, que derem oppostos ás Leis, e ao interesse do Estado, manifestamente dolosos.

Art. 112. O Principe Real, logo que tiver

dezoito annos completos, será de direito do Conselho d'Estado; os demais Principes da Casa Real para entrarem no Conselho d'Estado ficão dependentes da Nomeação do Rei.

CAPITULO VIII.

Da Força Militar.

Artigo 113. Todos os Portuguezes são obrigados a pegar em armas para sustentar a independencia, e integridade do Reino, e defende-lo de seus inimigos externos, e internos.

Art. 114. Em quanto as Cortes Geraes não designarem a Força Militar permanente de mar, e terra, subsistirá a que então houver, até que pelas mesmas Cortes seja alterada para mais, ou para menos.

Art. 115. A Força Militar he essencialmente obediente; jámais se poderá reunir, sem que lhe seja ordenado pela Authoridade legitima.

Art. 116. Ao Poder Executivo compete privativamente empregar a Força Armada de mar, e terra, como bem lhe parecer conveniente á segurança, e defesa do Reino.

Art. 117. Huma Ordenança especial regulará a organisação do Exercito, suas Promoções, Soldos, e Disciplina, assim como da Força Naval.

D

TITULO VI.

Do Poder Judicial.

CAPITULO UNICO.

Dos Juizes, e Tribunaes de Justiça.

Artigo 118. O poder Judicial he independente, e será composto de Juizes, e Jurados, os quaes terão lugar, assím no Civel, como no Crime, nos casos, e pelo modo que os Codigos determinarem.

Art. 119. Os Jurados pronuncião sobre o facto, e os Juizes applicão a Lei.

Art. 120. Os Juizes de Direito sérão perpetuos, o que todavia se não entende, que não possão ser mudados de huns para outros lugares, pelo tempo, e maneira que a Lei determinar.

Art. 121. O Rei poderá suspende-los por queixas contra elles feitas, precedendo audiencia dos mesmos Juizes, e ouvido o Conselho d'Estado. Os papeis, que lhe são concernentes, serão remettidos á Relação do respectivo Districto, para proceder na fórma da Lei.

Art 122. Só por Sentença poderão estes Juizes perder o Lugar.

Art. 123 Todos os Juizes de Direito, e os Officiaes de Justiça são responsaveis pelos abusos de poder, e prevaricações, que commetterem no exercicio de seus Empregos; esta responsabilidade se fará effectiva por Lei regulamentar.

Art. 124. Por suborno, peita, peculato, e concussão haverá contra elles acção popular, que poderá ser intentada dentro de anno, e dia pelo proprio queixoso, ou por qualquer do Povo, guardada a ordem do Processo estabelecida na Lei.

Art. 125. Para julgar as Causas em segunda, e ultima instancia, haverá nas Provincias do Reino as Relações, que forem necessarias para commodidade dos Povos.

Art. 126. Nas Causas Crimes a inquirição de testemunhas, e todos os mais actos do Processo, depois da pronuncia, serão publicos desde já.

Art. 127. Nas Civeis, e nas Penaes civilmente intentadas, poderão as Partes nomear Juizes Arbitros. Suas Sentenças serão executadas sem recurso, se assim o convencionarem as mesmas Partes.

Art. 128. Sem se fazer constar, que se tem intentado o meio da reconciliação, não se começará Processo algum.

Art. 129. Para este fim haverá Juizes de Paz, os quaes serão electivos pelo mesmo tempo, e maneira, que se elegem os Vereadores das Camaras. Suas attribuições, e districtos serão regulados por Lei.

Art. 130. Na Capital do Reino, além da Relação, que deve existir, assim como nas mais Provincias, haverá tambem hum Tribunal com a denominação de — Supremo Tribunal de Justiça — composto de Juizes Letrados, tirados das Relações por suas antiguidades, e serão condecorados com o Titulo do Conselho. Na primeira organisação poderão ser empregados neste Tribunal os Ministros d'aquelles que se houverem de abolir.

Art. 131. A este Tribunal compete

§. 1. Conceder, ou denegar revistas nas Causas, e pela maneira que a Lei determinar.

§. 2. Conhecer dos delictos, e erros de Officio, que commetterem os seus Ministros, os das Relações, e os Empregados no Corpo Diplomatico.

§. 3. Conhecer, e decidir sobre os conflictos de Jurisdicção, e competencias das Relações Provinciaes.

TITULO VII.

Da administração, e economia das Provincias.

CAPITULO I.

Da Administração.

Artigo 132. A Administração das Provincias ficará existindo do mesmo modo, que actualmente se acha, em quanto por Lei não for alterada.

CAPITULO II.

Das Camaras.

Artigo 133. Em todas as Cidades, e Villas, ora existentes, e nas mais que para o futuro se criarem, haverá Camaras, ás quaes compete o Governo Economico, e Municipal das mesmas Cidades, e Villas.

Art. 134. As Camaras serão electivas, e compostas do numero de Vereadores que a Lei designar, e o que obtiver maior numero de votos, será Presidente.

Art. 135. O exercicio de suas funcções municipaes, formação de suas posturas policiaes, applicação de suas rendas, e todas as suas particulares, e estas attribuições serão decretadas por huma Lei regulamentar.

CAPITULO III.

Da Fazenda Publica.

Artigo 136. A Receita, e Despeza da Fazenda Publica será encarregada a hum Tribunal debaixo do nome de — Thesouro Publico — onde em diversas estações devidamente estabelecidas por Lei se regulará a sua administração, arrecadação, e contabilidade.

Art. 137. Todas as contribuições directas, á excepção d'aquellas, que estiverem applicadas aos juros, e amortisação da divida publica, serão annualmente estabelecidas pelas Cortes Geraes, mas continuarão até que se publique a sua derogação, ou sejão substituidas por outras.

Art. 138. O Ministro d'Estado da Fazenda, havendo recebido dos outros Ministros os orçamentos relativos ás despesas das suas Repartições, appresentará na Camara dos Deputados annualmente, logo que as Cortes estiverem reunidas, hum Balanço geral da receita e despeza do Thesouro no anno antecedente, e igualmente o orçamento geral de todas as despesas publicas do anno futuro, e da importancia de todas as contribuições, e rendas publicas.

TITULO VIII.

Das Disposições Geraes, e Garantias dos Direitos Civis, e Politicos dos Cidadãos Portuguezes.

Artigo 139. As Cortes Geraes no principio das suas Sessões examinarão se a Constituição Politica do Reino tem sido exactamente observada, para prover como for justo.

Art. 140. Se passados quatro annos depois de jurada a Constituição do Reino, se conhecer, que algum dos seus Artigos merece reforma, se fará a proposição por escripto, a qual deve ter origem na Camara dos Deputados, e ser apoiada pela terça parte d'elles.

Art. 141. A proposição será lida por trez vezes com intervallos de seis dias de huma a outra leitura; e depois da terceira deliberará a Camara dos Deputados se poderá ser admittida a discussão, seguindo-se tudo o mais que he preciso para a formação de huma Lei.

Art. 142. Admittida a discussão, e vencida a necessidade da reforma do Artigo Constitucional, se expedirá a Lei, que será sanccionada, e promulgada pelo Rei em fórma ordinaria, e na qual se ordenará aos Eleitores dos Deputados para a seguinte Legislatura, que nas Procurações lhes confirão especial faculdade para a pertendida alteração, ou reforma.

Art. 143. Na seguinte Legislatura, e na primeira Sessão será a materia proposta, e discutida; e o que se vencer, prevalecerá para a mudança, ou addição á Lei fundamental, e juntando-se á Constituição será solemnemente promulgada.

Art. 144. He só Constitucional o que diz

respeito aos limites, e attribuições respectivas dos Poderes Políticos, e aos Direitos Politicos, e individuaes dos Cidadãos. Tudo o que não he Constitucional, pode ser alterado sem as formalidades referidas pelas Legislaturas ordinarias.

Art. 145. A inviolabilidade dos Direitos Civis, e Politicos dos Cidadãos Portuguezes, que tem por base a liberdade, a segurança individual, e a propriedade, he garantida pela Constituição do Reino, pela maneira seguinte.

§. 1. Nenhum Cidadão póde ser obrigado a fazer, ou deixar de fazer alguma coisa, senão em virtude da Lei.

§. 2. A disposição da Lei não terá effeito retroactivo.

§. 3. Todos podem communicar os seus pensamentos por palavras, escriptos, e publica-los pela Imprensa sem dependencia de censura, com tanto que hajão de responder pelos abusos, que commetterem no exercicio d'este direito nos casos, e pela fórma, que a Lei determinar.

§. 4. Ninguem póde ser perseguido por motivos de Religião, huma vez que respeite a do Estado, e não offenda a Moral Publica.

§. 5. Qualquer póde conservar-se, ou sahir do Reino, como lhe convenha, levando comsigo os seus bens; guardados os regulamentos policiaes, e salvo o prejuizo de terceiro.

§. 6. Todo o Cidadão tem em sua Casa hum asilo inviolavel. De noite não se poderá entrar n'ella senão por seu consentimento, ou em caso de reclamação feita de dentro, ou para o defender de incendio, ou inundação; e de dia só será franqueada a sua entrada nos casos, e pela maneira, que a Lei determinar.

§. 7. Ninguem poderá ser preso sem culpa

formada, excepto nos casos declarados na Lei, e n'estes dentro de vinte quatro horas, contadas da entrada da prisão, sendo em Cidades, Villas, ou outras Povoações proximas aos lugares da residencia do Juiz; e nos lugares remotos dentro de hum praso rasoavel, que a Lei marcará, attenta a extensão do Territorio: o Juiz, por huma nota por elle assignada, fará constar ao Réo o motivo da prisão, os nomes dos accusadores, e os das testemunhas, havendo-as.

§. 8. Ainda com culpa formada, ninguem será conduzido á prisão, ou n'ella conservado, estando já preso, se prestar fiança idonea, nos casos, que a Lei a admitte: e em geral nos crimes, que não tiverem maior pena, do que a de seis mezes de prisão, ou desterro para fóra da Comarca, poderá o Réo livrar-se solto.

§ 9. A' excepção do flagrante delicto, a prisão não póde ser executada senão por ordem escripta da Authoridade legitima. Se esta for arbitraria, o Juiz que a deu, e quem a tiver requerido serão punidos com as penas, que a Lei determinar.

O que fica disposto á cerca da prisão antes da culpa formada, não comprehende as Ordenanças Militares estabelecidas, como necessarias á disciplina, e recrutamento do Exercito: nem os casos, que não são puramente criminaes, e em que a Lei determina todavia a prisão de alguma pessoa, por desobedecer aos mandados da Justiça, ou não cumprir alguma obrigação dentro de determinado prazo.

§. 10. Ninguem será sentenciado senão pela Authoridade competente, por virtude de Lei anterior, e na fórma por ella prescripta.

§. 11. Será mantida a independencia do Poder Judicial. Nenhuma Authoridade poderá avocar as Causas pendentes, susta-las, ou fazer reviver os Processos findos.

§. 12. A Lei será igual para todos, quer proteja, quer castigue, e recompensará em proporção dos merecimentos de cada hum.

§. 13. Todo o Cidadão póde ser admittido aos Cargos Publicos Civis, Politicos, ou Militares, sem outra differença, que não seja a dos seus talentos, e virtudes.

§. 14. Ninguem será exempto de contribuir para as despezas do Estado, em proporção dos seus haveres.

§ 15. Ficão abolidos todos os Privilegios, que não forem essencial, e inteiramente ligados aos Cargos por utilidade publica.

§. 16. A' excepção das Causas, que por sua natureza pertencem a Juizos particulares, na conformidade das Leis, não haverá Foro privilegiado, nem Commissões especiaes nas Causas civeis, ou criminaes.

§. 17. Organisar-se-ha, quanto antes, hum Codigo Civil, e Criminal, fundado nas solidas bazes da Justiça, e Equidade.

§. 18. Desde já ficão abolidos os açoites, a tortura, a marca de ferro quente, e todas as mais penas crueis.

§. 19. Nenhuma pena passará da pessoa do delinquente. Portanto não haverá em caso algum confiscação de bens, nem a infamia do Réo se transmittirá aos parentes em qualquer gráo, que seja.

§. 20 As Cadêas serão seguras, limpas, e bem arejadas, havendo diversas casas para separação dos Réos, conforme suas circunstancias, e natureza dos seus crimes.

§ 21. He garantido o Direito de Propriedade em toda a sua plenitude. Se o bem Publico, legalmente verificado, exigir o uso, e emprego da propriedade do Cidadão, será elle previamente indemnisado do valor d'ella. A Lei marcará os casos, em que terá lugar esta unica excepção, e dará as regras para se determinar a indemnisação.

§. 22. Tambem fica garantida a Divida Publica.

§. 23. Nenhum genero de trabalho, cultura, industria, ou commercio póde ser prohibido, huma vez que não se opponha aos costumes publicos, á segurança, e saude dos Cidadãos.

§. 24. Os Inventores terão a propriedade de suas descobertas, ou das suas producções. A Lei lhes assegurará hum Privilegio exclusivo temporario, ou lhes remunerará em resarcimento da perda que haião de soffrer pela vulgarisação.

§. 25. O segredo das Cartas he inviolavel. A Administração do Correio fica rigorosamente responsavel por qualquer infracção deste Artigo.

§. 26. Ficão garantidas ás recompensas conferidas pelos Serviços feitos ao Estado, quer Civis, quer Militares; assim como o direito adquirido a ellas na forma das Leis.

§. 27. Os Empregados Publicos são strictamente responsaveis pelos abusos, e ommissões que praticarem no exercicio das suas funcções, e por não fazerem effectivamente responsaveis aos seus subalternos.

§. 28. Todo o Cidadão poderá appresentar por escripto ao Poder Legislativo, e ao Executivo reclamações, queixas, ou petições, e até expor qualquer infracção da Constituição, requerendo perante a competente Authoridade a effectiva responsabilidade dos infractores.

§. 29. A Constituição tambem garante os soccorros Publicos.

§. 30. A instrucção primaria, e gratuita a todos os Cidadãos.

§. 31. Garante a Nobreza Hereditaria, e suas regalias.

§. 32. Collegios, e Universidades, onde serão ensinados os elementos das Sciencias, Bellas Letras, e Artes.

§ 33. Os Poderes Constitucionaes não podem suspender a Constituição, no que diz respeito aos Direitos individuaes, salvo nos casos, e circunstancias especificadas no §. seguinte:

§. 34. Nos casos de rebellião, ou invasão de inimigos, pedindo a segurança do Estado, que se dispensem por tempo determinado algumas das formalidades, que garantem a Liberdade individual, poder-se-ha fazer por acto especial do Poder Legislativo. Não se achando porém a esse tempo reunidas as Cortes, e correndo a Patria perigo imminente, poderá o Governo exercer esta mesma providencia, como medida provisoria, e indispensavel, suspendendo-a, immediatamente cesse a necessidade urgente que a motivou, devendo n'hum, e outro caso remetter ás Cortes, logo que reunidas forem, huma relação motivada das prisões, e de outras medidas de prevenção tomadas; e quaesquer Authoridades, que tiverem mandado proceder a ellas, serão responsaveis pelos abusos, que tiverem praticado a esse respeito.

Pelo que Mando a todas as Authoridades, a quem o conhecimento, e execução d'esta Carta Constitucional pertencer, que a jurem, e fação jurar, a cumprão, e fação cumprir, e guardar tão inteiramente, como nella se contém. A Regencia d'esses Meus Reinos, e Dominios assim o tenha entendido, e a faça imprimir, publicar, cumprir, e guardar, tão inteiramente, como nella se contém, e valerá como Carta passada pela Chancellaria, posto que por ella não ha de passar; sem embargo da Ordenação em contrario, que somente para este effeito Hei por bem Derogar, ficando aliàs em seu vigor; e não obstante a falta de referenda, e mais formalidades do estilo, que igualmente Sou Servido Dispensar. Dada no Palacio do Rio de Janeiro aos vinte e nove dias do mez de Abril do Anno do Nascimento de Nosso Senhor Jesus Christo de mil oitocentos e vinte seis.

EL-REI *Com Guarda.*

Francisco Gomes da Silva a fez.

Registada a f. 2 do competente Livro. Rio de Janeiro 30 de Abril de 1826.

Francisco Gomes da Silva
Official Maior do Gabinete Imperial.

CONSTITUIÇÃO POLÍTICA DA MONARQUIA PORTUGUESA
(23 DE SETEMBRO DE 1822)

CONSTITUIÇÃO POLITICA

DA

MONARCHIA PORTUGUEZA.

CONSTITUIÇÃO POLITICA

DA

MONARCHIA PORTUGUEZA.

LISBOA
NA IMPRENSA NACIONAL.
Anno 1822

D OM JOÃO por Graça de Deos, e pela Constituição da Monarchia, Rei do Reino-Unido de Portugal, Brasil, e Algarves d'aquem e d'além mar em Africa etc. Faço saber a todos os meus subditos que as Cortes Geraes Extraordinarias e Constituintes decretárão, e Eu acceitei, e jurei a seguinte Constituição Politica da Monarchia Portugueza.

CONSTITUIÇÃO POLITICA

DA

MONARCHIA PORTUGUEZA,

DECRETADA

PELAS

CORTES GERAES EXTRAORDINARIAS E CONSTITUINTES,

Reunidas em Lisboa no anno de 1821.

EM NOME DA SANTISSIMA E INDIVISIVEL TRINDADE.

A S CORTES GERAES EXTRAORDINARIAS E CONSTITUINTES DA NAÇÃO PORTUGUEZA, intimamente convencidas de que as desgraças publicas, que tanto a tem opprimido e ainda opprimem, tiverão sua origem no despreso dos direitos do cidadão, e no esquecimento das leis fundamentaes da Monar-

Tit. I Cap. Un. dos direitos

chia; e havendo outrosim considerado, que sómente pelo restabelecimento destas leis, ampliadas e reformadas, pode conseguir-se a prosperidade da mesma Nação, e precaver-se, que ella não torne a cahir no abysmo, de que a salvou a heroica virtude de seus filhos; decretão a seguinte constituição politica, a fim de segurar os direitos de cadaum, e o bem geral de todos os Portuguezes.

TITULO I

DOS DIREITOS E DEVERES INDIVIDUAES DOS PORTUGUEZES.

CAPITULO UNICO.

ARTIGO 1

A Constituição politica da Nação Portugueza tem por objecto manter a liberdade, segurança, e propriedade de todos os Portuguezes.

2

A liberdade consiste em não serem obrigados a fazer o que a lei não manda, nem a deixar de fazer o que ella não prohibe. A conservação desta liberdade depende da exacta observancia das leis.

3

A segurança pessoal consiste na protecção, que o Governo deve dar a todos, para poderem conservar os seus direitos pessoaes.

4

Ninguem deve ser preso sem culpa formada, salvo nos casos, e pela maneira declarada no artigo 203, e seguintes. A lei designará as penas, com que devem ser castigados, não só o Juiz que ordenar a prisão arbitraria e os officiaes que a executarem, mas tãobem a pessoa que a tiver requerido.

5

A casa de todo o Portuguez é para elle um asylo. Nenhum official publico poderá entrar nella sem ordem escrita da competente Autoridade, salvo nos casos, e pelo modo que a lei determinar.

6

A propriedade é um direito sagrado e inviolavel, que tem qualquer Portuguez, de dispôr á sua vontade de todos os seus bens, segundo as leis. Quando por alguma razão de necessidade publica e urgente, for preciso que elle seja privado deste direito, será primeiramente indemnisado, na forma que as leis estabelecerem.

7

A livre communicação dos pensamentos é um dos mais preciosos direitos do homem. Todo o Portuguez pode conseguintemente, sem dependencia de censura previa, manifestar suas opiniões em qualquer materia, comtanto que haja de responder pelo abuso desta liberdade nos casos, e pela forma que a lei determinar.

Tit. 1 Cap. Un. dos direitos

8

As Cortes nomearão um *Tribunal Especial*, para proteger a liberdade da imprensa, e cohibir os delictos resultantes do seu abuso, conforme a disposição dos art. 177 e 189. Quanto porem ao abuso, que se pode fazer desta liberdade em materias religiosas, fica salva aos Bispos a censura dos escritos publicados sobre dogma e moral, e o Governo auxiliará os mesmos Bispos, para serem punidos os culpados.

No Brasil haverá tãobem um Tribunal Especial como o de Portugal.

9

A lei é igual para todos. Não se devem portanto tolerar privilegios do foro nas causas civeis ou crimes, nem commissões especiaes. Esta disposição não comprehende as causas, que pela sua natureza pertencerem a juizos particulares, na conformidade das leis.

10

Nenhuma lei, e muito menos a penal, será estabelecida sem absoluta necessidade.

11

Toda a pena deve ser proporcionada ao delicto; e nenhuma passará da pessoa do delinquente. Fica abolida a tortura, a confiscação de bens, a infamia, os açoites, o baraço e pregão, a marca de ferro quente, e todas as mais penas crueis ou infamantes.

12

Todos os Portuguezes podem ser admittidos aos cargos publicos, sem outra distincção, que não seja a dos seus talentos e das suas virtudes.

13

Os officios publicos não são propriedade de pessoa alguma. O numero delles será rigorosamente restricto ao necessario. As pessoas, que os houverem de servir, jurarão primeiro *observar a Constituição e as leis; ser fieis ao Governo; e bem cumprir suas obrigações.*

14

Todos os empregados publicos serão estrictamente responsaveis pelos erros de officio e abusos do poder, na conformidade da Constituição e da lei.

15

Todo o Portuguez tem direito a ser remunerado por serviços importantes feitos á patria, nos casos, e pela fórma que as leis determinarem.

16

Todo o Portuguez poderá apresentar por escrito ás Cortes e ao poder executivo reclamações, queixas, ou petições, que deverão ser examinadas.

17

Todo o Portuguez tem igualmente o

direito de expor qualquer infracção da Constituição, e de requerer perante a competente Autoridade a effectiva responsabilidade do infractor.

18

O segredo das cartas é inviolavel. A Administração do correio fica rigorosamente responsavel por qualquer infracção deste artigo.

19

Todo o Portuguez deve ser justo. Os seus principaes deveres são venerar a Religião; amar a patria; defendella com as armas, quando fôr chamado pela lei; obedecer á Constituição e ás leis; respeitar as Autoridades publicas; e contribuir para as despesas do Estado.

TITULO II

DA NAÇÃO PORTUGUEZA, E SEU TERRITORIO, RELIGIÃO, GOVERNO, E DYNASTIA.

CAPITULO UNICO.

20

A Nação Portugueza é a união de todos os Portuguezes de ambos os hemisferios.

O seu territorio fórma o *Reino-Unido de Portugal Brasil e Algarves*, e comprehende:

I Na Europa, o reino de Portugal, que se compõe das provincias do Minho,

Trás-os Montes, Beira, Extremadura, Alem-Tejo, e reino do Algarve, e das Ilhas adjacentes. Madeira, Porto Santo, e Açores:

II Na America, o reino do Brasil, que se compõe das provincias do Pará e Rio Negro, Maranhão, Piauhi, Rio Grande do Norte, Ceará, Parahiba, Pernambuco, Alagoas, Bahia e Sergippe, Minas Geraes, Espirito Santo, Rio de Janeiro, S. Paulo, Santa Catharina, Rio Grande do Sul, Goiaz, Matto Grosso, e das Ilhas de Fernando de Noronha, Trindade, e das mais que são adjacentes áquelle reino:

III Na Africa occidental, Bissáo e Cacheu; na Costa de Mina, o forte de S. João Baptista d'Ajudá, Angola, Benguella e suas dependencias, Cabinda e Molembo, as Ilhas de Cabo Verde, e as de S. Thomé e Principe e suas dependencias: na Costa oriental, Moçambique, Rio de Senna, Sofalla, Inhambase, Quelimane, e as Ilhas de Cabo Delgado:

IV Na Asia, Salsete, Bardez, Goa, Damão, Diu, e os estabelecimentos de Macáo e das Ilhas de Solor e Timor.

A Nação não renuncia o direito, que tenha a qualquer porção de territorio não comprehendida no presente artigo.

Do territorio do Reino-Unido se fará conveniente divisão.

21

Todos os Portuguezes são cidadãos, e gozão desta qualidade:

I Os filhos de pai Portuguez nascidos no Reino-Unido; ou que, havendo nascido

Tit. II. Cap. Un. da Nação

em paiz extrangeiro, vierão estabelecer domicilio no mesmo reino: cessa porém a necessidade deste domicilio, se o pai estava no paiz extrangeiro em serviço da Nação:

II Os filhos illegitimos de mãi Portugueza nascidos no Reino-Unido; ou que, havendo nascido em paiz extrangeiro, vierão estabelecer domicilio no mesmo reino. Porém se forem reconhecidos ou legitimados por pai extrangeiro, e houverem nascido no Reino-Unido, terá logar a respeito delles o que abaixo vai disposto em o n.º V; e havendo nascido em paiz extrangeiro, o que vai disposto em o n.º VI:

III Os expostos em qualquer parte do Reino-Unido, cujos pais se ignorem:

IV Os escravos que alcançarem carta de alforria:

V Os filhos de pai extrangeiro, que nascerem e adquirirem domicilio no Reino-Unido; comtanto que chegados á maioridade declarem, por termo assignado nos livros da Camara do seu domicilio, que querem ser cidadãos Portuguezes:

VI Os extrangeiros, que obtiverem carta de naturalisação.

22

Todo o extrangeiro, que fôr de maior idade e fixar domicilio no Reino-Unido, poderá obter a carta de naturalisação, havendo casado com mulher Portugueza, ou adquirido no mesmo reino algum estabelecimento em capitaes de dinheiro, bens de raiz, agricultura, commercio, ou industria; introduzido, ou exercitado algum commercio, ou industria util; ou feito á Nação serviços relevantes.

Os filhos de pai Portuguez, que houver perdido a qualidade de cidadão, se tiverem maior idade e domicilio no Reino-Unido, poderão obter carta de naturalisação sem dependencia de outro requisito.

23

Perde a qualidade de cidadão Portuguez:

I O que se naturalisar em paiz extrangeiro:

II O que sem licença do Governo acceitar emprego, pensão, ou condecoração de qualquer Governo extrangeiro.

24

O exercicio dos direitos politicos se suspende :

I Por incapacidade fysica ou moral :

II Por sentença que condemne a prisão ou degredo, em quanto durarem os effeitos da condemnação.

25

A Religião da Nação Portugueza é a Catholica Apostolica Romana. Permitte-se comtudo aos extrangeiros o exercicio particular de seus respectivos cultos.

26

A soberania reside essencialmente em a Nação. Não pode porém ser exercitada senão pelos seus representantes legalmente eleitos. Nenhum individuo ou corporação exerce autoridade publica, que se não derive da mesma Nação.

27

A Nação é livre e independente, e não pode ser patrimonio de ninguem. A ella sómente pertence fazer pelos seus Deputados juntos em Cortes a sua Constituição, ou Lei Fundamental, sem dependencia de sancção do Rei.

28

A Constituição, uma vez feita pelas presentes Cortes extraordinarias e constituintes, sómente poderá ser reformada ou alterada, depois de haverem passado quatro annos, contados desde a sua publicação; e quanto aos artigos, cuja execução depende de leis regulamentares, contados desde a publicação dessas leis. Estas reformas e alterações se farão pela maneira seguinte:

Passados que sejão os ditos quatro annos, se poderá propôr em Cortes a reforma, ou alteração que se pretender. A proposta será lida tres vezes com intervallos de oito dias, e se fôr admittida á discussão, e concordarem na sua necessidade as duas terças partes dos Deputados presentes, será reduzida a decreto, no qual se ordene aos eleitores dos Deputados para a seguinte legislatura, que nas procurações lhes confirão especial faculdade para poderem fazer a pretendida alteração ou reforma, obrigando-se a reconhecella como constitucional no caso de chegar a ser approvada.

A legislatura, que vier munida com as

referidas procurações, discutirá novamente a proposta; e se for approvada pelas duas terças partes, será logo havida como lei constitucional; incluida na Constituição; e apresentada ao Rei, na conformidade do art. 109, para elle a fazer publicar e executar em toda a Monarchia.

29

O Governo da Nação Portugueza é a Monarchia constitucional hereditaria, com leis fundamentaes, que regulem o exercicio dos tres poderes politicos.

30

Estes poderes são legislativo, executivo, e judicial. O primeiro reside nas Cortes com dependencia da sancção do Rei (art. 110, 111 e 112.) O segundo está no Rei e nos Secretarios d'Estado, que o exercitão debaixo da autoridade do mesmo Rei. O terceiro está nos Juizes.

Cadaum destes poderes é de tal maneira independente, que um não poderá arrogar a si as attribuições do outro.

31

A dynastia reinante é a da serenissima casa de Bragança. O nosso Rei actual é o senhor D. João VI.

TITULO III

DO PODER LEGISLATIVO OU DAS CORTES.

CAPITULO I

Da eleição dos Deputados de Cortes.

32

A Nação Portugueza é representada em Cortes, isto é, no ajuntamento dos Deputados, que a mesma Nação para esse fim elege com respeito á povoação de todo o territorio Portuguez.

33

Na eleição dos Deputados tem voto os Portuguezes, que estiverem no exercicio dos direitos de cidadão (art. 21, 22, 23 e 24), tendo domicilio, ou pelo menos residencia de um anno, em o concelho onde se fizer a eleição. O domicilio dos Militares da primeira linha e dos da armada se entende ser no concelho, onde tem quartel permanente os corpos a que pertencem.
Da presente disposição se exceptuão:
I Os menores de vinte e cinco annos; entre os quaes comtudo se não comprehendem os casados que tiverem vinte annos; os officiaes militares da mesma idade; os bachareis formados; e os clerigos de ordens sacras:
II Os filhos-familias, que estiverem no poder e companhia de seus pais, salvo se servirem officios publicos:

III Os criados de servir; não se entendendo nesta denominação os feitores e abegões, que viverem em casa separada dos lavradores seus amos:

IV Os vadios, isto é, os que não tem emprego, officio, ou modo de vida conhecido:

V Os Regulares, entre os quaes se não comprehendem os das Ordens militares, nem os secularisados:

VI Os que para o futuro, em chegando á idade de vinte e cinco annos completos, não souberem ler e escrever, se tiverem menos de dezesete quando se publicar a Constituição.

34

São absolutamente inelegiveis:

I Os que não podem votar (art. 33):

II Os que não tem para se sustentar renda sufficiente, procedida de bens de raiz, commercio, industria, ou emprego:

III Os apresentados por fallidos, em quanto se não justificar que o são de boa fé:

IV Os Secretarios e Conselheiros d'Estado:

V Os que servem empregos da casa Real:

VI Os extrangeiros, postoque tenhão carta de naturalisação:

VII Os libertos nascidos em paiz extrangeiro.

35

São respectivamente inelegiveis:

Tit. III Cap. I da eleição

I Os que não tiverem naturalidade ou residencia continua e actual, pelo menos de cinco annos, na provincia onde se fizer a eleição:

II Os Bispos nas suas dioceses:

III Os Parocos nas suas freguezias:

IV Os Magistrados nos districtos, onde individual ou collegialmente exercitão jurisdicção; o que se não entende todavia com os membros do Supremo Tribunal de Justiça (art. 191), nem com outras Autoridades cuja jurisdicção se extende a todo o reino, não sendo das especialmente prohibidas:

V Finalmente não podem ser eleitos os commandantes dos corpos da primeira e segunda linha pelos Militares seus subditos.

36

Os Deputados em uma legislatura podem ser reeleitos para as seguintes.

37

As eleições se farão por divisões eleitoraes. Cada divisão se formará de modo, que lhe correspondão tres até seis Deputados, regulando-se o numero destes na razão de um por cada trinta mil habitantes livres: podendo comtudo cada divisão admittir o augmento ou diminuição de quinze mil, de maneira que a divisão, que tiver entre 75:000 e 105:000, dará tres Deputados; entre 105:000 e 135:000 dará quatro; entre 135:000 e 165:000 dará cinco; entre 165:000 e 195:000 dará seis Deputados.

38

A disposição do artigo antecedente tem as excepções seguintes:

I A cidade de Lisboa e seu termo formará uma só divisão, postoque o numero de seus habitantes exceda a 195:000:

II As Ilhas dos Açores formarão tres divisões, segundo a sua actual distribuição em comarcas, e cadauma dellas dará pelo menos dous Deputados:

III A respeito do Brasil a lei decidirá quantas divisões devão corresponder a cada provincia, e quantos Deputados a cada divisão, regulado o numero destes na razão de um por cada trinta mil habitantes livres:

IV Pelo que respeita 1.º ao reino de Angola e Benguella; 2.º ás Ilhas de Cabo-Verde com Bissáo e Cacheu; 3.º ás de S. Thomé e Principe e suas dependencias; 4.º a Moçambique e suas dependencias; 5.º aos estados de Goa; 6.º aos estabelecimentos de Macáo, Solor e Timor, cadaum destes districtos formará uma divisão, e dará pelo menos um Deputado, qualquer que seja o numero de seus habitantes livres.

39

Cada divisão eleitoral elegerá os Deputados que lhe coubérem, com liberdade de os escolher em toda a provincia. Se algum for eleito em muitas divisões, prevalecerá a eleição que se fizer naquella, em que elle tiver residencia: se em nenhuma dellas a tiver, será preferida a da sua naturalidade: se em nenhuma tiver naturalidade nem re-

Tit. III Cap. I da eleição

sidencia, prevalecerá aquella, em que obtiver maior numero de votos ; devendo em caso de empate decidir a sorte. Este desempate se fará na Junta preparatoria de Cortes (art. 77). Pela outra ou outras divisões serão chamados os substitutos correspondentes (art. 86).

40

Por cada Deputado se elegerá um substituto.

41

Cada legislatura durará dous annos. A eleição se fará portanto em annos alternados.

42

A eleição se fará directamente pelos cidadãos reunidos em assembleias eleitoraes, á pluralidade de votos dados em escrutinio secreto : no que se procederá pela maneira seguinte:

43

Haverá em cada freguezia um livro de matricula rubricado pelo Presidente da Camara, no qual o Paroco escreverá ou fará escrever por ordem alfabetica os nomes, moradas, e occupações de todos os freguezes que tiverem voto na eleição. Estas matriculas serão verificadas pela Camara, e publicadas dous mezes antes da reunião das assembleias eleitoraes, para se poderem notar e emendar quaesquer illegalidades.

44

A Camara de cada concelho designará com a conveniente anticipação tantas assembleias primarias no seu districto, quantas convier segundo a povoação e distancia dos logares; quer seja necessario reunir muitas freguezias em uma só assembleia, quer dividir uma freguezia em muitas assembleias: comtanto que a nenhuma destas correspondão menos de dous mil habitantes, nem mais de seis mil.

No Ultramar, se for muito incommodo reunirem-se em uma só assembleia algumas freguezias ruraes pela sua grande distancia, poderá em cadauma dellas formar-se uma só assembleia, postoque não chegue a ter os dous mil habitantes.

45

Se algum concelho não chegar a ter dous mil habitantes, formará comtudo uma assembleia, se tiver mil; e não os tendo, se unirá ao concelho de menor povoação que lhe ficar contiguo. Se ambos unidos ainda não chegarem a conter mil habitantes, se unirão a outro ou outros; devendo reputar-se cabeça de todos aquelle, que for mais central. Esta reunião será designada pelo respectivo Administrador geral (art. 212).

Nas provincias do Ultramar a lei modificará a presente disposição, como exigir a commodidade dos povos.

Tit. III Cap. I da eleição

46

A Camara designará tãobem as igrejas, em que se ha de reunir cada assembleia, e as freguezias ou ruas e logares de uma freguezia, que a cadauma pertenção: ficando entendido, que ninguem será admittido a votar em assembleia diversa. Estas designações lançará o Escrivão da Camara em um livro de eleição, que nella haverá, rubricado pelo Presidente.

47

Nos concelhos, em que se formarem muitas assembleias, o Presidente da Camara presidirá áquella que se reunir na cabeça do concelho; e reunindo-se alli mais de uma, áquella que a Camara designar. As outras serão presididas pelos Vereadores effectivos; e não bastando estes, pelos dos annos antecedentes: uns e outros a Camara distribuirá por sorte.

Nos concelhos, em que os Vereadores effectivos, e os dos annos antecedentes não preencherem o numero dos Presidentes, a Camara nomeará os que faltarem.

Na cidade de Lisboa, em quanto não houver bastantes Vereadores electivos, será esta falta supprida pelos Ministros dos bairros e pelos Desembargadores da Relação, distribuidos pela Camara. Porém estes Presidentes, reunidas que sejão as assembleias na forma abaixo declarada (art 53), lhes proporão de acordo com os Parocos duas pessoas de confiança publica, uma para entrar no seu logar, outra para um dos dous

Secretarios (art. 53), e feito auto desta eleição, sahirão da mesa.

48

Com os Presidentes assistirão nas mesas de eleição os Parocos das igrejas onde se fizerem as reuniões. Quando uma freguezia se dividir em muitas assembleias, o Paroco designará sacerdotes que a ellas assistão. Os ditos Parocos ou sacerdotes tomarão assento á mão direita do Presidente.

49

As assembleias eleitoraes serão publicas, annunciando-se previamente a sua abertura pelo toque de sinos. Ninguem alli entrará armado. Ninguem terá precedencia de assento, excepto o Presidente e o Paroco ou sacerdote assistente.

50

Em cada assembleia estará presente o livro ou livros de matricula. Quando uma freguezia formar muitas assembleias, haverá nellas relações autenticas dos moradores que as formão, copiadas do livro da matricula. Haverá tãobem um quaderno rubricado pelo Presidente, em que se escreva o auto da eleição.

51

As assembleias primarias em Portugal e Algarve se reunirão no primeiro domingo de agosto do segundo anno da legislatura: nas Ilhas Adjacentes no primeiro domingo de abril : no Brasil e Angola no primeiro

Tit. III Cap. I da eleição

domingo de agosto do anno antecedente : nas Ilhas de Cabo-Verde no primeiro domingo de novembro tãobem do anno antecedente : nas Ilhas de S. Thomé e Principe, Moçambique, Goa, e Macáo no primeiro domingo de novembro dous annos antes.

52

No dia prefixo no artigo antecedente, á hora determinada, se reunirão nas igrejas designadas os moradores de cada concelho, que tem voto nas eleições, levando escritos em listas os nomes e occupações das pessoas, em quem votão para Deputados. Cadauma destas listas deve encerrar o numero dos Deputados que tocão áquella divisão eleitoral, e mais outros tantos para os substituirem. No reverso dellas irão declarados os concelhos e freguezias dos votantes, e sendo estes Militares da primeira ou segunda linha, tãobem os corpos a que pertencem. Tudo isto será annunciado por editaes, que as Camaras mandarão affixar com a conveniente anticipação.

53

Reunida a assembleia no logar, dia, e hora determinada, celebrar-se-ha uma Missa do Espirito Santo; finda a qual, o Paroco, ou o sacerdote assistente, fará um breve discurso analogo ao objecto, e lerá o presente capitulo *das eleições*. Logo o Presidente de acordo com o Paroco, ou sacerdote, proporá aos cidadãos presentes duas pessoas de confiança publica para Escrutinadores, duas para Secretarios da eleição, e em Lis-

DOS DEPUTADOS DE CORTES

boa uma para Presidente, e outra para Secretario, nos termos do art. 47. Proporá mais tres para revezarem a qualquer destes. A assembleia as approvará ou desapprovará por algum sinal, como o de levantar as mãos direitas: se alguma dellas não for approvada, se renovará a proposta e a votação quantas vezes for necessario, Os Escrutinadores e Secretarios eleitos tomarão assento aos lados do Presidente e do Paroco. Esta eleição será logo escrita no quaderno e publicada por um dos Secretarios.

54

Depois disto o Presidente e os outros mesarios lançarão as suas listas em uma urna. Logo se irão aproximando á mesa um e um todos os cidadãos presentes; e estando seus nomes escritos no livro da matricula, entregarão as listas, que sem se desdobrarem, serão lançadas na urna, depois de se confrontarem as inscripções postas no reverso dellas com as pessoas, que as apresentarem. Um dos Secretarios irá descarregando no livro os nomes dos que as entregarem.

55

Finda a votação, mandará o Presidente contar, publicar, e escrever no *auto* o numero das listas. Então um dos Escrutinadores irá lendo em voz alta cadauma dellas, bem como as inscripções postas no seu reverso (art. 52), riscando-se das listas os votos dados nas pessoas prohibidas em os numeros II, III, IV e V do art. 35. Como o Escrutinador for lendo, irão os Secretarios es-

D

Tit. III Cap. I da eleição

crevendo, cadaum em sua relação, os nomes dos votados e o numero dos votos que cadaum for obtendo: o que farão pelos numeros successivos da numeração natural, de sorte que o ultimo numero de cada nome mostre a totalidade dos votos que elle houver obtido; e, como forem escrevendo estes numeros, os irão publicando em voz alta.

56

Acabada a leitura das listas, e verificada a conformidade das duas relações pelos Escrutinadores e Secretarios, um destes publicará na assembleia os nomes de todos os votados, e o numero dos votos que teve cadaum. Immediatamente se escreverão no auto por ordem alfabetica os nomes dos votados, e por extenso o numero dos votos de cadaum. O auto será assignado por todos os mesarios, e as listas se queimarão publicamente.

57

Os mesarios nomearão logo dous d'entre si, para nos dias abaixo declarados (art. 61 e 63) irem apresentar a copia do auto na Junta que se ha de reunir na casa da Camara, se no concelho houver muitas assembleias primarias, ou na que se ha de reunir na cabeça da divisão eleitoral, se houver uma só. A dita copia será tirada por um dos Secretarios, assignada por todos os mesarios, fechada e lacrada com sello. Então se haverá por dissolvida a assembleia. Os quadernos e relações se guardarão no archivo da Camara, dando-se-lhes a maior publicidade.

58

No auto da eleição se declarará que os cidadãos, que formão aquella assembleia, outorgão aos Deputados, que sahirem eleitos na Junta da cabeça da divisão eleitoral, a todos e a cadaum, amplos poderes para que, reunidos em Cortes com os das outras divisões de toda a Monarchia Portugueza, possão, como representantes da Nação, fazer tudo o que for conducente ao bem geral della, e cumprir suas funcções na conformidade, e dentro dos limites que a Constituição prescreve, sem que possão derogar nem alterar nenhum de seus artigos: e que elles outorgantes se obrigão a cumprir, e ter por valido tudo o que os ditos Deputados assim fizerem, em conformidade da mesma Constituição.

59

Se ao sol posto não estiver acabada a votação, o Presidente mandará metter as listas e as relações em um cofre de tres chaves, que serão distribuidas por sorte a tres mesarios. Este cofre se guardará debaixo de chave na mesma igreja, e no dia seguinte será apresentado na mesa da eleição, e ahi aberto em presença da assembleia.

60

Se o Presidente, depois de entregues todas as listas, prevîr que o apuramento dellas não poderá concluir-se até a segunda feira seguinte, proporá de acordo com o Paroco aos cidadãos presentes como no art. 53, Escrutinadores e Secretarios para outra

Tit. III Cap. I da eleição

mesa. Para esta passará uma parte das listas, e nella se praticará simultaneamente o mesmo que na primeira, onde finalmente se reunirão as quatro relações, e se procederá como fica disposto no art. 56.

61

Quando no concelho houver mais de uma assembleia primaria, os portadores das copias dos autos da eleição (art. 57) se reunirão no domingo seguinte, e no Ultramar naquelle que abaixo vai declarado (art. 74), á hora indicada nos editaes, em Junta publica na casa da Camara com o Presidente desta, e o Paroco que com elle assistio na assembleia antecedente. Logo elegerão d'entre si dous Escrutinadores e dous Secretarios; e abrindo-se os ditos autos, o Presidente os fará ler em voz alta, e os Secretarios irão escrevendo os nomes em duas relações. Dahi em diante se praticará o mais que fica disposto nos art. 55 e 56.

Na divisão de Lisboa fica cessando a presente Junta, e só tem logar a que vai determinada no art. 63, que será formada dos portadores das listas das assembleias primarias.

62

Os mesarios successivamente elegerão dous d'entre si, que no dia abaixo declarado (art. 63) apresentem a copia deste auto na Junta da cabeça da divisão eleitoral. A respeito desta copia, da dissolução da Junta, e da guarda e publicidade do quaderno e relações, se fará o mesmo que fica disposto no art. 57.

DOS DEPUTADOS DE CORTES.

63

No terceiro domingo de agosto, e nas Ilhas Adjacentes e Ultramar naquelle que abaixo vai declarado (art. 74), se congregarão em Junta publica na casa da Camara da cabeça da divisão eleitoral os portadores das copias dos autos de toda a divisão com o Presidente da mesma Camara, e o Paroco que com elle assistio na assembleia antecedente. Procederão logo a eleger Escrutinadores e Secretarios ; praticar-se-ha o mesmo, que fica disposto nos art. 61 e 55 ỹ. *Como o escrutinador;* e apurados os votos, sahirão eleitos Deputados, assim ordinarios como substitutos, aquelles que obtiverem pluralidade absoluta, isto é, aquelles cujos nomes se acharem escritos em mais de metade das listas. D'entre elles serão Deputados ordinarios os que tiverem mais votos, e substitutos os que se lhe seguirem immediatamente ; e por essa ordem se escreverão seus nomes no auto. Em caso de empate decidirá a sorte. Depois se praticará o mais, que fica disposto no art. 56, ficando entendido que as relações se hão de guardar, como dispõe o art. 62.

64

Se não obtiverem pluralidade absoluta pessoas bastantes para preencher o numero dos Deputados e substitutos, se fará uma relação, que contenha tres vezes o numero que faltar, formada dos nomes daquelles que tiverem mais votos, com declaração do numero que teve cadaum. Esta relação se-

Tit. III Cap. I da eleição

rá lida em voz alta, e copiada no auto. Feito isto, a Junta se haverá por dissolvida.

65

O Presidente fará logo publicar a dita relação, e, tiradas por um Tabellião tantas copias della quantos forem os concelhos da divisão eleitoral, assignadas por elle e conferidas pelo Escrivão da Camara, as remetterá ás Camaras dos ditos concelhos. Os Presidentes destas immediatamente remetterão copias tiradas pelos Escrivães das mesmas, e por ambos assignadas, aos Presidentes que forão das assembleias primarias, para as fazerem logo registrar nos quadernos de que trata o art. 50, e lhes darem a maior publicidade.

66

No mesmo tempo as Camaras convocarão por editaes (art. 52) os moradores do concelho para nova reunião das assembleias primarias, annunciando; 1.º que esta se fará no terceiro domingo depois daquelle em que se congregou a Junta da cabeça da divisão eleitoral, e nas Ilhas Adjacentes e Ultramar naquelle que abaixo vai declarado (art. 74); 2.º qual é o numero dos Deputados ordinarios e substitutos que falta para se eleger; 3.º que os votantes hão de formar suas listas tirando o dito numero d'entre os nomes incluidos na relação, que foi remettida da dita Junta, a qual será transcripta nos editaes.

67

Nesta segunda reunião das assembleias primarias se procederá em tudo como fica disposto nos art. 54, 55, 56, 57, 59, 60, 61, 62 e 63; com declaração 1.º que os mesarios serão os mesmos, que forão na primeira reunião; 2.º que as relações vindas da cabeça da divisão eleitoral se guardarão nos archivos das Camaras; 3.º que apurados os votos em a nova Junta da cabeça da divisão, sahirão eleitos Deputados ordinarios e substitutos aquelles, em que recahirem mais votos (art. 63), postoque não obtenhão a pluralidade absoluta; devendo em caso de empate decidir a sorte. Na falta ou impedimento de algum dos mesarios se elegerá outro, como na primeira vez.

68

Então se haverá por dissolvida a Junta. O livro da eleição se guardará no archivo da Camara depois de se lhe haver dado a maior publicidade.

69

No auto desta eleição se declarará haver constado pelos autos remettidos de todas as assembleias primarias da divisão eleitoral, que os moradores della outorgárão aos Deputados agora eleitos os poderes declarados no art. 58, cujo teor se transcreverá no mesmo auto.

70

Concluido este acto, a assembleia assis-

Tit. III Cap. I da eleição

tirá a um solemne *Te Deum*, cantado na igreja principal, indo entre os mesarios aquelles Deputados, que se acharem presentes.

71

A cada Deputado se entregará uma copia do auto da eleição, e se remetterá logo outra á Deputação permanente (art. 117), tiradas por um Tabellião, e conferidas pelo Escrivão da Camara.

72

As duvidas que occorrerem nas assembleias primarias, serão decididas verbalmente e sem recurso por uma commissão de cinco membros, eleitos na occasião, e pelo modo por que se procede á formação da mesa (art. 53).

Porém esta commissão não conhecerá das duvidas relativas á elegibilidade das pessoas votadas, salvo nos termos do art. 55; por pertencer aquelle conhecimento á Junta preparatoria de Cortes (art. 77).

73

Nas assembleias eleitoraes só poderá tratar-se de objectos relativos ás eleições. Será nullo tudo o que se fizer contra esta disposição.

74

Nas Ilhas Adjacentes e Ultramar se observará o disposto neste capitulo com as modificações seguintes:

I Nas Ilhas Adjacentes a reunião da

Junta da cabeça da divisão eleitoral (art. 63), se fará no primeiro domingo depois que a ella chegarem os portadores dos autos das eleições de toda a divisão. Para o segundo escrutinio as assembleias primarias se reunirão no terceiro domingo depois que em cada concelho se houverem recebido da Junta da cabeça da divisão as copias (art. 65); as Juntas de concelho no domingo seguinte ao dito terceiro domingo; as de cabeça de divisão no primeiro domingo depois que a ella chegarem os portadores dos autos das eleições de toda a divisão:

II No Ultramar as Juntas de concelho, as de cabeça de divisão, e no segundo escrutinio as assembleias primarias e as Juntas de concelho e de cabeça de divisão, se reunirão no domingo que designar a Autoridade civil superior da provincia, e sera o mais proximo possivel:

III As reuniões para o segundo escrutinio em Angola, Cabo-Verde, Moçambique, e Macáo, não dependem da votação dos habitantes dos logares remotos de cadauma destas divisões; devendo votar nellas sómente os que se acharem presentes em hum praso tal, que não se retarde consideravelmente o complemento das eleições.

CAPITULO II

Da reunião das Cortes.

75

Antes do dia quinze de novembro os Deputados se apresentarão á Deputação per-

Tit. III Cap. II da reunião

manente, que fará escrever seus nomes em um livro de registro, com declaração das divisões eleitoraes a que pertencem.

76

No dia quinze de novembro se reunirão os Deputados em primeira *Junta preparatoria* na sala das Cortes, servindo de Presidente o da Deputação permanente, e de Escrutinadores e Secretarios os que ella nomear d'entre os seus membros. Logo se procederá na verificação das procurações, nomeando-se uma commissão de cinco Deputados para as examinar, e outra de tres para examinar as dos ditos cinco.

77

Até ao dia vinte de novembro se continuará a reunir uma ou mais vezes a Junta preparatoria, para verificar a legitimidade das procurações e as qualidades dos eleitos; resolvendo definitivamente quaesquer duvidas, que sobre isso se moverem.

78

No dia vinte de novembro a mesma Junta elegerá d'entre os Deputados por escrutinio secreto á pluralidade absoluta de votos, para servirem no primeiro mez, um Presidente e um Vice-Presidente, e á pluralidade relativa quatro Secretarios. Immediatamente irão todos á igreja cathedral assistir a uma Missa solemne do Espirito Santo: e no fim della o celebrante deferirá o juramento seguinte ao Presidente, que pondo a mão direita no livro dos santos Evangelhos dirá: *Juro manter a Religião Catholica Apostolica Romana ; guardar e fazer guardar a Constituição politica da Monarchia Portugueza, que decretárão as Cortes extraordinarias e constituintes do anno de 1821; e cumprir bem e fielmente as obrigações de Deputado em Cortes, na conformidade da mesma Constituição.* O mesmo juramento prestará o Vice-Presidente e Deputados, pondo a mão no livro dos Evangelhos e dizendo sómente: *Assim o juro.*

79

Acabada a solemnidade religiosa, os Deputados se dirigirão á sala das Cortes, onde o Presidente declarará que estas se achão installadas. Nomeará logo uma Deputação composta de doze Deputados, dous dos quaes serão Secretarios, para dar parte ao Rei da referida installação, e saber, se ha de assistir á abertura das Cortes. Achando-se o Rei fóra do logar das Cortes, esta participação se lhe fará por escrito, e o Rei responderá pelo mesmo modo.

80

No primeiro dia do mez de dezembro de cada anno o Presidente com os Deputados que se acharem presentes em Lisboa capital do Reino-Unido, abrirá impreterivelmente a primeira sessão de Cortes. Neste momento cessará em suas funcções a Deputação permanente.

O Rei assistirá pessoalmente se for sua vontade, entrando na sala sem guarda, acompanhado sómente das pessoas que de-

Tit. III Cap. II da reunião

terminar o regimento do governo interior das Cortes. Fará um discurso adequado á solemnidade, a que o Presidente deve responder como cumprir. Se não houver de assistir, irão em seu nome os Secretarios d'Estado, e um delles recitará o referido discurso, e o entregará ao Presidente. Isto mesmo se deve observar quando as Cortes se fecharem.

81

No segundo anno de cada legislatura não haverá Junta preparatoria nem juramento (art. 76, 77 e 78), e os Deputados, reunidos no dia vinte de novembro na sala das Cortes, servindo de Presidente o ultimo do anno passado, procederão a eleger novo Presidente, Vice-Presidente e Secretarios: e havendo assistido á Missa do Espirito Santo, procederão em tudo o mais como no primeiro anno.

82

As Cortes com justa causa, approvada pelas duas terças partes dos Deputados, poderão trasladar-se da capital deste reino para outro qualquer logar. Se durante os intervallos das duas sessões de Cortes sobrevier invasão de inimigos, peste, ou outra causa urgentissima, poderá a Deputação permanente determinar a referida trasladação, e dar outras quaesquer providencias que julgar convenientes, as quaes ficarão sujeitas á approvação das Cortes.

33

Cadauma das duas sessões da legislatura durará tres mezes consecutivos, e somente poderá prorogar-se por mais um:
I Se o Rei o pedir:
II Se houver justa causa approvada pelas duas terças partes dos Deputados presentes.

84

Aquelle, que sahir eleito Deputado, não será escuso senão por impedimento legitimo e permanente, justificado perante as Cortes. Sendo alguem reeleito na eleição immediata, lhe ficará livre o escusar-se; mas não poderá, durante os dous annos da legislatura de que se escusou, acceitar do Governo emprego algum, salvo se este lhe competir por antiguidade ou escala na carreira de sua profissão.

85

A justificação dos impedimentos dos Deputados residentes no Ultramar se fará perante a Junta da cabeça da respectiva divisão eleitoral, se ainda estiver reunida; e não o estando, perante a Junta preparatoria (art. 77), ou perante as Cortes.
Por divisão respectiva se entende aquella, em que foi eleito o Deputado de cuja escusa se tratar; e sendo eleito em muitas, aquella que prevalecer, segundo o art. 39.

86

Quando algum Deputado for escuso,

rior entenderem ser necessario: o que nunca terá logar tratando-se de discussão de lei.

91

Ao Rei não é permittido assistir ás Cortes, excepto na sua abertura e conclusão. Ellas não poderão deliberar em sua presença. Indo porém os Secretarios d'Estado em nome do Rei, ou chamados pelas Cortes, propôr ou explicar algum negocio, poderão assistir á discussão, e fallar nella na conformidade do regimento das Cortes; mas nunca estarão presentes á votação.

92

O Secretario d'Estado dos negocios da guerra na primeira sessão depois de abertas as Cortes irá informallas do numero de tropas, que se acharem acantonadas na capital, e na distancia de doze leguas em rodor; e bem assim das posições que occuparem, para que as Cortes determinem o que convier.

93

Sobre tudo o que for relativo ao governo, e ordem interior das Cortes, se observará o seu regimento, no qual se poderão fazer para o futuro as alterações convenientes.

Tit. III Cap. 11 da reunião

a Autoridade que o escusar chamará logo o seu substituto segundo a ordem da pluralidade dos votos (art. 63).

87

Com os Deputados de cadauma das divisões eleitoraes do Ultramar virá logo para Lisboa o primeiro substituto, salvo se em Portugal e Algarve residir algum; no qual caso entrará este em logar do Deputado que faltar. Se forem reeleitos alguns dos Deputados effectivos, virão logo tantos substitutos quantos forem os reeleitos, descontados os que residirem em Portugal e Algarve.

88

As procurações dos substitutos, e bem assim as dos Deputados que se não apresentárão no dia aprasado, serão verificadas em Cortes por uma commissão, e assim a uns como a outros o Presidente deferirá juramento.

89

Se os Deputados de alguma provincia não podérem apresentar-se em Cortes, impedidos por invasão de inimigos ou bloqueio, continuarão a servir em seu logar os Deputados antecedentes, atéque os impedidos se apresentem.

90

As sessões serão publicas; e sómente poderá haver sessão secreta, quando as Cortes na conformidade do seu regimento inte-

CAPITULO III

Dos Deputados de Cortes.

94

Cada Deputado é procurador e representante de toda a Nação, e não o é somente da divisão que o elegeo.

95

Não é permittido aos Deputados protestar contra as decisões das Cortes; mas poderão fazer declarar na acta o seu voto sem o motivar.

96

Os Deputados são inviolaveis pelas opiniões, que proferirem nas Cortes, e nunca por ellas serão responsaveis.

97

Se algum Deputado for pronunciado, o Juiz, suspendendo todo o ulterior procedimento, dará conta ás Cortes, as quaes decidirão se o processo deva continuar, e o Deputado ser ou não suspenso no exercicio de suas funcções.

98

Desde o dia, em que os Deputados se apresentarem á Deputação permanente, até aquelle, em que acabarem as sessões, vencerão um subsidio pecuniario, taxado pelas Cortes no segundo anno da legislatura antecedente. Alem disto se lhes arbitrará uma indemnisação para as despesas da vinda e volta. Aos do Ultramar (entre os quaes se não entendem os das Ilhas Adjacentes) se assignará de mais um subsidio para o tempo do intervallo das sessões das Cortes: o que não se entende dos estabelecidos em Portugal e Algarve.

Estes subsidios e indemnisações se pagarão pelo thesouro publico.

99

Nenhum Deputado desde o dia, em que a sua eleição constar na Deputação permanente até o fim da legislatura, poderá acceitar ou solicitar para si nem para outrem pensão ou condecoração alguma. Isto mesmo se entenderá dos empregos providos pelo Rei, salvo se lhe competirem por antiguidade ou escala na carreira da sua profissão.

100

Os Deputados, durante o tempo das sessões das Cortes, ficarão inhibidos do exercicio dos seus empregos ecclesiasticos, civis, e militares. No intervallo das sessões não poderá o Rei empregallos fóra do reino de Portugal e Algarve; nem mesmo irão exercer seus empregos, quando isso os impossibilite para se reunirem no caso de convocação de Cortes extraordinarias.

101

Se por algum caso extraordinario, de que dependa a segurança publica ou o bem

Tit. III Cap. IV das

do Estado, for indispensavel que algum dos Deputados saia das Cortes para outra occupação, ellas o poderão determinar, concordando nisso as duas terças partes dos votos.

CAPITULO IV

Das attribuições das Cortes.

102

Pertence ás Cortes:
I Fazer as leis, interpretallas, e revogallas:
II Promover a observancia da Constituição e das leis, e em geral o bem da Nação Portugueza.

103

Competem ás Cortes, sem dependencia da sancção Real, as attribuições seguintes:
I Tomar juramento ao Rei, ao Principe Real, e á Regencia ou Regente:
II Reconhecer o Principe Real como successor da Coroa, e approvar o plano de sua educação:
III Nomear tutor ao Rei menor:
IV Eleger a Regencia ou o Regente (art. 148 e 150), e marcar os limites da sua autoridade:
V Resolver as duvidas que occorrerem sobre a successão da Coroa:
VI Approvar os tratados de alliança offensiva ou defensiva, de subsidios, e de commercio, antes de serem ratificados:
VII Fixar todos os annos sobre proposta ou informação do Governo as forças

ATTRIBUIÇÕES DAS CORTES.

de terra e mar, assim as ordinarias em tempo de paz, como as extraordinarias em tempo de guerra:

VIII Conceder ou negar a entrada de forças extrangeiras de terra ou mar, dentro do reino ou dos portos delle:

IX Fixar annualmente os impostos, e as despesas publicas; repartir a contribuição directa pelos districtos das Juntas administrativas (art. 228); fiscalisar o emprego das rendas publicas, e as contas da sua receita e despesa:

X Autorisar o Governo para contrahir emprestimos. As condições delles lhes serão presentes, excepto nos casos de urgencia:

XI Estabelecer os meios adequados para o pagamento da divida publica:

XII Regular a administração dos bens nacionaes, e decretar a sua alienação em caso de necessidade:

XIII Criar ou supprimir empregos e officios publicos, e estabelecer os seus ordenados:

XIV Determinar a inscripção, peso' valor, lei, typo, e denominação das moedas:

XV Fazer verificar a responsabilidade dos Secretarios d'Estado, e dos mais empregados publicos:

XVI Regular o que toca ao regime interior das Cortes.

CAPITULO V

Do exercicio do poder legislativo.

104

Lei é a vontade dos cidadãos declarada pela unanimidade ou pluralidade dos votos de seus representantes juntos em Cortes, precedendo discussão publica.

A lei obriga os cidadãos sem dependencia da sua acceitação.

105

A iniciativa directa das leis sómente compete aos representantes da Nação juntos em Cortes.

Podem comtudo os Secretarios d'Estado fazer propostas, as quaes, depois de examinadas por uma commissão das Cortes, poderão ser convertidas em projectos de lei.

106

Qualquer projecto de lei será lido primeira e segunda vez com intervallo de oito dias. A' segunda leitura as Cortes decidirão, se ha de ser discutido: neste caso se imprimirão e distribuirão pelos Deputados os exemplares necessarios, e passados oito dias, se assignará aquelle em que ha de principiar a discussão. Esta durará uma ou mais sessões, até que o projecto pareça sufficientemente examinado. Immediatamente resolverão as Cortes se tem logar a votação: decidido que sim, procede-se a ella. Cada proposição se entende vencida pela pluralidade absoluta de votos.

107

Em caso urgente, declarado tal pelas duas terças partes dos Deputados presentes, poderá no mesmo dia, em que se apresentar o projecto, principiar-se, e mesmo ultimar-se a discussão; porem a lei será então havida como provisoria.

108

Se um projecto não for admittido a discussão ou á votação, ou, se admittido, for rejeitado, não poderá tornar a ser proposto na mesma sessão da legislatura.

109

Se o projecto for approvado, será reduzido a lei, a qual, depois de ser lida nas Cortes, e assignada pelo Presidente e dous Secretarios, será apresentada ao Rei em duplicado por uma Deputação de cinco de seus membros, nomeados pelo Presidente. Se o Rei estiver fóra da capital, a lei lhe será apresentada pelo Secretario d'Estado da respectiva repartição.

110

Ao Rei pertence dar a sancção á lei: o que fará pela seguinte formula assignada de sua mão: *Sanccionó, e publique-se como lei.*

Se o Rei, ouvido o Conselho d'Estado, entender que ha razões para a lei dever supprimir-se ou alterar-se, poderá suspender a sancção por esta formula: *Volte ás Cortes*, expondo debaixo da sua assignatura as sobreditas razões. Estas serão presentes ás Cortes, e, impressas, se discutirão. Vencendo-se que sem embargo dellas passe a lei como estava, será novamente apresentada ao Rei, que lhe dará logo a sancção.

Se as razões expostas forem attendidas, a lei será supprimida ou alterada, e não poderá tornar a tratar-se della na mesma sessão da legislatura.

111

O Rei deverá dar ou suspender a sancção no praso de um mez. Quanto ás leis provisorias feitas em casos urgentes (art. 107), as Cortes determinarão o praso dentro do qual as deva sanccionar.

Se as Cortes se fecharem antes de expirar aquelle praso, este se prolongará até os primeiros oito dias da seguinte sessão da legislatura.

112

Não dependem da sancção Real:

I A presente Constituição, e as alterações que nella se fizerem para o futuro (art. 28):

II Todas as leis, ou quaesquer outras disposições das presentes Cortes extraordinarias e constituintes:

III As decisões concernentes aos objectos de que trata o art. 103.

113

Sanccionada a lei, a mandará o Rei publicar pela formula seguinte: " *Dom F... por graça de Deos e pela Constituição da Monarchia, Rei do Reino-Unido de Portugal Brasil e Algarves d'aquem e d'além mar em Africa etc. Faço saber a todos os meus subditos, que as Cortes decretárão, e eu sanccionei a lei seguinte* (aqui o texto della).

Portanto mando a todas as Autoridades, a quem o conhecimento e execução da referida lei pertencer, que a cumprão e executem tão inteiramente como nella se contém. O Secretario d'Estado dos negocios d . . . (o da respectiva repartição) *a faça imprimir, publicar, e correr"*

O dito Secretario referendará a lei, e a fará sellar com o sello do Estado, e guardar um dos originaes no archivo da torre do tombo: o outro (art. 109), depois de assignado pelo Rei e referendado pelo Secretario, se guardará no archivo das Cortes.

As leis independentes de sancção serão publicadas com esta mesma formula, supprimidas as palavras: *e eu sanccionei.*

114

Se o Rei nos prasos estabelecidos nos art. 110 e 111 não der sancção á lei, ficará entendido que a deo, e a lei se publicará. Se porém recusar assignalla, as Cortes a mandarão publicar em nome do Rei, devendo ser assignada pela pessoa em quem recahir o poder executivo.

115

A Regencia, ou Regente do reino terá sobre a sancção, e publicação das leis a autoridade que as Cortes designarem, a qual não será maior que a que fica concedida ao Rei.

116

As disposições sobre a formação das leis se observarão do mesmo modo quanto á sua revogação.

CAPITULO VI

Da Deputação permanente, e da reunião extraordinaria de Cortes.

117

As Cortes, antes de fecharem cadauma das duas sessões da legislatura, elegerão sete d'entre os seus membros, a saber, tres das provincias da Europa, tres das do Ultramar, e o setimo sorteado entre um da Europa e outro do Ultramar. Tãobem elegerão dous substitutos d'entre os Deputados européos e ultramarinos, cadaum dos quaes respectivamente servirá na falta de qualquer dos Deputados.

Destes sete Deputados se formará uma Junta, intitulada *Deputação permanente das Cortes*, que ha de residir na capital até o momento da seguinte abertura das Cortes ordinarias.

A Deputação elegerá em cada mez d'entre seus membros um Presidente, a quem não poderá reeleger em mezes successivos, e um Secretario, que poderá ser successivamente reeleito.

Se algumas provincias do Reino-Unido vierem a perder o direito de ser representadas em Cortes, proverão estas sobre o modo de se formar a Deputação permanente, sem comtudo se alterar o numero de seus membros.

118

Pertence a esta Deputação:

I Promover a reunião das assembleias eleitoraes no caso de haver nisso alguma negligencia:

II Preparar a reunião das Cortes (art. 75 e seguintes):

III Convocar as Cortes extraordinariamente nos casos declarados no art. 119:

IV Vigiar sobre a observancia da Constituição e das leis, para instruir as Cortes futuras das infracções que houver notado; havendo do Governo as informações que julgar necessarias para esse fim:

V Prover á trasladação das Cortes no caso do art. 82.

VI Promover a installação da Regencia provisional nos casos do art. 149.

119

A Deputação permanente convocará extraordinariamente as Cortes para um dia determinado, quando acontecer algum dos casos seguintes:

I Se vagar a Coroa:

II Se o Rei a quizer abdicar:

III Se se impossibilitar para governar (art. 150):

IV Se occorrer algum negocio arduo e urgente, ou circunstancias perigosas ao Estado, segundo o parecer da Deputação permanente, ou do Rei, que nesse caso o communicará á mesma Deputação, para ella expedir as ordens necessarias.

120

Reunidas as Cortes extraordinarias, tratarão unicamente do objecto para que forão

Tit. IV Cap. I da autoridade

convocadas; separar-se-hão logo que o tenhão concluido; e se antes disso chegar o dia quinze de novembro, accrescerá ás novas Cortes o ulterior conhecimento do mesmo objecto.

Durante a reunião das Cortes extraordinarias, continuará a Deputação permanente em suas funcções.

TITULO IV

DO PODER EXECUTIVO OU DO REI.

CAPITULO I

Da autoridade, juramento, e inviolabilidade do Rei.

121

A autoridade do Rei provém da Nação, e é indivisivel e inalienavel.

122

Esta autoridade geralmente consiste em fazer executar as leis; expedir os decretos, instrucções, e regulamentos adequados a esse fim; e prover a tudo o que for concernente á segurança interna e externa do Estado, na fórma da Constituição.

Os ditos decretos, instrucções, e regulamentos serão passados em nome do Rei.

123

Especialmente competem ao Rei as attribuições seguintes:

JURÁM. E INVIOL. DO REI.

I Sanccionar e promulgar as leis (art. 110 e 113):

II Nomear e dimittir livremente os Secretarios d'Estado:

III Nomear os Magistrados, precedendo proposta do Conselho d'Estado feita na conformidade da lei:

IV Prover segundo a lei todos os mais empregos civis que não forem electivos, e bem assim os militares:

V Apresentar para os bispados, precedendo proposta triple do Conselho d'Estado. Apresentar para os beneficios ecclesiasticos de padroado Real curados ou não-curados, precedendo concurso e exame publico perante os Prelados diocesanos:

VI Nomear os commandantes da força armada de terra e mar, e empregalla como entender que melhor convem ao serviço publico:

Porém quando perigar a liberdade da Nação e o systema constitucional, poderão as Cortes fazer estas nomeações.

Em tempo de paz não haverá commandante em chefe do exercito nem da armada:

VII Nomear os Embaixadores e mais Agentes diplomaticos, ouvido o Conselho d'Estado; e os Consules sem dependencia de o ouvir:

VIII Dirigir as negociações politicas e commerciaes com as nações extrangeiras:

IX Conceder cartas de naturalisação, e privilegios exclusivos a favor da industria, em conformidade das leis:

Tit. IV Cap. I da autoridade

X Conceder titulos, honras, e distincções em recompensa de serviços, na conformidade das leis.

Quanto a remunerações pecuniarias, que pela mesma causa entender se devão conferir, sómente o fará com anterior approvação das Cortes; fazendo-lhes para esse fim apresentar na primeira sessão de cada anno uma lista motivada:

XI Perdoar ou minorar as penas aos delinquentes na conformidade das leis:

XII Conceder ou negar o seu beneplacito aos decretos dos Concilios, letras pontificias, e quaesquer outras constituições ecclesiasticas; precedendo approvação das Cortes, se contiverem disposições geraes; e ouvindo o Conselho d'Estado, se versarem sobre negocios de interesse particular, que não forem contenciosos; pois quando o forem, os remetterá ao conhecimento e decisão do Supremo Tribunal de Justiça:

XIII Declarar a guerra, e fazer a paz; dando ás Cortes conta dos motivos que para isso teve:

XIV Fazer tratados de alliança offensiva ou defensiva, de subsidios, e de commercio, com dependencia da approvação das Cortes (art. 103 n.° VI):

XV Decretar a applicação dos rendimentos destinados pelas Cortes aos diversos ramos da administração publica.

124

O Rei não pode:

I Impedir as eleições dos Deputados; oppôr-se á reunião das Cortes; prorogallas, dissolvellas, ou protestar contra as suas decisões:

II Impôr tributos, contribuições, ou fintas:

III Suspender Magistrados, salvo nos termos do art. 197:

IV Mandar prender cidadão algum, excepto: 1.º quando o exigir a segurança do Estado, devendo então ser o preso entregue dentro de quarenta e oito horas ao Juiz competente: 2.º quando as Cortes houverem suspendido as formalidades judiciaes (art. 211):

V Alienar porção alguma do territorio Portuguez:

VI Commandar força armada.

125

O Rei não pode sem consentimento das Cortes:

I Abdicar a Coroa:

II Sahir do reino de Portugal e Algarve; e se o fizer, se entenderá que a abdica; bem como se, havendo sahido com licença das Cortes, a exceder quanto ao tempo ou logar, e não regressar ao reino sendo chamado.

A presente disposição é applicavel ao successor da Coroa, o qual contravindo-a, se entenderá que renuncia o direito de succeder na mesma Coroa:

III Tomar emprestimo em nome da Nação.

126

O Rei antes de ser acclamado prestará perante as Cortes nas mãos do Presidente

Tit. IV Cap. II da delegação

dellas o seguinte juramento: *Juro manter a Religião Catholica Apostolica Romana; ser fiel á Nação Portugueza; observar e fazer observar a Constituição politica decretada pelas Cortes extraordinarias e constituintes de 1821, e as leis da mesma Nação; e prover ao bem geral della, quanto em mim couber.*

127

A pessoa do Rei é inviolavel, e não está sujeita a responsabilidade alguma.

O Rei tem o tratamento de *Magestade Fidelissima*.

CAPITULO II

Da delegação do poder executivo no Brasil.

128

Haverá no reino do Brasil uma delegação do poder executivo, encarregada a uma Regencia, que residirá no logar mais conveniente que a lei designar. Della poderão ficar independentes algumas provincias, e sujeitas immediatamente ao Governo de Portugal.

129

A Regencia do Brasil se comporá de cinco membros, um dos quaes será o Presidente, e de tres Secretarios; nomeados uns e outros pelo Rei, ouvido o Conselho d'Estado. Os Principes e Infantes (art. 133) não poderão ser membros da Regencia.

130

Um dos Secretarios tratará dos negocios do reino e fazenda; outro dos de justiça e ecclesiasticos; outro dos de guerra e marinha. Cadaum terá voto nos da sua repartição: o Presidente o terá sómente em caso de empate. O expediente se fará em nome do Rei. Cada Secretario referendará os decretos, ordens, e mais diplomas pertencentes á sua repartição.

131

Assim os membros da Regencia, como os Secretarios serão responsaveis ao Rei. Em caso de prevaricação de algum Secretario, a Regencia o suspenderá, e proverá interinamente o seu logar, dando logo conta ao Rei. Isto mesmo fará quando por outro modo vagar o logar de Secretario.

132

A Regencia não poderá:

I Apresentar para os bispados; porém proporá ao Rei uma lista de tres pessoas as mais idoneas, e referendada pelo respectivo Secretario:

II Prover logares do Supremo Tribunal de Justiça, e de Presidentes das Relações:

III Prover o posto de Brigadeiro e os superiores a elle; bem como quaesquer postos da armada:

IV Nomear os Embaixadores e mais Agentes diplomaticos, e os Consules:

V Fazer tratados politicos ou commerciaes com os extrangeiros:

Tit. IV Cap. III da familia Real

VI Declarar a guerra offensiva, e fazer a paz:

VII Conceder titulos, mesmo em recompensa de serviços; ou outra alguma mercê, cuja applicação não esteja determinada por lei:

VIII Conceder ou negar beneplacito aos decretos dos Concilios, letras pontificias, e quaesquer outras constituições ecclesiasticas, que contenhão disposições geraes.

CAPITULO III

Da familia Real e sua dotação.

133

O filho do Rei, herdeiro presumptivo da Coroa, terá o titulo de *Principe Real;* o filho primogenito deste terá o de *Principe da Beira;* os outros filhos do Rei e do Principe Real terão o de *Infantes.*

Estes titulos não podem extender-se a outras pessoas.

134

Os Principes e os Infantes não podem commandar força armada.

Os Infantes não servirão nenhum emprego electivo de publica administração, excepto o de Conselheiro d'Estado. Quanto aos empregos providos pelo Rei, podem servillos, salvo os de Secretario d'Estado, Embaixador, e Presidente ou Ministro dos tribunaes de justiça.

135

O herdeiro presumptivo da Coroa será reconhecido como tal nas primeiras Cortes, que se reunirem depois do seu nascimento. Em completando quatorze annos de idade, prestará em Cortes nas mãos do Presidente juramento de *manter a Religião Catholica Apostolica Romana; de observar a Constituição politica da Nação Portugueza; e de ser obediente ás leis e ao Rei.*

136

As Cortes no principio de cada reinado assignarão ao Rei e á familia Real uma dotação annua, correspondente ao decoro de sua alta dignidade. Esta dotação não poderá alterar-se em quanto durar aquelle reinado.

137

As Cortes assignarão alimentos, se forem necessarios, aos Principes, Infantes, e Infantas desde os sete annos de sua idade, e á Rainha logo que viuvar.

138

Quando as Infantas houverem de casar, lhes assignarão as Cortes o seu dote, e com a entrega delle cessarão os alimentos. Os Infantes, que se casarem, continuarão a receber seus alimentos em quanto residirem no reino: se forem residir fóra delle, se lhes entregará por uma só vez a quantia que as Cortes determinarem.

139

A dotação, alimentos, e dotes, de que tratão os tres artigos antecedentes, serão pagos pelo thesouro publico, e entregues a um Mordomo nomeado pelo Rei, com o qual se poderão tratar todas as acções activas e passivas, concernentes aos intereses da casa Real.

140

As Cortes designarão os palacios e terrenos, que julgarem convenientes para habitação e recreio do Rei e da sua familia.

CAPITULO IV

Da successão á Coroa.

141

A successão á Coroa do Reino-Unido seguirá a ordem regular de primogenitura, e representação, entre os legitimos descendentes do Rei actual o senhor D. João VI, preferindo sempre a linha anterior ás posteriores; na mesma linha o gráo mais proximo ao mais remoto; no mesmo gráo o sexo masculino ao feminino; no mesmo sexo a pessoa mais velha á mais moça.

Portanto:

I. Sómente succedem os filhos nascidos de legitimo matrimonio:

II Se o herdeiro presumptivo da Coroa fallecer antes de haver nella succedido, seu filho prefere por direito de representação ao tio com quem concorrer:

SUCCESSÃO A' COROA.

III Uma vez radicada a successão em uma linha, em quanto esta durar não entra a immediata.

142

Extinctas as linhas dos descendentes do senhor D. João VI, será chamada aquella das linhas descendentes da casa de Bragança, que dever preferir segundo a regra estabelecida no art. 141. Extinctas todas estas linhas, as Cortes chamarão ao throno a pessoa, que entenderem convir melhor ao bem da Nação: e desde então continuará a regular-se a successão pela ordem estabelecida no mesmo art. 141.

143

Nenhum extrangeiro poderá succeder na Coroa do Reino-Unido.

144

Se o herdeiro da Coroa Portugueza succeder em coroa extrangeira, ou se o herdeiro desta succeder naquella, não poderá accumular uma com outra; mas preferirá qual quizer; e optando a extrangeira, se entenderá que renuncia a Portugueza.

Esta disposição se entende taõbem com o Rei que succeder em coroa extrangeira.

145

Se a successão da Coroa cahir em femea, não poderá esta casar senão com Portuguez, precedendo approvação das Cortes. O marido não terá parte no Governo, e sómente se chamará Rei depois que tiver da Rainha filho ou filha.

146

Se o successor da Coroa tiver incapacidade notoria e perpetua para governar, as Cortes o declararão incapaz.

CAPITULO V

Da menoridade do successor da Coroa, e do impedimento do Rei.

147

O successor da Coroa é menor, e não pode reinar antes de ter dezoito annos completos.

148

Se durante a menoridade vagar a Coroa, as Cortes, estando reunidas, elegerão logo uma Regencia, composta de tres ou cinco cidadãos naturaes deste reino, dos quaes será Presidente aquelle, que as mesmas Cortes designarem.

Não estando reunidas, se convocarão logo extraordinariamente para eleger a dita Regencia.

149

Em quanto esta Regencia se não eleger, governará o reino uma *Regencia provisional*, composta de cinco pessoas, que serão a Rainha mãi, dous membros da Deputação permanente, e dous Conselheiros d'Estado, chamados assim uns como outros pela prioridade da sua nomeação.

Não havendo Rainha mãi, entrará em

logar della o irmão mais velho do Rei defunto, e na sua falta o terceiro Conselheiro d'Estado.

Esta Regencia será presidida pela Rainha: em falta della pelo irmão do Rei: e não o havendo, pelo mais antigo membro da Deputação permanente. No caso de fallecer a Rainha reinante, seu marido será Presidente da Regencia.

150

A disposição dos dous artigos antecedentes se extenderá ao caso, em que o Rei por alguma causa fysica ou moral se impossibilite para governar; devendo logo a Deputação permanente colligir as necessarias informações sobre essa impossibilidade, e declarar provisoriamente que ella existe.

Se este impedimento do Rei durar mais de dous annos, e o successor immediato for de maior idade, as Cortes o poderão nomear Regente em logar da Regencia.

151

Assim a Regencia permanente e a provisional, como o Regente, se o houver, prestarão o juramento declarado no art. 126; accrescentando-se-lhe a clausula de *fidelidade ao Rei*. Ao juramento da Regencia permanente se deve accrescentar, *que entregará o Governo, logoque o successor da Coroa chegue á maioridade, ou cesse o impedimento do Rei*. Esta ultima clausula *de entregar o Governo, cessando o impedimento do Rei*, se accrescentará tãobem ao juramento do Regente: bem como ao da Regencia provisio-

Tit. IV Cap. V da menoridade etc.

nal se accrescentará a *de entregar o Governo á Regencia permanente.*

A Regencia permanente e o Regente prestarão o juramento perante as Cortes; a Regencia provisional perante a Deputação permanente.

152

A Regencia permanente exercerá a autoridade Real conforme o regimento dado pelas Cortes, desvelando-se mui especialmente na boa educação do Principe menor.

153

A Regencia provisional sómente despachará os negocios, que não admittirem dilação: e não poderá nomear nem remover empregados publicos senão interinamente.

154

Os actos de uma e outra Regencia se expedirão em nome do Rei.

155

Durante a menoridade do successor da Coroa será seu tutor quem o pai lhe tiver nomeado em testamento; na falta deste a Rainha mãi em quanto não tornar a casar; faltando esta, as Cortes o nomearão. No primeiro e terceiro caso deverá o tutor ser natural do reino. Nunca poderá ser tutor do Rei menor o seu immediato successor.

156

O successor da Coroa durante a sua menoridade não póde contrahir matrimonio sem o consentimento das Cortes.

CAPITULO VI

Dos Secretarios d'Estado.

157

Haverá seis Secretarías d'Estado, a saber, a dos negocios do Reino, da Justiça, da Fazenda, da Guerra, da Marinha, e Extrangeiros.

As Cortes designarão por um regulamento os negocios pertencentes a cadauma das Secretarías, e poderão fazer nellas as variações que o tempo exigir.

158

Os extrangeiros, postoque naturalisados, não poderão ser Secretarios d'Estado.

159

Os Secretarios d'Estado serão responsaveis ás Cortes:
I Pela falta de observancia das leis:
II Pelo abuso do poder que lhes foi confiado ·
III Pelo que obrarem contra a liberdade, segurança, ou propriedade dos cidadãos:
IV Por qualquer dissipação ou máo uso dos bens publicos.

Esta responsabilidade, de que os não escusará nenhuma ordem do Rei verbal ou escrita, será regulada por uma lei particular.

160

Para se fazer effectiva a responsabili-

Tit. IV Cap. VII do

dade dos Secretarios d'Estado precederá decreto das Cortes, declarando que tem logar a formação de culpa. Com isto o Secretario ficará logo suspenso; e os documentos relativos á culpa se remetterão ao tribunal competente art. 191.

161

Todos os decretos ou outras determinações do Rei, Regente, ou Regencia, de qualquer natureza que sejão, serão assignadas pelo respectivo Secretario d'Estado, e sem isso não se lhes dará cumprimento.

CAPITULO VII

Do Conselho d'Estado.

162

Haverá um Conselho d'Estado composto de treze cidadãos, escolhidos d'entre as pessoas mais distinctas por seus conhecimentos e virtudes, a saber, seis das provincias da Europa, seis das do Ultramar, e o decimo terceiro da Europa ou do Ultramar, como decidir a sorte.

Se algumas provincias do Reino-Unido vierem a perder o direito de serem representadas em Cortes, proverão estas sobre o modo por que neste caso se deva formar o Conselho d'Estado, podendo diminuir o numero de seus membros, comtanto que não fiquem menos de oito.

163

Não podem ser Conselheiros d'Estado:

Conselho d'Estado.

I Os que não tiverem trinta e cinco annos de idade:

II Os extrangeiros postoque naturalisados:

III Os Deputados de Cortes em quanto o forem; e se obtiverem escusa, não poderão ser propostos durante aquella legislatura.

164

A eleição dos Conselheiros d'Estado se fará pela forma seguinte: As Cortes elegerão á pluralidade absoluta de votos dezoito cidadãos européos, para formarem uma lista de seis ternos, em cadaum dos quaes occupem o primeiro logar os seis que tiverem maior numero de votos; o segundo os seis que se lhes seguirem; e os seis restantes o terceiro. Por este mesmo modo se formará outra lista de dezoito cidadãos ultramarinos. Então se decidirá pela sorte, se o decimo terceiro Conselheiro ha de ser européo ou ultramarino; e se formará um novo terno de cidadãos européos ou ultramarinos, que se ajuntará á lista respectiva.

Estas duas listas serão propostas ao Rei, para escolher de cada terno um Conselheiro.

165

Os Conselheiros d'Estado servirão quatro annos, findos os quaes se proporão ao Rei novas listas, podendo entrar nellas os que acabárão de servir.

166

Antes de tomarem posse darão nas mãos

Tit. IV Cap. VII.º do conselho etc.

do Rei juramento-de *manter a Religião Catholica Apostolica Romana; observar a Constituição e as leis; ser fieis ao Rei; e aconselhallo segundo suas consciencias, attendendo sómente ao bem da Nação.*

167

O Rei ouvirá o Conselho d'Estado nos negocios graves, e particularmente sobre dar ou negar a sancção das leis; declarar a guerra ou a paz; e fazer tratados.

168

Pertence ao Conselho propôr ao Rei pessoas para os logares da magistratura e para os bispados (art. 123 n.º III e V).

169

São responsaveis os Conselheiros d'Estado pelas propostas que fizerem contra as leis, e pelos conselhos oppostos a ellas ou manifestamente dolosos.

170

Os Conselheiros d'Estado sómente serão removidos por sentença do tribunal competente.

Vagando algum logar no Conselho d'Estado, as Cortes logoque se reunirem proporão ao Rei um terno conforme o art. 164.

CAPITULO VIII

Da força militar.

171

Haverá uma força militar permanente, nacional, e composta do numero de tropas e vasos que as Cortes determinarem.

O seu destino é manter a segurança interna e externa do reino, com sujeição ao Governo, a quem sómente compete empregalla como lhe parecer conveniente.

172

Toda a força militar é essencialmente obediente, e nunca deve reunir-se para deliberar ou tomar resoluções.

173

Além da referida força haverá em cada provincia corpos de *Milicias*. Estes corpos não devem servir continuamente, mas só quando for necessario; nem podem no reino de Portugal e Algarve ser empregados em tempo de paz fora das respectivas provincias sem permissão das Cortes.

A formação destes corpos será regulada por uma ordenança particular.

174

Criar-se-hão *Guardas nacionaes*, compostas de todos os cidadãos que a lei não exceptuar: serão sujeitas exclusivamente a Autoridades civis: seus officiaes serão electivos e temporarios: não poderão ser em-

Tit. V Cap. I dos juizes

pregadas sem permissão das Cortes fóra dos seus districtos. Em tudo o mais uma lei espeçial regulará a sua formação e serviço.

175

Os officiaes do exercito e armada sómente poderão ser privados das suas patentes por sentença proferida em juizo competente.

TITULO V

DO PODER JUDICIAL.

CAPITULO I

Dos Juizes e tribunaes de justiça.

176

O poder judicial pertence exclusivamente aos Juizes. Nem as Cortes nem o Rei o poderão exercitar em caso algum.

Não podem portanto avocar causas pendentes; mandar abrir as findas; nem dispensar nas formas do processo prescriptas pela lei.

177

Haverá *Juizes de Facto* assim nas causas crimes como nas civeis, nos casos, e pelo modo, que os codigos determinarem.

Os delictos de abuso da liberdade de imprensa pertencerão desde já ao conhecimento destes Juizes.

178

Os Juizes de facto serão eleitos directamente pelos povos, formando-se em cada districto lista de um determinado numero de pessoas, que tenhão as qualidades legaes.

179

Haverá em cada um dos districtos, que designar a lei da divisão do territorio, um *Juiz letrado de primeira instancia*, o qual julgará do direito nas causas em que houver Juizes de facto, e do facto e direito naquellas em que os não houver.

Em Lisboa, e n'outras cidades populosas, haverá quantos Juizes letrados de primeira instancia forem necessarios.

180

Os referidos districtos serão subdivididos em outros; e em todos elles haverá *Juizes electivos*, que serão eleitos pelos cidadãos directamente, no mesmo tempo, e forma por que se elegem os Vereadores das Camaras.

181

As attribuições dos Juizes electivos são:

I Julgar sem recurso as causas civeis de pequena importancia designadas na lei, e as criminaes em que se tratar de delictos leves, que tãobem serão declarados pela lei.

Em todas estas causas procederão verbalmente, ouvindo as partes, e mandando reduzir o resultado a auto publico:

II Exercitar os juizos de conciliação de que trata o art. 195:

Tit. V Cap. I dos juizes

III Cuidar da segurança dos moradores do districto, e da conservação da ordem publica, conforme o regimento que se lhes der.

182

Para poder occupar o cargo de Juiz letrado, alem dos outros requisitos determinados pela lei, se requer:
I Ser cidadão Portuguez:
II Ter vinte e cinco annos completos:
III Ser formado em direito.

183

Todos os Juizes letrados serão perpetuos, logoque tenhão sido publicados os codigos e estabelecidos os Juizes de facto.

184

Ninguem será privado deste cargo senão por sentença proferida em razão de delicto, ou por ser aposentado com causa provada e conforme a lei.

185

Os Juizes letrados de primeira instancia serão cada tres annos transferidos promiscuamente de uns a outros logares, como a lei determinar.

186

A promoção da magistratura seguirá a regra da antiguidade no serviço, com as restricções, e pela maneira que a lei determinar.

187

Os Juizes letrados de primeira instancia conhecerão nos seus districtos:

I Das causas contenciosas, que não forem exceptuadas:

II Dos negocios de jurisdicção voluntaria, de que até agora conhecião quaesquer Autoridades, nos casos, e pela fórma que as leis determinarem.

188

Os Juizes letrados de primeira instancia decidirão sem recurso as causas civeis, até a quantia que a lei determinar. Nas que excederem essa quantia, se recorrerá das suas sentenças e mais decisões para a Relação competente, que decidirá em ultima instancia. Nas causas crimes tãobem se admittirá recurso dos mesmos Juizes nos casos, e pela fórma que a lei determinar.

189

Das decisões dos Juizes de facto se poderá recorrer á competente Relação, só para o effeito de se tomar novo conhecimento e decisão no mesmo ou em diverso conselho de Juizes de facto nos casos, e pela fórma que a lei expressamente declarar.

Nos delictos de abuso da liberdade da imprensa pertencerá o recurso ao Tribunal especial (art. 8) para o mesmo effeito.

190

Para julgar as causas em segunda e ultima instancia haverá no Reino-Unido as

Tit. V Cap. I dos juizes

Relações, que forem necessarias para commodidade dos povos, e boa administração da justiça.

191

Haverá em Lisboa um *Supremo Tribunal de Justiça*, composto de Juizes letrados, nomeados pelo Rei, em conformidade do art. 123.

As suas attribuições são as seguintes:

I Conhecer dos erros de officio, de que forem arguidos os seus Ministros, os das Relações, os Secretarios e Conselheiros d'Estado, os Ministros diplomaticos, e os Regentes do reino. Quanto a estas quatro derradeiras classes as Cortes previamente declararão, se tem logar a formação de culpa, procedendo-se na conformidade do art. 160:

II Conhecer das duvidas sobre competencia de jurisdicção, que recrescerem entre as Relações de Portugal e Algarve:

III Propôr ao Rei com o seu parecer as duvidas, que tiver ou lhe forem representadas por quaesquer Autoridades, sobre a intelligencia de alguma lei, para se seguir a conveniente declaração das Cortes:

IV Conceder ou negar a revista.

O Supremo Tribunal de Justiça não julgará a revista, mas sim a Relação competente; porém tendo esta declarado a nullidade ou injustiça da sentença, de que se concedeo revista, elle fará effectiva a responsabilidade dos Juizes nos casos em que pela lei ella deva ter logar.

192

A concessão da revista só tem logar nas sentenças proferidas nas Relações quando contenhão nullidade ou injustiça notoria; nas causas civeis, quando o seu valor exceder a quantia determinada pela lei; nas criminaes nos casos de maior gravidade, que a lei tãobem designar.

Só das sentenças dos Juizes de direito se pode pedir revista, e nunca das decisões dos Juizes de facto.

Qualquer dos litigantes, e mesmo o Promotor da justiça, podem pedir a revista, dentro do tempo que a lei designar.

193

No Brasil haverá tãobem um Supremo Tribunal de Justiça no logar onde residir a Regencia daquelle reino, e terá as mesmas attribuições que o de Portugal, em quanto forem applicaveis.

Quanto ao territorio Portuguez de Africa e Asia, os conflictos de jurisdicção que se moverem nas Relações; a concessão das revistas, e a responsabilidade dos Juizes neste caso; e as funcções do tribunal protector da liberdade da imprensa (art. 8), serão tratadas no mesmo territorio, no juizo e pelo modo que a lei designar.

194

Nas causas civeis e nas penaes civilmente intentadas é permittido ás partes nomear *Juizes arbitros*, para as decidirem.

K

Tit. V Cap. II da

195

Haverá *Juizos de conciliação* nas causas, e pelo modo que a lei determinar, exercitados pelos Juizes electivos (art. 181).

CAPITULO II

Da administração da justiça.

196

Todos os Magistrados e officiaes de justiça serão responsaveis pelos abusos de poder, e pelos erros que commetterem no exercicio de seus empregos.

Qualquer cidadão, aindaque não seja nisso particularmente interessado, poderá accusallos por suborno, peita, ou colluio: se for interessado, poderá accusallos por qualquer prevaricação a que na lei esteja imposta alguma pena, comtanto que esta prevaricação não consista em infringir lei relativa á ordem do processo.

197

O Rei, apresentando-se-lhe queixa contra algum Magistrado, poderá suspendello, precedendo audiencia delle, informação necessaria, e consulta do Conselho d'Estado. A informação será logo remettida ao juizo competente para se formar o processo, e dar a definitiva decisão.

198

A Relação, a que subirem alguns autos, em que se conheça haver o Juiz inferior

ADMINISTRAÇÃO DA JUSTIÇA.

commettido infracção das leis sobre a ordem do processo, o condemnará em custas ou em outras penas pecuniarias, até a quantia que a lei determinar; ou mandará reprehendello dentro ou fora da Relação. Quanto aos delictos e erros mais graves de que trata o art. 196, lhe mandará formar culpa

199

Nos delictos, que não pertencerem ao officio de Juiz, sómente resultará suspensão, quando elle for pronunciado por crime que mereça pena capital ou a immediata, ou quando estiver preso, ainda debaixo de fiança.

200

A todos os Magistrados e officiaes de justiça se assignarão ordenados sufficientes.

201

A inquirição das testemunhas e todos os mais actos do processo civel serão publicos: os do processo criminal o serão depois da pronuncia.

202

Os cidadãos arguidos de crime a que pela lei esteja imposta pena, que não exceda a prisão por seis mezes, ou a desterro para fora da provincia onde tiverem domicilio, não serão presos, e se livrarão soltos.

203

Sendo arguidos de crime que mereça maior pena que as do artigo antecedente,

K 2

não poderá verificar-se a prisão sem preceder culpa formada, isto é, informação summaria sobre a existencia do delicto, e sobre a verificação do delinquente.

Deverá tãobem preceder mandado assignado pela Autoridade legitima, e revestido das formas legaes, que será mostrado ao reo no acto da prisão. Se o reo desobedecer a este mandado, ou resistir, será por isso castigado conforme a lei.

204

Sómente poderão ser presos sem preceder culpa formada:

I Os que forem achados em flagrante delicto: neste caso qualquer pessoa poderá prendellos, e serão conduzidos immediatamente a presença do Juiz:

II Os indiciados 1.º de furto com arrombamento, ou com violencia feita á pessoa; 2.º de furto domestico; 3.º de assassinio; 4.º de crimes relativos á segurança do Estado nos casos declarados nos artigos 124 n.º IV e 211.

205

O que fica disposto sobre a prisão antes de culpa formada não exclue as excepções, que as ordenanças militares estabelecerem como necessarias á disciplina e recrutamento do exercito.

Isto mesmo se extende aos casos, que não são puramente criminaes, e em que a lei determinar todavia a prisão de alguma pessoa, por desobedecer aos mandados da Justiça, ou não cumprir alguma obrigação dentro de determinado praso.

ADMINISTRAÇÃO DA JUSTIÇA.

206

Em todos os casos o Juiz dentro de vinte e quatro horas, contadas da entrada na prisão, mandará entregar ao reo uma nota por elle assignada, em que declare o motivo da prisão, e os nomes do accusador e das testemunhas, havendo-as.

207

Se o reo, antes de ser conduzido á cadeia ou depois de estar nella, der fiança perante o Juiz da culpa, será logo solto, não sendo crime daquelles em que a lei prohiba a fiança.

208.

As cadeias serão seguras, limpas, e bem arejadas; de sorte que sirvão para segurança, e não para tormento dos presos.

Nellas haverá diversas casas, em que os presos estejão separados, conforme as suas qualidades e a natureza de seus crimes: devendo haver especial contemplação com os que estiverem em simples custodia, e ainda não sentenciados. Fica comtudo permittido ao Juiz, quando assim for necessario para a indagação da verdade, ter o preso incommunicavel em logar commodo e idoneo, pelo tempo que a lei determinar.

209

As cadeias serão impreterivelmente visitadas nos tempos determinados pelas leis. Nenhum preso deixará de ser apresentado nestas visitas.

210

O Juiz e o Carcereiro, que infringirem as disposições do presente capitulo relativas á prisão dos delinquentes, serão castigados com as penas que as leis declararem.

211

Nos casos de rebellião declarada ou invasão de inimigos, se a segurança do Estado exigir que se dispensem por determinado tempo algumas das sobreditas formalidades, relativas á prisão dos delinquentes, só poderá isso fazer-se por especial decreto das Cortes.

Neste caso, findo que seja o referido tempo, o Governo remetterá ás Cortes uma relação das prisões a que tiver mandado proceder, expondo os motivos que as justificão; e assim os Secretarios d'Estado como quaesquer outras Autoridades serão responsaveis pelo abuso, que houverem feito do poder, alem do que exigisse a segurança publica.

TITULO VI

DO GOVERNO ADMINISTRATIVO E ECONOMICO.

CAPITULO I

Dos Administradores geraes, e das Juntas de administração.

212

Haverá em cada districto um *Administrador geral*, nomeado pelo Rei, ouvido o Conselho d'Estado. A lei designará os districtos e a duração das suas funcções.

213

O Administrador geral será auxiliado no exercicio de suas funcções por uma *Junta administrativa*. Esta Junta será composta de tantos membros, quantas forem as Camaras do districto; porém ás cidades populosas, que tiverem uma só Camara, corresponderão tantos membros quantos a lei designar.

A eleição delles se fará todos os annos no tempo, e pelo modo por que se elegem os officiaes das Camaras.

214

A Junta se reunirá todos os annos em os mezes de março e setembro no logar mais capaz e central do districto. Em casos extraordinarios poderá o Governo mandar que se reuna mais vezes. Cadauma das reuniões durará só quinze dias, os quaes poderão ser prorogados pela Junta até outro tanto tempo, se assim o exigir a affluencia dos negocios.

215

A Junta tem voto decisivo nas materias da sua competencia. A execução destas decisões, bem como a das ordens do Governo, pertence exclusivamente ao Administrador geral. Nos casos urgentes, que exijão prompta resolução, poderá o Administrador decidir e executar, dando depois conta á Junta.

216

São da competencia do Administrador geral e da Junta todos os objectos de publica administração. Delles conhecerão por via de recurso, inspecção propria, consulta, ou informação, como as leis determinarem. Por via de recurso, conhecerão de todos os objectos que são da competencia das Camaras; por inspecção propria, da execução de todas as leis administrativas; por consulta ao Governo, ou informação ás Direcções geraes, de todos os outros negocios de administração.

Por Direcções geraes se entendem as que forem criadas pelas leis para tratarem de objectos privativos de administração; e bem assim quaesquer Direcções administrativas de interesse geral, ordenadas pelo Governo, aindaque o seu objecto ou plano seja limitado a um só districto.

Tãobem pertence ao Administrador geral e á Junta distribuir pelos concelhos do

Cap. II das camaras.

districto a contribuição directa (art. 228), e os contingentes das recrutas.

217

A lei designará explicitamente as attribuições dos Administradores geraes e Juntas de administração; as formulas dos seus actos; o numero, obrigações e ordenados de seus officiaes; e tudo o que convier ao melhor desempenho desta instituição.

CAPITULO II

Das Camaras.

218

O governo economico e municipal dos concelhos residirá nas Camaras, que o exercerão na conformidade das leis.

219

Haverá Camaras em todos os povos, onde assim convier ao bem publico. Os seus districtos serão estabelecidos pela lei, que marcar a divisão do territorio.

220

As Camaras serão compostas do numero de Vereadores que a lei designar, de um Procurador, e de um Escrivão. Os Vereadores e Procurador serão eleitos annualmente pela forma directa, á pluralidade relativa de votos dados em escrutinio secreto e assembleia publica.

Podem votar nesta eleição os moradores do concelho que tem voto na dos De-

L

Tit. VI Cap. II

putados de Cortes, excepto 1.º os Militares da primeira linha, não comprehendidos os que tiverem naturalidade no concelho, nem os reformados; 2.º os da segunda linha quando estiverem reunidos fora dos respectivos concelhos. Não são porém excluidos de votar os filhos-familias de que trata o art. 33 n.º II, sendo maiores de vinte e cinco annos; nem os cidadãos, que não souberem ler, e escrever, nos termos do mesmo art. n.º VI.

Será Presidente da Camara o Vereador que obtiver mais votos, devendo em caso de empate decidir a sorte.

Os Vereadores e Procurador terão substitutos, eleitos no mesmo acto e pela mesma forma.

221

O Escrivão será nomeado pela Camara: terá ordenado sufficiente, e servirá em quanto não se lhe provar erro de officio ou incapacidade assim moral como fysica.

222

Para os cargos de Vereador e Procurador sómente poderão ser escolhidos os cidadãos, que estiverem no exercicio de seus direitos; sendo maiores de vinte e cinco annos; tendo residido dous annos pelo menos no districto do concelho; não lhes faltando meios de honesta subsistencia; e estando desoccupados de emprego incompativel com os ditos cargos.

Os que servirem um anno não serão reeleitos no seguinte.

223

Á's Camaras pertencem as attribuições seguintes:

I Fazer posturas ou leis municipaes:

II Promover a agricultura, o commercio, a industria, a saude publica, e geralmente todas as commodidades do concelho:

III Estabelecer feiras e mercados nos logares mais convenientes, com approvação da Junta de administração do districto:

IV Cuidar das escolas de primeiras letras, e de outros estabelecimentos de educação que forem pagos pelos rendimentos publicos, e bem assim dos hospitaes, casas de expostos, e outros estabelecimentos de beneficencia, com as excepções e pela forma que as leis determinarem:

V Tratar das obras particulares dos concelhos e do reparo das publicas; e promover a plantação de arvores nos baldios, e nas terras dos concelhos:

VI Repartir a contribuição directa pelos moradores do concelho (art. 228), e fiscalisar a cobrança e remessa dos rendimentos nacionaes:

VII Cobrar e despender os rendimentos do concelho, e bem assim as fintas, que na falta delles poderão impor aos moradores na forma que as leis determinarem.

No exercicio destas attribuições haverá recurso para a Autoridade competente (art. 216).

Tit VI Cap. III da

CAPITULO III

Da fazenda nacional.

224

Cumpre ás Cortes estabelecer, ou confirmar annualmente as contribuições directas, á vista dos orçamentos e saldos que lhes apresentar o Secretario dos negocios da fazenda (art. 227). Faltando o dito estabelecimento ou confirmação, cessa a obrigação de as pagar.

225

Nenhuma pessoa ou corporação poderá ser isenta das contribuições directas.

226

As contribuições serão proporcionadas ás despesas publicas.

227

O Secretario dos negocios da fazenda, havendo recebido dos outros Secretarios os orçamentos relativos ás despesas de suas repartições, apresentará todos os annos ás Cortes, logoque estiverem reunidas, um orçamento geral de todas as despesas publicas do anno futuro; outro da importancia de todas as contribuições e rendas publicas; e a conta da receita e despesa do thesouro publico do anno antecedente.

228

As Cortes repartirão a contribuição directa pelos districtos das Juntas de administração, conforme os rendimentos de cadaum. O Administrador em Junta repartirá pelos concelhos do seu districto a quota que lhe houver tocado; e a Camara repartirá a que coube ao concelho por todos os moradores, na proporção dos rendimentos que elles e as pessoas, que residirem fora, alli tiverem.

229

Em cada districto, que a lei designar, haverá um *Contador de fazenda*, nomeado pelo Rei sobre proposta do Conselho d'Estado, que terá a seu cargo promover e fiscalisar a arrecadação de todas as rendas publicas, e será directamente responsavel por ellas ao thesouro publico.

230

As Camaras deverão remetter annualmente ao Contador certidões dos lançamentos de todos os impostos directos; participar-lhe a escolha que fizerão de Exactores e Thesoureiros; e dar-lhe quaesquer explicações que elle pedir, ou seja para conhecer a importancia das rendas publicas do concelho, ou para saber o estado da sua arrecadação. Esta mesma obrigação se extende a todos os que administrarem alfandegas ou outras casas de arrecadações fiscaes.

231

Todos os rendimentos nacionaes entrarão no thesouro publico, excepto os que por lei ou pela Autoridade competente se

86 Tit. VI Cap. III da Fazenda Nacional.

mandarem pagar em outras thesourarias. Ao Thesoureiro-mor se não levará em conta pagamento algum, que não for feito por portaria assignada pelo Secretario dos negocios da fazenda, na qual se declare o objecto da despesa., e a lei que a autorisa.

232

A conta da entrada e sahida do thesouro publico, bem como a da receita e despesa de cadaum dos rendimentos nacionaes, se tomará e fiscalisará nas contadorias do thesouro, que serão reguládas por um regimento especial.

233

A conta geral da receita e despesa de cada anno, logoque tiver sido approvada pelas Cortes, se publicará pela imprensa. Isto mesmo se fará com as contas, que os Secretarios d'Estado derem das despesas feitas nas suas repartições.

234

Ao Governo compete fiscalisar a cobrança das contribuições na conformidade das leis.

235

A lei designará as Autoridades, a quem fica pertencendo o poder de julgar e executar em materia de fazenda nacional; a forma do processo; e o numero, ordenados, e obrigações dos empregados na repartição, fiscalisação, e cobrança das rendas publicas.

CAP. IV DOS ESTABELECIMENTOS ETC.

236

A Constituição reconhece a divida publica. As Cortes designarão os fundos necessarios para o seu pagamento ao passo que ella se for liquidando. Estes fundos serão administrados separadamente de quaesquer outros rendimentos publicos.

CAPITULO IV

Dos estabelecimentos de instrucção publica e de caridade.

237

Em todos os logares do reino, onde convier, haverá escolas sufficientemente dotadas, em que se ensine a mocidade Portugueza de ambos os sexos a ler, escrever, e contar, e o cathecismo das obrigações religiosas e civis.

238

Os actuaes estabelecimentos de instrucção publica serão novamente regulados, e se criarão outros onde convier, para o ensino das sciencias e artes.

239

E' livre a todo o cidadão abrir aulas para o ensino publico, comtanto que haja de responder pelo abuso desta liberdade nos casos, e pela forma que a lei determinar.

240

As Cortes e o Governo terão particu-

Tit. VI. Cap. IV dos estábelecimen. etc.

lar cuidado da fundação, conservação, e augmento de casas de misericordia, e de hospitaes civis e militares, especialmente daquelles que são destinados para os soldados e marinheiros invalidos; e bem assim de rodas de expostos, montes pios, civilisação dos Indios, e de quaesquer outros estabelecimentos de caridade.

Lisboa Paço das Cortes em 23 de setembro de 1822.

Agostinho José Freire, *Deputado pela Extremadura*, Presidente.
Agostinho de Mendonça Falcão, *Deputado pela Beira.*
Agostinho Teixeira Pereira de Magalhães, *Deputado pelo Minho.*
Alexandre Gomes Ferrão, *Deputado pela provincia da Bahia.*
Alexandre Thomaz de Moraes Sarmento, *Deputado pela provincia da Beira.*
Alvaro Xavier da Fonceca Coutinho e Povoas, *Deputado pela provincia da Extremadura.*
André da Ponte de Quintal da Camara e Sousa, *Deputado pela ilha de S. Miguel.*
Antonio Camello Fortes de Pina, *Deputado pela Beira.*
Antonio José Ferreira de Sousa, *Deputado pela Beira.*
Antonio José de Moraes Pimentel, *Deputado por Trás-os-Montes.*
Antonio Lobo de Barbosa Ferreira Teixeira Gyrão, *Deputado por Trás-os-Montes.*
Antonio Maria Osorio Cabral, *Deputado pela Beira.*

Antonio Pereira, da Congregação do Oratorio, *Deputado pelo Minho.*
Antonio Pereira Carneiro Canavarro, *Deputado pela provincia de Tras-os-Montes.*
Antonio Pinheiro de Azevedo e Silva, *Deputado pela Beira.*
Antonio Ribeiro da Costa, *Deputado pela provincia do Minho.*
Arcebispo da Bahia, *Deputado pela provincia do Minho.*
Barão de Molellos, *Deputado pela provincia da Beira.*
Bento Ferreira Cabral Paes do Amaral, *Deputado pela provincia do Minho.*
Bento Pereira do Carmo, *Deputado pela provincia da Extremadura.*
Bernardo Antonio de Figueiredo, *Deputado pela provincia da Beira.*
Bernardo Correia de Castro e Sepulveda, *Deputado pela provincia de Tras-os-Montes.*
Luiz Bispo de Béja, *Deputado pela Beira.*
Joaquim Bispo de Castello Branco, *Deputado pela Beira.*
Romualdo Bispo do Pará, *Deputado pelo Pará.*
Caetano Rodrigues de Macedo, *Deputado pela provincia da Beira.*
Carlos Honorio de Gouveia Durão, *Deputado pelo Alemtejo.*
Custodio Gonçalves Ledo, *Deputado pelo Rio de Janeiro.*
Domingos da Conceição, *Deputado pelo Piauhi.*
Domingos Malaquias de Aguiar Pires Ferreira, *Deputado por Pernambuco.*

Felisberto José de Sequeira, *Deputado pelo Faial e Pico.*
Felis José Tavares Lira, *Deputado pela provincia de Pernambuco.*
Francisco Antonio de Almeida Moraes Pessenha, *Deputado por Tras-os-Montes.*
Francisco João Moniz, *Deputado pela provincia da Madeira.*
Francisco de Lemos Bettencourt, *Deputado pela provincia da Extremadura.*
Francisco de Magalhães de Araujo Pimentel, *Deputado pela provincia do Minho.*
Francisco Manoel Martins Ramos, *Deputado pela provincia das Alagoas.*
Francisco Manoel Trigoso d'Aragão Morato, *Deputado pela provincia da Beira.*
Francisco Moniz Tavares, *Deputado pela provincia de Pernambuco.*
Francisco de Paula Travassos, *Deputado pela Extremadura.*
Francisco Simões Margiochi, *Deputado pela Extremadura.*
Francisco Soares Franco, *Deputado pela provincia da Extremadura.*
Francisco de Sousa Moreira, *Deputado pela provincia do Pará.*
Francisco Van Zeller, *Deputado pelo Minho.*
Francisco Villela Barbosa, *Deputado pelo Rio de Janeiro.*
Francisco Xavier Calheiros, *Deputado pela provincia do Minho.*
Francisco Xavier Monteiro, *Deputado pela provincia da Extremadura.*
Francisco Xavier Monteiro da Franca, *Deputado pela provincia da Paraiba.*

Francisco Xavier Leite Pereira Lobo, *Deputado pela provincia do Minho.*
Francisco Xavier de Almeida Pimenta, *Deputado pela provincia da Extremadura.*
Henrique Xavier Baeta, *Deputado pela Extremadura.*
Hermano José Braamcamp de Sobral, *Deputado pela Extremadura.*
Jeronymo José Carneiro, *Deputado pelo reino do Algarve.*
Ignacio da Costa Brandão, *Deputado pela provincia de Alemtejo.*
Ignacio Pinto de Almeida e Castro, *Deputado por Pernambuco.*
Ignacio Xavier de Macedo Caldeira, *Deputado pela Extremadura.*
Innocencio Antonio de Miranda, *Deputado pela provincia de Tras-os-montes.*
João Alexandrino de Sousa Queiroga, *Deputado pela provincia da Extremadura.*
João Bento de Medeiros Mantua, *Deputado pela ilha de S. Miguel.*
João de Figueiredo, *Deputado pela Beira.*
João José de Freitas Aragão, *Deputado pela provincia da Madeira.*
João Lopes da Cunha, *Deputado pela provincia do Rio Negro.*
João Maria Soares de Castello Branco, *Deputado pela Extremadura.*
João Rodrigues de Brito, *Deputado pelo Alemtejo.*
João Soares de Lemos Brandão, *Deputado pela provincia do Rio de Janeiro.*
João de Sousa Pinto de Magalhães, *Deputado pelo Minho.*

M 2

João Vicente Pimentel Maldonado, *Deputado pela Extremadura.*
Joaquim Pereira Annes de Carvalho, *Deputado pelo Alemtejo.*
Joaquim José dos Santos Pinheiro, *Deputado pelo Minho.*
Joaquim Theotonio Segurado, *Deputado por Goiaz.*
José Antonio de Faria de Carvalho, *Deputado pelo Minho.*
José Antonio Guerreiro, *Deputado pelo Minho.*
José Antonio da Rosa, *Deputado pelo Alemtejo.*
José da Costa Cirne, *Deputado pela provincia da Paraiba.*
José Ferrão de Mendonça e Sousa, *Deputado pela provincia da Extremadura.*
José Ferreira Borges, *Deputado pela provincia do Minho.*
José Homem Correia Telles, *Deputado pela Beira.*
José João Beckman e Caldas, *Deputado pela provincia do Maranhão.*
José Joaquim Ferreira de Moura, *Deputado pela Beira.*
José Joaquim Rodrigues de Bastos, *Deputado pelo Minho.*
José Lino Coutinho, *Deputado pela Bahia.*
José Lourenço da Silva, *Deputado pela provincia de Cabo-Verde.*
José Manoel Affonso Freire, *Deputado pela provincia de Tras-os-Montes.*
José Maria Xavier de Araujo, *Deputado pela provincia do Minho.*

José Martiniano de Alencar, *Deputado pela provincia do Ceará.*
José de Mello e Castro de Abreu, *Deputado pela provincia da Beira.*
José de Moura Coutinho, *Deputado pela provincia do Minho.*
José Pedro da Costa Ribeiro Teixeira, *Deputado pela Beira.*
José de Magalhães de Menezes, *Deputado pelo Minho.*
José Peixoto Sarmento de Queiroz, *Deputado pelo Minho.*
José Ribeiro Saraiva, *Deputado pela Beira.*
José Feliciano Fernandes Pinheiro, *Deputado pela provincia de S. Paulo.*
José Vaz Correia de Seabra da Silva Pereira, *Deputado pela Beira.*
José Vaz Velho, *Deputado pelo Algarve.*
José Victorino Barreto Feio, *Deputado pelo Alemtejo.*
Izidoro José dos Santos, *Deputado pela Beira.*
Lourenço Rodrigues de Andrade, *Deputado pela ilha de Santa Catharina.*
Luiz Antonio Rebello da Silva, *Deputado pela Extremadura.*
Luiz Martins Basto, *Deputado pela provincia do Rio de Janeiro.*
Luiz Monteiro, *Deputado pela Extremadura.*
Luiz Nicoláo Fagundes Varella, *Deputado pelo Rio de Janeiro.*
Manoel Alves do Rio, *Deputado pela Extremadura.*
Manoel Antonio de Carvalho, *Deputado pela Extremadura.*

Manoel Antonio Gomes de Brito, *Deputado pelo Alemtejo.*
Manoel Antonio Martins, *Deputado por Cabo Verde.*
Manuel Borges Carneiro, *Deputado pela Extremadura.*
Manoel Fernandes Thomaz, *Deputado pela Beira.*
Manoel Filippe Gonsalves, *Deputado pelo Ceará.*
Manoel Gonçalves de Miranda, *Deputado por Tras-os-Montes.*
Manoel Felis de Veras, *Deputado por Pernambuco.*
Manoel Ignacio Martins Pamplona Cortereal, *Deputado pelos Açores.*
Manoel José de Arriaga Brum da Silveira, *Deputado pelo Faial e Pico.*
Manoel José Placido da Silva Negrão, *Deputado pelo Algarve.*
Manoel Marques Grangeiro, *Deputado pelas Alagoas.*
Manoel Martins de Coutto, *Deputado pelo Minho.*
Manoel do Nascimento Castro e Silva, *Deputado pelo Ceará.*
Manoel Patricio Correia de Castro, *Deputado por Angola.*
Manoel de Serpa Machado, *Deputado pela Beira.*
Manoel de Vasconsellos Pereira de Mello, *Deputado pela Beira.*
Manoel Zeferino dos Santos, *Deputado por Pernambuco.*
Marcos Antonio de Sousa, *Deputado pela Bahia.*

Marino Miguel Franzini, *Deputado pela Extremadura.*
Mauricio José de Castello Branco Manoel, *Deputado pela provincia da Madeira.*
Miguel Sousa Borges Leal, *Deputado pelo Piauhi.*
Pedro de Araujo Lima, *Deputado por Pernambuco.*
Pedro José Lopes de Almeida, *Deputado pela Beira.*
Pedro Rodrigues Bandeira, *Deputado pela Bahia.*
Pedro de Sande Salema, *Deputado pela Extremadura.*
Roberto Luiz de Mesquita Pimentel, *Deputado pelos Açores.*
Rodrigo Ferreira da Costa, *Deputado pela Extremadura.*
Rodrigo de Sousa Machado, *Deputado pelo Minho.*
Thomé Rodrigues Sobral, *Deputado pela Beira.*
Vicente Antonio da Silva Correia, *Deputado pelo Alemtejo.*
Antonio José Moreira, *Deputado pela provincia do Ceará.*
Domingos Borges de Barros, *Deputado pela provincia da Bahia.*
Francisco de Assis Barbosa, *Deputado pela provincia das Alagoas.*
João Ferreira da Silva, *Deputado pela provincia de Pernambuco.*
Basilio Alberto de Sousa Pinto, *Deputado pelo Minho*, Secretario.
Francisco Xavier Soares de Azevedo, *Deputado pelo Minho*, Secretario.

Francisco Barroso Pereira, *Deputado pelo Minho*, Secretario.

João Baptista Felgueiras, *Deputado pelo Minho*, Secretario.

Acceitação e juramento do Rei.

Acceito, e juro guardar e fazer guardar a Constituição politica da monarchia portugueza, que acabão de decretár as Cortes constituintes da mesma Nação.

Sala das Cortes no primeiro de outubro de 1822.

JOÃO SEXTO. El-Rei com guarda.

Portanto, mando a todas as Autoridades, a quem o conhecimento e execução da referida Constituição politica pertencer, que a cumprão e executem tão inteiramente como nella se contém. O Secretario d'Estado dos negocios do reino a faça imprimir, circular, e correr. Dada no Palacio de Queluz aos quatro dias do mez de outubro de mil oitocentos e vinte e dous.

EL-REI com guarda.

Filippe Ferreira de Araujo e Castro.

Carta de lei pela qual Vossa Magestade manda cumprir e guardar inteiramente a

Constituição Politica da Monarchia, que as Cortes geraes extraordinarias e constituintes acabão de decretar, na forma acima declarada.

Para V. Magestade ver.

Gaspar Feliciano de Moraes a fez.

A f. 178 do livro X das cartas, alvarás, e patentes fica registrada esta carta de lei. Secretaria d'Estado dos negocios do reino em 6 de outubro de 1822.

Gaspar Luiz de Moraes.

Manuel Nicoláo Esteves Negrão.

Foi publicada esta carta de lei na Chancellaria-mor da corte e reino. Lisboa 5 de outubro de 1822.

D. Miguel José da Camara Maldonado.

Registrada na Chancellaria-mor da corte e reino no livro das leis a f. 130 v. Lisboa 5 de outubro de 1822.

Francisco José Bravo.

INDICE DAS MATERIAS.

TITULO I CAP. UNICO

DOS DIREITOS E DEVERES INDIVIDUAES DOS PORTUGUEZES - - - - pag. 6

TITULO II CAP. UNICO

DA NAÇÃO PORTUGUEZA E SEU TERRITORIO, RELIGIÃO, GOVERNO, E DYNASTIA - - - - - - - - - - 10

TITULO III

DO PODER LEGISLATIVO OU DAS CORTES.

CAP. I *Da eleição dos Deputados de Cortes* - - - - - - - - - - 16
CAP. II *Da reunião das Cortes* - - 33
CAP. III *Dos Deputados de Cortes* - 40
CAP. IV *Das attribuições das Cortes* - 42
CAP. V *Do exercicio do poder legislativo* - - - - - - - - - - 44
CAP. VI *Da Deputação permanente e da reunião extraordinaria de Cortes* - - - - - - - - - - 48

TITULO IV

DO PODER EXECUTIVO OU DO REI.

CAP. I *Da autoridade, juramento, e inviolabilidade do Rei* - - - - - 50
CAP. II *Da delegação do poder executivo no Brasil* - - - - - - - 54
CAP. III *Da familia Real e sua dotação* 56
CAP. IV *Da successão á Coroa* - - - 58
CAP. V *Da menoridade do successor da Coroa, e do impedimento do Rei* - 60
CAP. VI *Dos Secretarios d'Estado* - 63
CAP. VII *Do Conselho d'Estado* - - 64
CAP. VIII *Da força militar* - - - 67

TITULO V

DO PODER JUDICIAL.

CAP. I *Dos Juizes e tribunaes de justiça* - - - - - - - - - - - - 68
CAP. II *Da administração da justiça* 74

TITULO VI

DO GOVERNO ADMINISTRATIVO E ECONOMICO.

CAP. I *Dos Administradores geraes e das Juntas de administração* - - - 79
CAP. II *Das Camaras* - - - - - 81
CAP. III *Da fazenda nacional* - - - 84
CAP. IV *Dos estabelecimentos de instrucção publica e de caridade* - - - 87
Acceitação e juramento do Rei - - - 96

As Cortes geraes extraordinarias e constituintes da Nação Portugueza, considerando os graves inconvenientes que poderião resultar da livre impressão do *Codigo Constitucional*, decretárão na data de 23 do corrente que assim a presente edição da *Constituição*, como as reimpressões que della se fizerem, sejão officiaes e de propriedade nacional. Portanto mando a todas as Autoridades a quem pertencer o conhecimento e execução do presente decreto, que o fação cumprir e guardar como nelle se contém, procedendo contra os infractores na conformidade das leis respectivas. Palacio de Queluz em 26 de setembro de 1822. = *Com a rubrica de Sua Magestade.* = *Filippe Ferreira de Araujo e Castro.*